商业保理培训系列教材

商业保理概论

孔炯炯 张乐乐 曹 磊 主编

复旦大学出版社

丛书编委会

顾 问
韩家平　时运福

主 任
陈霜华　曹 磊　万 波

编 委
（按姓氏笔画排序）

Lee Kheng Leong　马泰峰　王宏彬

孔炯炯　叶正欣　杨新房　张乐乐

张继民　林 晖　胡俊芳　祝维纯

聂 峰　谈 亮　奚光平　蔡厚毅

序一　关于保理业务的几点认识

依据提供服务的主体不同,我国保理行业分为银行保理和商业保理两大板块。根据国际保理商联合会(Factoring Chain International,以下简称"FCI")的统计,自2011年以来,我国已经连续四年成为全球最大的保理市场。由于商业保理行业2013年刚刚起步,业务规模尚小,所以目前我国绝大部分的保理业务来自于银行保理板块。当前,我国保理行业呈现出多元、快速、创新的发展态势,成为国内外贸易融资领域关注的焦点。

然而,在我国保理业务量领先全球和商业保理市场蓬勃发展的同时,国际保理界同仁对我国保理行业的质疑声也一直不断,我国很多保理专家也表达了相似的观点:中国目前开展的"保理业务"是否是真正的保理业务,中国商业保理行业是否会重蹈台湾地区保理公司的覆辙而最终消失等等。对此,我们应该给予高度重视,并结合中国保理实践的发展进行深入研究。下面,根据我对国内外保理市场的调研和观察,谈一下关于保理业务的几点认识,供大家参考。

一、保理业务的内涵与外延

根据FCI的定义,保理业务是指保理商以受让供应商因销售商品或提供服务而产生的应收账款为前提,为供应商提供的(如下四项服务中的两项以上)综合性金融服务:①应收账款融资;②销售分户账管理;③账款催收;④坏账担保。《牛津简明词典》对保理业务的定义更加简明扼要、直指本质:保理业务是指从他人手中以较低的价格购买债权,并通过收回债权而获利的经济活动。

根据上述定义,保理业务是以应收账款转让和受让为前提,其本质是应收账款资产的买卖。以此为基础,受让了应收账款资产的保理商为卖方提供应收账款融资、买方付款风险担保和应收账款管理和催收等综合性服务。因此,保理业务不是一般流动资金贷款，也不是应收账款质押融资，不能将二者混为一谈。根据我的观察，国际上之所以质疑我们的保理业务，是因为我们一些银行和保理公司打着保理的名义，实际做的是流动资金贷款或应收账款质押融资。

目前，我国相关政策法规条文基本还是遵循上述保理定义的，只不过根据实践发展，我国已经把因租赁资产而产生的应收账款也纳入了保理业务的服务范围。但对于尚未履行完基础合同义务的未来应收账款可否开展保理服务、对债务人或债权人为个人的应收账款可否列入保理服务范围、对提供金融服务产生的债权、因票据或有价证券而产生的付款请求权等可否列入保理服务存在较大争论。

二、保理业务的起源与发展

保理业务起源于商务代理活动。根据资料记载，最早的保理业务可以追溯到5 000年前的古巴比伦时期。当时，保理商作为供应商的代理人，承担商品推广、分销、存储、运输和收款等职能，偶尔也承担坏账担保和预付款融资等功能。也就是说，最初的保理商承担了现在销售代理、物流服务和现代保理服务的全部功能。

现代保理业务起源于17世纪末18世纪初的英国。当时因工业革命的影响，英国的纺织工业得到了迅猛发展，向海外销售纺织品成为资本主义初期经济扩张的必由之路。由于出口商对进口商当地的市场情况和客户资信了解甚少，因而多以寄售方式销售，进口商负责货物的仓储、销售和收款，并在某些情况下提供坏账担保和融资服务。

19世纪后半叶，美国作为英国的海外殖民地，吸收了大量的欧洲移民，而英国经济正处于蓬勃发展阶段，向海外大量销售消费品。为保障贸易的顺利进行，英国出口商在美洲当地选择了一些商务代理机构，负责销售货物并保证货款的及时结清。随着交通和通信技术的发展，后来部分代理机构逐渐将销售和存储职能剥离出去，专门负责债权收购和坏账担保，演变成为为供应商提供应收账款融资和买方付款担保的现代保理服务。1889年，纽约一家名为澳尔伯·多梅里克的保理公司率先宣布放弃传统的货物销售代理和仓储职能，但继续为其委托人(欧洲的出口商)提供收购应收账款债权和担保付款的服务，成为美国现代保理业务诞生的标志性事件。

20世纪60年代，美式保理传入英国，并与英式保理(主要形式是银行提供的以不通知买方为特征的"发票贴现"业务)融合,并逐渐在欧美国家流行,70年代后传入亚洲。

随着保理行业的发展与完善,国际保理组织也日益成熟。2016年之前,国际上规模较大的保理行业组织有国际保理商联合会和国际保理商组织。FCI成立于1968年,总部设在荷兰的阿姆斯特丹。FCI共有280多个会员,遍布全球73个国家和地区,为目前全球最大的国际保理商组织。国际保理商组织(International Factors Group,以下简称"IFG")成立于1963年,是全球第一个国际保理商组织,总部设在比利时的布鲁塞尔。IFG共有160多个会员,遍布全球60多个国家和地区,是全球第二大的国际保理商组织。2015年10月,两大国际保理组织决定合并,合并后的机构将统一使用FCI的名义。两大国际保理组织合并后,将在全球范围内加强保理行业发展的规范性,建立统一规则,整合数据交换系统,以此来帮助保理企业降低支出,提高抵抗风险的能力,同时积累更准确的数据,为行业的发展做出合理预测,推动全球贸易经济发展。

三、保理业务引入中国

我国保理业务起步于1987年。当年中国银行与德国贴现与贷款公司签署了国际保理总协议,在我国率先推出国际保理业务,成为中国第一家保理商,标志着保理业务在我国的正式登陆。1992年2月,中国银行成功申请加入FCI,并成为我国首家FCI会员。

1991年4月,应FCI秘书处邀请,原外经贸部计算中心(现商务部研究院)组织商务部、中国银行总行等9名专家赴荷兰、德国和英国考察保理业务,并正式将"Factoring"的中文译名确定为"保理",促进了保理业务在中文地区的推广。之前香港地区将保理业务译为"销售保管服务",台湾地区将其译为"应收账款管理服务",新加坡则直接将其音译为"发达令",寓意为使用了保理服务,企业就可以生意兴隆、事业发达。

2002年初发生的南京爱立信"倒戈"事件有力地促进了银行保理业务的发展。由于中资银行无法提供"应收账款融资"业务,2002年初,年结算信贷业务量达20多亿元的南京熊猫爱立信公司将其结算银行转移到外资银行,此事发生在中国刚刚加入世界贸易组织(WTO)的背景下,被媒体广泛报道,引起了央行的重视,由此推动了中国银行界普遍开始重视保理业务。为了防止此类事件的再次发生,同时保持住优质的客户资源,各家银行不约而同地加快推进了保理业务,我国保理业务也开始进入快速发展阶段。

在商业保理领域,2009年10月,经国务院同意,国家发改委批复天津滨海新区综合改革方案,可以在滨海新区设立保理公司。之后天津出现了30家左右以国际保理为业务方向的保理公司。但由于外汇政策不配套等多种原因,绝大多数公司业务没有开展起来,逐渐停业转型。2010年以后,天津又陆续成立了一些以国内保理业务为主的保理公司,商业保理业务得以快速发展。

随着国家商务部2012年6月下发《关于商业保理试点有关工作的通知》及之后出台的诸多文件,天津滨海新区、上海浦东新区、深圳前海、广州南沙、珠海横琴、重庆两江新区、江苏苏南地区、浙江、北京等地陆续开始商业保理试点,各地商业保理公司如雨后春笋般迅速发展。

四、保理是最适合成长型中小企业的贸易融资工具

提到保理业务,人们普遍认为它是面向中小企业、服务实体经济的贸易融资工具,但是,保理并不适用于所有的小微企业,它最适合于成长型的中小企业。一般而言,成长型中小企业产品和客户趋于稳定,同时业务进入快速发展期,其最大的资产就是应收账款,约占其总资产的60%,但又达不到银行贷款条件(没有足够的抵押担保和信用评级),也达不到资本市场融资条件,如果其买方的付款信用较好,那么保理业务就是其最适合的融资工具。

国内外的保理实践也表明,保理业务通过盘活中小企业的流动资产,加速应收账款回收,提高了企业运营效率,有效地支持了实体经济的发展。近年来,我国加快推动金融市场化改革,提倡金融回归服务实体经济,保理业务基于真实贸易背景、可实现对实体中小企业的精准滴灌,其作用应该给予高度重视。

五、保理是逆经济周期而行的现代信用服务业

在金融危机或经济下行周期,市场信用风险快速上升,一般金融机构均会采取信贷收缩政策,导致市场流动性缺乏。但此时企业应收账款规模和拖欠增多,对应收账款融资和管理需求更大更迫切;同时,保理业务依托先进的风险控制模式(与核心企业信用进行捆绑)和可靠的还款来源(核心企业付款为第一还款来源),是风险相对较小的融资工具,因此保理业务具有逆经济周期而行的特点,可以发挥其他金融工具无法替代的作用。例如,根据FCI的统计,在国际金融危机期间,2009~2013年全球保理业务量增长了0.74倍,净增9 500亿欧元,年均增

速达14.8%,是同期GDP增速的4倍,而且FCI会员无一倒闭。2013年全球保理业务量首超3万亿美元。2014年全球保理业务同比继续增长3.6%,总量达到2.311万亿欧元,创历史新高。

六、保理代表了贸易金融业发展的方向

尽管保理业务在欧美国家已经有60多年广泛开展的历史,但近年来在欧美国家仍呈现快速发展态势,尤其是近20年来,年平均增长率达到11%。欧洲一直占据全球保理市场的60%,2014年仍保持了9.8%的增长,保理业务量2014年达到1.487万亿欧元,是2011年以来增长最快的一年。其中英国2014年同比增长了22%,达到3 761亿欧元,其保理业务量占GDP的比重达到16.8%,继续领跑各大洲保理市场,值得高度关注。

根据FCI提供的资料,欧洲保理业务之所以近年来持续快速发展,是因为各商业银行均将保理作为战略重点业务给予了高度重视。由此可见,保理这一古老的融资工具因其基于真实贸易背景、可有效解决中小企业融资难题、逆经济周期而行等特点,在当前全球经济尚处在艰难复苏时期具有重要的现实意义,代表了贸易融资的发展方向。

2014年,全球国内保理业务量达到1.853万亿欧元,占全部保理业务量的80%,同比增长1.37%;国际保理业务量达到4 850亿欧元,占全部保理业务量的20%,同比增长14%。国际保理业务增速是国内保理业务增速的10倍多,是未来保理业务增长的重要驱动力。

七、我国商业保理行业的发展趋势

2013年以来,我国商业保理行业发展迅猛。根据中国服务贸易协会商业保理专业委员会的统计,截至2015年底,全国已注册商业保理法人企业2 346家(其中2015年新注册1 217家),2015年保理业务量达到2 000多亿元,保理余额达到500亿元左右。除遵循一些与国外保理行业共同的发展规律外,中国商业保理行业的最大亮点是与电子商务、互联网金融和资产证券化的融合创新,这个领域也是保理业务增长最快的领域。例如,某大型电子商务平台下属保理公司,其保理业务已实现全程在线化管理,2014年第一年作业,保理业务量就达到120多亿元,2015年业务量达到350亿元,基本实现对平台供应商的全覆盖,平均放款速度在供应商申请后3分钟左右,年化利率控制在9%左右,有效满足了平台

供应商的融资需求。

同时，中国商业保理行业存在市场认知度低、政策法规不完善、征信体系不健全、融资渠道不畅、融资成本较高、专业人才缺乏，以及由于前期操作不慎导致的资产质量不高，在经济下行形势下部分风险开始暴露等问题。

在我国商业保理快速发展的同时，受监管政策收紧和市场风险加大、银行主动收缩等因素影响，银行保理业务2014年出现了下降的趋势。据中国银行业协会保理专业委员会统计，2014年银行保理业务量为2.71万亿元人民币，同比下降14.8%；其中，国内保理1.97万亿元，同比下降20.9%；国际保理1 211亿美元，同比上升6.13%。中国银行保理没有像欧美国家一样呈现出逆经济周期而行的特点，是否恰恰证明了我国银行所做的部分保理业务不是真正的"保理业务"，仍需要进一步研究。

总体来看，基于庞大的市场需求，只要我国商业保理行业沿着正确的发展路径，其前景是非常看好的。商业保理正确的发展路径应该是：专注细分行业领域，与银行等金融机构紧密合作，与电子商务、互联网金融、供应链金融、资产证券化等业务融合创新，从而实现依托供应链（核心企业）、建立（上下游企业）信用链、疏通（中小企业）融资链、提升（中小企业）价值链的目标，助力我国实体经济转型升级。

预计随着中国金融市场化改革的推进和互联网经济的快速发展，未来中国商业保理行业前景光明。预计"十三五"期间将是我国商业保理大发展时期，到2020年业务规模将达到万亿级规模，占到中国整个市场的三分之一。

商务部研究院信用与电子商务研究所所长
中国服务贸易协会商业保理专委会常务副主任兼秘书长　韩家平
2016年2月28日于北京

序二　致行业之兴者在于人才

"治国经邦,人才为急。"无论哪一行,都需要专业的技能和专门的人才。商业保理是当今全球贸易金融创新发展的方向,是国家正在推动试点发展的新兴业态。培养具有国际视野、专业技能和管理经验的人才队伍,对商业保理行业的发展具有重要的战略意义。

人才奇缺是企业最大的焦虑,本领恐慌是人才最大的恐慌。自2012年国家商务部推动商业保理试点工作以来,商业保理企业注册数量呈现井喷式发展的态势,由初期的数十家增长到2015年底的2 346家,有没有懂保理、会管理、符合资质要求的高管人员和有没有具备商业保理专业技能的业务骨干,已经成为商业保理企业完成组建和开展业务的制约条件。

目前,国内高等院校尚没有开设专门的商业保理专业,也没有成体系的培训教材。商业保理行业的从业人员绝大多数来自金融机构或相关的经济领域,对商业保理知识和实务的学习大多来自于网络和零星书刊的碎片化知识。因此,建立培训体系、开发培训教材、统一行业语言、规范行业标准,是目前商业保理行业发展的一项非常重要的任务。上海立信会计金融学院在全国率先开设商业保理实验班,以时任上海金融学院国际经贸学院院长陈霜华教授为主组成的专门团队,制定了系列培训教材的编写计划,为商业保理行业的人才培养做了一件非常有意义的工作。

上海浦东新区是2012年最早被国家商务部列为行业试点的两个地区之一,上海浦东商业保理行业协会是国内最早成立的专业商业保理行业协会之一。协会一成立,就把人才培养和业务培训作为一项主要工作,时任协会副会长的上海立信会计金融学院陈霜华教授分工负责培训工作。在商务部商业保理专业委员会的支持下,上海立信会计金融学院、上海市浦东新区商务委员会、上海浦东商业保理行业协会联合开发系列培训教材，是产学研结合的创新实践，也是协会培训工作的重要抓手。

  从五千年前巴比伦王朝的萌芽时期，到20世纪欧洲的成熟发展，伴随着全球贸易的发展进程，商业保理的理论和实践也在不断的丰富和创新。上海是一个在20世纪初就以"东方华尔街"的美誉远播四海的城市，国际金融中心、具有全球影响力的科技创新中心的建设和自贸区金融创新的先发优势，将会为商业保理理论和实践的创新提供更多的创新元素。我也希望，大家能够始终站在理论发展和实践探索的前沿，对教材编写和人才培训进行不断的丰富和创新。

  致行业之兴者在于人才，成行业之治者在于培训。我相信，我们正在努力和将要开展的工作，将对上海市乃至全国商业保理行业的规范发展起到重要的促进作用。

  是为序。

上海浦东商业保理行业协会会长
国核商业保理股份有限公司董事长 **时运福**
2015年10月23日于上海

前言 PREFACE

2009—2013年我国保理总量的年均增长率达到了54%,2013年市场规模为3 781亿欧元。2005年,我国保理规模只占全球份额的0.57%,2013年则达到16.95%。并且,2011年我国已超越英国成为全球最大的保理国。从保理业务的类型来看,银行保理业务仍占绝对主导的优势地位,商业保理还处于发展的原始阶段。据不完全统计,2013年全国商业保理业务总量为200亿元人民币以上(不包括电子商务类、第三方支付以及供应链融资);而根据《2014中国商业保理行业发展报告》预计,到2015年底商业保理业务量将达到1 600亿元。可见,商业保理在我国方兴未艾,未来必将在更广阔的空间中蓬勃发展。

面对商业保理这一正待深入开发的新蓝海,以及伴随商务部的全力推进,商业保理公司呈井喷式发展趋势,2014年总计新设立了845家商业保理公司和91家分公司,新注册法人公司数量是2013年的4.23倍,2012年的19.2倍,2011年的44.5倍,2010年的76.8倍,使得商业保理公司总数突破了1 100家。然而在此热火朝天的景象中,我们也观察到有关商业保理的理论研究、适宜课堂教学的教材与著作却明显逊色,到目前为止,也鲜有系统全面概述商业保理的教材。这在一定程度上势必会局限人们对商业保理的认知,影响其业务的推进和人才的储备。正是基于这样的考虑,我们着手编写此教材。

本书共十一章,涉及保理的基本概念、法律议题、风险管理等多方面的内容,分别为:第一章保理的起源与发展沿革,第二章保理的基本概念,第三章保理的行业组织及经营主体,第四章保理的法律议题,第五章保理客户的选择与营销策略,第六章保理的风险与管理,第七章保理运营的管理,第八章保理商融资与流动性管理,第九章国际双保理业务的办理,第十章保理与其他相关产品的比较,第十一章我国保理业发展现状与未来趋势。全书注重商业保理基本概念、基础知识,同时,引经据典,并联系实际操作中的行为规范与管理办法,以增强理解。

作为上海立信会计金融学院国际经贸学院首度开发的国际商务专业商业保理系列教材之一,项目得到上海立信会计金融学院获得的中央财政专项资助。本书由孔炯炯、张乐乐和曹磊担任主编,共同设计、策划和组织。张乐乐女士拥有丰富的保理业务实战经验,曾任职于大型国内商业银行、国内知名产业集团下设保理公司等保理专业部门。基于她扎实的理论基础和实战能力,张女士负责全书编写并对文中内容把关。孔炯炯按照教材撰写规范提出修改意见,并负责前言、附录、统稿等工作。曹磊负责修订、审校等工作。同时,王莹娜女士在资料搜集、教材编写过程中提供大量帮助,在此特别感谢!

本书在编写过程中,尤其是在教材立项阶段得到了上海立信会计金融学院陈晶莹教授、刘玉平教授、陈霜华教授等专家学者的指导和帮助,教材的出版还得到复旦大学出版社的大力支持,在此一并表示衷心的感谢!

最后,本书作为首次合作开发商业保理领域教材尝试性的成果,囿于作者的学术水平,加上时间仓促,书中错漏和不妥之处在所难免,敬请专家、同行和广大读者不吝批评指正,以待再版时及时更正和完善。

孔炯炯

目录 | CONTENTS

第一章　保理的起源与发展沿革 ……………………………………… 1
- 第一节　保理的起源 …………………………………………………… 1
- 第二节　保理在全球的发展沿革 ……………………………………… 2
- 第三节　保理在我国的发展沿革 ……………………………………… 6
- 复习思考题 ……………………………………………………………… 9

第二章　保理的基本概述 ……………………………………………… 10
- 第一节　保理的定义 …………………………………………………… 10
- 第二节　保理常用名词解释 …………………………………………… 13
- 第三节　保理的功能 …………………………………………………… 18
- 第四节　保理的种类 …………………………………………………… 22
- 第五节　保理的基本操作流程 ………………………………………… 27
- 第六节　保理的收费结构 ……………………………………………… 32
- 第七节　保理的特性 …………………………………………………… 33
- 复习思考题 ……………………………………………………………… 35

第三章　保理的行业组织及经营主体 ………………………………… 37
- 第一节　国际保理组织 ………………………………………………… 37
- 第二节　我国保理组织 ………………………………………………… 40
- 第三节　银行保理与商业保理 ………………………………………… 45
- 复习思考题 ……………………………………………………………… 50

第四章　保理的法律议题 ……………………………………………… 51
- 第一节　保理的法律体系 ……………………………………………… 51
- 第二节　我国与保理相关的法律规范 ………………………………… 54
- 第三节　保理业务各方主体的法律关系 ……………………………… 62
- 第四节　办理业务应注意的法律问题 ………………………………… 65
- 复习思考题 ……………………………………………………………… 68

第五章　保理客户的选择与营销策略 …………………………… 69
- 第一节　保理的市场定位 ……………………………………………… 69
- 第二节　保理的产品定位 ……………………………………………… 76
- 第三节　保理的营销渠道 ……………………………………………… 80
- 复习思考题 ……………………………………………………………… 81

第六章　保理的风险与管理 ……………………………………… 83
- 第一节　保理的主要风险与分析 ……………………………………… 83
- 第二节　保理风险的防范与管理 ……………………………………… 90
- 复习思考题 ……………………………………………………………… 94

第七章　保理运营的管理 ………………………………………… 96
- 第一节　人力资源的管理 ……………………………………………… 96
- 第二节　科技系统的建设 ……………………………………………… 100
- 第三节　应收账款的管理 ……………………………………………… 101
- 第四节　商业纠纷的处理 ……………………………………………… 105
- 复习思考题 ……………………………………………………………… 108

第八章　保理商融资与流动性管理 ……………………………… 109
- 第一节　保理商融资的必要性 ………………………………………… 109
- 第二节　保理商融资的模式 …………………………………………… 110
- 第三节　保理商流动性管理的重要性 ………………………………… 114
- 第四节　保理商流动性管理的内容 …………………………………… 114
- 复习思考题 ……………………………………………………………… 116

第九章　国际双保理业务的办理 ……………………………………… 117
　第一节　国际保理组织的加入 ………………………………………… 117
　第二节　保理商互保协议 ……………………………………………… 119
　第三节　国际保理仲裁规则 …………………………………………… 120
　第四节　国际保理通用规则 …………………………………………… 121
　第五节　国际保理电子数据交互平台 ………………………………… 123
　第六节　合作保理商的评估与选择 …………………………………… 124
　复习思考题 ……………………………………………………………… 126

第十章　保理与其他相关产品的比较 …………………………………… 128
　第一节　保理与信用证的比较 ………………………………………… 128
　第二节　保理与福费廷的比较 ………………………………………… 131
　第三节　保理与应收账款质押融资的比较 …………………………… 135
　第四节　保理与商业发票贴现的比较 ………………………………… 138
　第五节　保理和信用保险的比较 ……………………………………… 139
　第六节　保理与坏账催收的比较 ……………………………………… 143
　复习思考题 ……………………………………………………………… 145

第十一章　我国保理发展现状与未来趋势 ……………………………… 146
　第一节　我国保理现状的特点 ………………………………………… 146
　第二节　我国保理发展存在的主要问题 ……………………………… 151
　第三节　我国保理发展的未来趋势 …………………………………… 153
　复习思考题 ……………………………………………………………… 156

附录 ………………………………………………………………………… 157
　附录一：商务部关于商业保理试点有关工作的通知 ………………… 157
　附录二：国际统一私法协会《国际保理公约》 ……………………… 159
　附录三：国际保理商联合会《国际保理通用规则》 ………………… 169
　附录四：商业银行保理业务管理暂行办法 …………………………… 193
　附录五：天津市商业保理业试点管理办法 …………………………… 199
　附录六：上海市商业保理试点暂行管理办法 ………………………… 203

附录七：应收账款质押登记办法（修订征求意见稿） ………… 209
附录八：《联合国国际贸易应收账款转让公约》 ………………… 213
附录九：中国银行业保理业务规范 ………………………………… 260
附录十：中国银行业协会保理专业委员会保理业务数据统计和报送
　　　　办法 …………………………………………………………… 265
附录十一：中国银行业协会保理专业委员会保理业务信息交流工作
　　　　　规则 ………………………………………………………… 266
附录十二：中国银行业保理业务自律公约 ………………………… 268
附录十三：商务部办公厅《关于做好商业保理行业管理工作的通知》…… 270
附录十四：天津市高级人民法院关于审理保理合同纠纷案件若干问题的
　　　　　审判委员会纪要（一） ………………………………… 272
附录十五：天津市高级人民法院关于审理保理合同纠纷案件若干问题的
　　　　　审判委员会纪要（二） ………………………………… 278
附表一　中国银行业协会保理专业委员会国际保理业务数据表 …… 283
附表二　中国银行业协会保理专业委员会国内保理业务数据报送表 …… 284

参考文献 …………………………………………………………………… 285

第一章

保理的起源与发展沿革[①]

本章概要

1. 追根溯源,介绍保理的起源。
2. 梳理现代保理在美国、欧洲、亚洲尤其是中国的发展沿革,综述全球保理业务发展。

第一节 保理的起源

Factoring 一词源于法语的 Factor,意指"代理",引入中国大陆时被译为"保付代理",简称"保理"。台湾地区更早引入保理业务,且一般称之为应收账款承购或应收账款收买业务;也有按照其转让的特性和账款管理的功能称之为应收账款受让管理业务的说法,不过近来已经很少见。

关于保理的起源,业界普遍认为最早可追溯到古罗马时期商业代理性质的保理雏形。对于现代保理,美国和欧洲则是两个最重要的发祥地。自 17、18 世纪,欧洲地区的出口商,开始经由进口国当地的商务代理,促进出口贸易,尤其是

[①] 本章节部分内容参照:中国银行业协会保理专业委员会编著,《银行保理业务理论与实务》,中国金融出版社,2013 年 10 月出版。

伴随着英国纺织工业的迅猛发展，极大增加了纺织品的海外销售。而恰恰美国开始进入人口快速增长、经济急剧发展的兴起时期，于是产生了对欧洲商品的强大需求，欧美之间贸易盛世空前。但由于当时运输条件和通讯技术尚不发达，欧洲出口商对美国市场和客户资信了解依然有限，这也就催生了美国当地商业代理或保理商的代售活动，他们为欧洲的出口商提供在美国的商品寄售、货物存储、寻找买家并向其发运货物、在向买方进行赊销或放账销售的基础上一定期限后向买方进行付款催收等服务，保理商从而收取服务佣金报酬，并在向出口商（委托人）支付从进口商收到的货款中扣除。这便是现代保理的前身。

第二节　保理在全球的发展沿革

一、现代保理在美国的发展沿革

19世纪后期，美国东部沿海地区已经出现了不少优秀的保理公司，而到了19世纪末期，随着通讯和运输行业的迅速发展，欧洲出口商不必再完全依赖于寄售的经营方式，而是直接发货给买家，因此美国保理商的角色性质也随之发生了根本性的改变。由于出口商对仓储、市场营销、代理销售等的需求不再殷切，而是需要保理商来提供融资、坏账担保等服务，这样保理商与出口商的法律关系也就从委托代理关系，转变为应收账款债权受让关系，至此现代保理的模式也便形成。其标志性事件为，1889年纽约的一家保理公司澳尔伯·多梅利克公司首先明确宣布放弃传统的货物代理和仓储服务的模式，改成为出口商提供诸如担保买方付款和收购应收账款债权的服务。

当然，这种保理引起的债权转让人与受让人之间的关系需要由法律来确立。到20世纪40年代，在纽约和新英格兰州已出现多起国际保理判例。这时保理商已能据以提供保理服务并获得一定的信任。根据这些判例，对债务人来讲，第三方获得债权转让的法律文件及所附的债权人索偿文件是必不可少的。因此，发票贴现或不通知债务人的隐蔽保理在当时还不能办理。后来，关于保理商向销售商融资的保理方式的需求出现了大幅度增长。许多州陆续出现了有关法规；无须通知债务人，只要货物被销售或被抵押，有关债权转让即为成立。然而，在某些情况下，债权转让的成立仍然依赖于书面转让文件或客户分类账上的标志。此外,某些州采纳了债权转让登记的规定。这种法律基于《美国统一商法典》(*Uniform Commercial Code*)中"远期债权的转让可以通过登记使之具有完整的法律效力"的规定。在这个环境中,保理业务得以顺利经营。自从20世纪50年代美国大多数的州采用了《美国统一商法典》以来,美国保理业务特别是"应收账款融资"获得了急剧增长。到60年代初期,美国的现代国际保理方式便传入了英国。另外,随着1963年美国货币监理署(Office of Comptroller of Currency)出台银行有权经营保理业务的规定,使有了经营保理业务的合法依据,银行开始大举涉入保理业务。

二、现代保理在欧洲的发展沿革

在欧洲的许多国家里,银行早已习惯于根据体现在客户提交的发票副本上的贸易债权向客户融通资金。尽管有关文件格式多种多样,在许多情况下,表示在发票上的债权转让并不能给银行以足够的保障,以弥补债务人破产或第三方索偿的风险。为此目的,送交债务人的具有法律效力的各种格式的通知,对债权转让的完整性是必要的。除此以外,银行无疑地仍要依赖销售商的关于可获得的流动资金的证件来保障预付款的归还。到了20世纪50年代初期,由于结算银行对这种业务没有什么兴趣,许多小的和几家大的金融公司在伦敦和其他一些英国的省城开办了贴现发票的业务,通过办理贴现发票业务,这些金融公司发现做债权融资比对生产商品的企业直接放款能够获得更高的收益。于是,这种融资业务在英国和欧洲大陆国家得到迅速的发展。当时主要涉及的是纺织和家具行业的贸易活动。贴现商在欧洲国家的实践中得到启示,从而形成了下述的业务方式:销售商向贴现商提交发票副本并附文件出售债权,无须通知债务人,销售商担保债务人在发票日以后一定期限内履行付款。根据发票上注明的债权转让和销售商关于收到贷款即交付给贴现商的承诺,贴现商在扣留费用之后即将发票金额一定比例的货款贷记销售商的账户。在实践中,为偿还贴现商的投资,大多采取了按月结清的办法。销售商将收到债务人的货款或自有资金交付给贴现商,或以新的发票叙做发票贴现来冲抵前项业务的金额。在上述业务方式下,贴现商可能遭受不同于汇票情况的损失。汇票上一般要表明债务人承诺在某一可以确定的日期支付一定金额,贴现商作为善意持票人亦有权向出票人追索。而在发票项下情况则有不同,许多贸易发票属于销售商为对债务人过去向销售商提供的商品或劳务进行补偿,而向债务人返销商品或劳务而产生的。

这种发票并不能保证销售商确实拥有相应金额的债权。显然，一张发票本身往往不能说明整个事情。没有债权转让通知，贴现商可能遇到意外的问题，如债务人对原债权人亦拥有表示在发票上的债权资产要求冲抵。于是，一些早期的贴现商仅凭发票来贴现债权时，当销售商无力支付，而债务人与销售商之间相互债权债务冲抵所剩余额远不抵发票金额时，贴现商就遭受了损失。上述业务方式实际上掩盖了交易的实质：债权抵押放款。如果没有登记，贴现商持有的债权对销售商的清理人来讲没有什么意义。贴现商仅凭贴现发票所表示的债权向销售商的清理人进行索偿大多会失败。这种情况造成的结果是使大量小的贴现商从这种服务中退出。少数则通过向客户提供全面销售账务服务和要求通知债务人径向贴现商付款的方式来弥补风险。通过这种方式，贴现商可以控制或避免债务人交叉索偿，并被视为买断债权，而非债权抵押放款。同时，这种变化为美国现代国际保理引进欧洲提供了适当的接受环境。欧洲在经历了惨痛教训并伴随着20世纪60年代美国模式的传入，演变形成了保理商以卖方的全部销售额所对应的应收账款进行转让为基础来开展保理业务的方式。在这样的模式下保理商可以对卖方保留有追索权，也可以不保留追索权，也就是操作无追索权保理；但一般都会将应收账款转让的事实通知买方；同时保理商也会对账款进行管理，向买方催收货款，这就是现代意义上的保理业务了。在欧洲各国蓬勃发展保理的时候，国际上最具影响力的两大保理国际组织"国际保理商联合会 FCI（Factors Chain International，简称 FCI）"和"国际保理商组织 IFG（International Factors Group - IFG，简称 IFG）"在60年代分别成立于荷兰和比利时，欧洲会员无论在会员数和保理业务量方面，都是占有非常举足轻重的地位。

三、现代保理在亚洲的发展沿革

亚洲保理业务的发展主要来自环太平洋东亚国家地区的贡献。20世纪80年代左右，东亚和东南亚地区的国际贸易以出口为导向，当时保障支付和贸易融资的主要工具是信用证。如同在美国市场的情况一样，随着现代运输和通讯的革命性发展，加上市场竞争的加剧，使得买方通常不愿意在检验和使用货物之前就做出付款的承诺，所以当亚太地区的出口商在努力扩大向欧美买家的销售时就难免必须接受赊销的结算条件，这也自然带动了对保理业务的需求，因此在这一地区保理业务的发展首先是靠国际保理业务带动的。

在过去保理业务发展的三十年，日本、我国台湾地区及我国大陆地区像接力一般地成为全球出口保理业务的领头羊。日本保理商主要是各大商业银行投资控股的保理公司,业务集中度高;依据 FCI 历年来所进行的全球保理商年度评比,日本保理商多次获得全球最佳保理商的荣誉,尽管现在业务总量不再领先全球,但专业程度在国际上还是位居前列,倍受肯定。

台湾地区在保理业务的发展上颇具个性。20 世纪 80 年代,华南银行首先与美国波士顿银行签订合作协议,开展国际保理业务。当时台湾的出口贸易刚开始由信用证向信用结算转变,保理商机初步显现,但由于银行对保理市场的培育并不太感兴趣,所以很快便销声匿迹。之后,在台湾经济部(类似大陆地区的商务部)注册成立的迪和应收账款管理公司(后来与集团内租赁公司合并为中租迪和公司)成为台湾首家以经营保理业务为主业的一般性企业,类似大陆目前的商业保理公司。该公司从国际保理业务入手,苦心经营市场和培育专业人才多年,在国际保理市场屡获殊荣,也曾获得全球最佳保理商的最高评比,被誉为台湾保理界的"黄埔军校"。90 年代中期,台湾一次性批准了 16 家银行(即如大陆地区的股份制商业银行),打破了公营银行垄断的地位,同时也加剧了市场的竞争。部分新设银行采取差异化竞争策略,瞄准当时公营银行并不注意的保理市场,大举进入,基于国际贸易中信用证占比大幅下滑,信用结算条件大幅攀高的有利环境,纷纷取得了佳绩,也引领了其他同业纷纷投入开展保理业务;凭借广阔渠道和强大的资金优势,银行几乎垄断了整个台湾地区的国际和国内保理业务的市场。目前,当年率先进入保理市场的几家银行,多数也是现在台湾保理市场的领头羊;而保理业务几乎由单一保理公司培育崛起到银行全面垄断,与大陆当前商业保理公司如火如荼的成立,恰好形成极大的反差。关于我国(大陆地区)保理的发展沿革,参阅下节的介绍。

四、现代保理在世界其他地区的发展沿革

在近几十年中,保理业务在其他部分国家及地区也取得了一些发展。比如,南非的保理业务起步于 20 世纪 70 年代,其运作模式与欧洲非常相近。90 年代后,摩洛哥等非洲国家和拉美的一些国家的保理业务均有所发展,但在全球保理版图占比仍然甚微。

五、当今全球保理综述

如今从保理业务,尤其是国际保理业务的成熟度、先进性和专业性来看,美

国和欧盟仍是全球保理最发达的地区；亚洲地区（主要是东亚）这一二十年发展势头迅猛，尤其在出口保理方面取得业务量上绝对领先的地位；拉丁美洲、东欧及非洲部分国家地区也逐步大力开展这"新兴业务"。

依据 FCI 统计数据，从 2001 年至 2013 年的过去 12 年间，全球保理业务量增长了将近 20 倍，即使在经历 2008 年的全球金融危机巨大冲击后，整体业务量仍然翻倍增长，2013 年达到了 22 310 亿欧元的总量；2014 年由于国际政治与经济充满不确定性，加上我国作为保理大国进行一连串的改革和结构性调整，预计增速放缓；但从业务的市场需求来看，保理在未来仍将保持良好增长态势。

表 1-1 2007—2013 年全球各地区保理业务量　　　　　（百万欧元）

	2007	2008	2009	2010	2011	2012	2013
全球业务总量	1 300 016	1 323 957	1 282 762	1 647 541	2 014 350	2 130 743	2 230 479

（数据来源：FCI 统计数据。）

表 1-2 2013 年全球各地区保理业务量　　　　　（百万欧元）

	欧 洲	美 洲	非 洲	亚 洲	澳 洲	全球总量
国内保理业务量	1 131 605	176 487	21 968	435 484	62 137	1 827 681
国际保理业务量	222 587	15 068	1 155	163 813	175	402 798
保理业务总量	1 354 192	191 555	23 123	599 297	62 312	2 230 479

（数据来源：FCI 统计数据。）

第三节　保理在我国的发展沿革

随着我国改革开放以及对外贸易发展的不断深入，保理于 20 世纪 80 年代末进入中国，至今已有二十多年的历史，发展大致可以分成以下两个阶段。

一、2000 年以前启蒙与培育的起步阶段

1987 年 10 月，中国银行与德国贴现和贷款公司（Disko Factoring Bank）签署了国际保理总协议，象征了国际保理业务在我国正式登陆。

1993年,中国银行正式加入FCI,成为国内第一家FCI会员,并率先在国内同业中开办了国际保理业务。交通银行则于1994年也加入了FCI,其后数年在国际市场上主要就是由这两家银行代表着中国保理界。

在2000年以前,我国保理业务基本处于市场起步和培育的阶段,谈到业务规模、业务品种及服务水平都很难跟欧美同业相比。根据FCI相关统计数据显示:1993年至1999年,我国每年的保理业务总量不到1亿美元;2000年突破1亿美元,达到1.97亿美元,其中国内保理业务量1.67亿美元,出口保理业务量2 500万美元,进口保理业务量500万美元。

二、2000—2013年群雄逐鹿的高速发展阶段

看到了保理的市场潜力与商机,多家银行继中国银行和交通银行之后从2000年开始陆续加入FCI,并开办了国际和国内保理业务,目前我国已经有二十多家银行加入了FCI,我国保理业务也基本形成以银行为主的发展业态。

在这段时期中,2002年初的南京爱立信公司因为主要往来的内资银行无法满足其操作无追索保理业务的需求,转而向外资银行"倒戈"的事件,在国内银行业界引发了不小的震动,保理也才真正地越来越受到各家银行的重点关注。无论是为了留住优质客户或是争夺抢占新兴的保理市场份额,各家银行都竞相加快推进保理业务;由于对国内市场相对了解,所以在国内保理业务的发展快于国际保理业务。

根据FCI统计,从2004年至今,我国保理业务量增长了近24倍,如果从2006年起算,则增长了27倍。2013年在整体宏观经济下行环境中,保理业务量仍然达到5 219亿美元,其中国内保理4 078亿美元,占比78%,国际保理1 141亿美元,占比22%,总量再创历史新高;同比则增长15%,相对前一年度的26%,增速放缓不少,除了原先总量的基数已然不小外,2013年宏观经济下行,市场风险大幅攀升,也是阶段性制约了保理的增长节奏;但如果与同期我国外贸和GDP增速相比,还是保持了比较高的增长速度。

2013年我国大陆保理业务量占比全球业务总量为16.95%,从2011年超越英国成为全球最大保理国后,便连续蝉联第一的头衔。其中,中国大陆FCI会员的进口双保理业务全球市场份额达7.76%,而出口双保理业务全球市场份额更是以接近40%的占比,高居全球第一;出口双保理总量的绝对领先优势也就促成了我国在国际双保理业务总量自2008年起就一直独占鳌头。

图 1-1 我国历年保理业务转让量(2006—2013 年)

(数据来源：FCI 历年统计数据。)

三、中国大陆商业保理公司的兴起[①]

受制于历史因素,保理一经传入中国大陆,便扎根在银行,因此 2013 年以前中国大陆保理的发展史基本就是银行保理的发展史。在此期间,商业保理有所苗头,但一直未形成体制。根据中国服务贸易协会商业保理专业委员会(以下简称"商业保理专委会")统计,2010 年和 2011 年新成立商业保理公司分别只有 11 家和 19 家,2012 年 6 月商务部出台了《关于商业保理试点有关工作的通知》(附录一),批准天津滨海新区、上海浦东新区开展商业保理试点,从此,中国商业保理才开始扬帆起航。2012 年当年新成立商业保理公司 44 家,试点后的 2013 年新成立了 200 家,是 2012 年的 4.5 倍;2014 年新设立了 845 家法人公司和 91 家分公司,新注册法人公司数量是 2013 年的 4.23 倍,2012 年的 19.2 倍,2011 年的 44.5 倍,2010 年的 76.8 倍。

按地区分布看,截至 2014 年底,注册地在广东的商业保理法人企业达 709 家,位居各省市首位。其中,注册地在深圳的商业保理企业多达 661 家,占全国商业保理公司数量的 58.5%,仅 2014 年一年,深圳就新注册了 554 家。深圳前海之所以成为商业保理公司的首选注册地,主要原因是其对设立商业保理公司没有任何前置审批,同时实行注册资金认缴制。注册地在天津的有 168 家,上海

---

① 韩家平,《全国商业保理公司数量突破 1 100 家》,2015 年 1 月 28 日,融资租赁网。

有 155 家，重庆有 31 家，江苏有 20 家，北京有 16 家，浙江有 7 家，青海有 4 家，江西、辽宁、山东各有 3 家，河南、吉林各有 2 家，安徽、福建、广西、山西各有 1 家。上述地区共设有分公司 65 家，湖北、河北、黑龙江、内蒙古、山西、四川、西藏、新疆、云南共设立 26 家分公司，试点工作事实上及应在全国铺开。

在全部商业保理公司中，外商投资企业有 147 家，实际利用外资美元 30 亿元、港币 1.65 亿元，以人民币注册的资金规模达 818 亿元。

虽然商业保理的公司数量如雨后春笋般增加，但是我国商业保理还处于不成熟的起步阶段，且业务量与银行保理相比相去甚远，但是作为一股新兴的力量及银行保理的有力补充，商业保理将在中国保理的历史舞台上开始发挥不可磨灭的作用。

复习思考题

1. 作为亚洲两大保理区域，台湾与大陆，你认为其在保理发展路线上形成极大反差的原因是什么？
2. 你认为保理在我国高速增长的原因是什么？
3. 保理在欧美等地区的起源与发展有什么特点？为什么保理会较早在这些国家大规模发展？
4. 中国保理发展具有哪些特点？
5. 中国保理发展是否会还能维持目前高速发展的状态？未来会有哪些趋势变革？

第二章

保理的基本概述

本章概要
1. 多角度阐释保理的定义并解释保理业务中常见的专业名词。
2. 多维度诠释保理的功能及类别。
3. 选择常见的基础产品梳理保理业务基本操作流程。
4. 明确保理的收费结构及其特性。

第一节 保理的定义

一、《国际保理公约》的定义

根据《国际保理公约》(附录二)的定义,保理是指一方当事人(供应商)与另一方当事人(保理商)间存在的一种契约关系,根据该契约,供应商将基于其与它的客户(债务人,一般个人及家庭除外)订立的货物销售合同(包含服务)所产生的应收账款转让给保理商,由保理商为其提供下列服务中的至少两项:贸易融资(贷款或预支价金)、销售分户账管理、应收账款的催收与坏账担保。原文如下:

Article 12　For the purpose of this Convention, "factoring contract" means a contract concluded between on party (the supplier) and another party (the factor) pursuant to which:

the supplier may or will assign to the factor receivables arising from contract of sale of goods made between the supplier and its customers (debtors) other than those for the sale of goods bought primarily for their personal, family or household use;

the factor is to perform at least two of following functions:

finance for the supplier, including loans and advance payment;

maintenance of accounts (ledgering) relating to the receivables;

collection of receivables;

protection against default in payment by debtors.

二、FCI 的定义

根据 FCI 颁布的《国际保理通用规则》(General Rule for International Factoring,简称 GRIF)(附录三)所下的定义,保理是指存在一种契约关系,根据该契约,无论是否为了取得融资,供应商将基于本规则所定义的应收账款转让给保理商,由保理商为供应商提供下列服务中的至少一项:销售分户账管理、应收账款的催收与坏账担保。原文如下:

Article 1　Factoring contracts and receivables

A factoring contract means a contract pursuant to which a supplier may or will assign accounts receivable (referred to in these Rules as "receivables" which expression, where the context allows, also includes parts of receivables) to a factor, whether or not for the purpose of finance, for at least one of the following functions:

Receivables ledgering

Collection of receivables

Protection against bad debts

三、中国银监会的定义

根据中国银监会 2014 年第 5 号令颁布的《商业银行保理业务管理暂行办法》(附录四)的第二章的第六条规定:本办法所称保理业务是以债权人转让其应收账款为前提,集应收账款催收、管理、坏账担保及融资于一体的综合性金融服务。债权人将其应收账款转让给商业银行，由商业银行向其提供下列服务中至少一项的，即为保理业务。

（一）应收账款催收

商业银行根据应收账款账期，主动或应债权人要求，采取电话、函件、上门等方式或运用法律手段等对债务人进行催收。

（二）应收账款管理

商业银行根据债权人的要求，定期或不定期向其提供关于应收账款的回收情况、逾期账款情况、对账单等财务和统计报表，协助其进行应收账款管理。

（三）坏账担保

商业银行与债权人签订保理协议后，为债务人核定信用额度，并在核准额度内，对债权人无商业纠纷的应收账款，提供约定的付款担保。

（四）保理融资

以应收账款合法、有效转让为前提的银行融资服务。

以应收账款为质押的贷款，不属于保理业务范围。

四、中国商业保理的定义

天津作为我国首个开展商业保理业务的地区，在2012年12月17日颁布的《天津市商业保理业试点管理办法》（附录五）中所称商业保理，是指销售商（债权人）将其与买方（债务人）订定的货物销售（服务）合同所产生的应收账款转让给商业保理公司，由商业保理公司为其提供贸易融资、应收账款管理与催收等综合性商贸服务。上海作为天津之外我国首批商业保理试点的地区之一，在2014年7月8日颁布的《上海市商业保理试点暂行管理办法》（附录六）中所称的商业保理，是指供应商与商业保理商（非银行机构）通过签订保理协议，供应商将现在或将来的应收账款转让给商业保理商，从而获取融资，或获得保理商提供的分户账管理、账款催收、坏账担保等服务。

五、定义综述分析

以上国内外主要机构组织对保理的定义虽然表述的方式略有不同，但核心的实质还是围绕着保理所提供的贸易融资、应收账款催收、销售分户账管理与坏账担保等服务，例如，我国的商业保理行业将保理归属于综合性的"商贸"服务，而银行保理行业则将保理定性成综合性的"金融"服务，这无非是不同的监管机关从其角度所下的定义,在本质上并无差别。

另外,无论是否办理融资,保理是以应收账款的转让作为前提的;凡是没有办理应收账款转让或以质押方式办理业务的,均不能称之为保理业务。在实务上有诸多与保理相类似的业务,将在本书的第十章进行介绍与比较。

保理是以应收账款的转让作为前提的,虽然各国法律对应收账款转让通知生效的规定有所不同或不尽明确,但转让应收账款必须通知原债务人才能对债务人发生效力(享有付款请求权)的规定基本是一致的。由于债务人的付款是保理业务的第一还款来源,所以,如何办理应收账款转让的通知并确保账款转让对债务人发生效力,始终是保理业务一项非常重要的操作环节。关于应收账款转让的相关议题,本书在第四、六、七章的内容中都有提及。

第二节 保理常用名词解释

一、卖方(Seller)

卖方指提供货物或服务并对所产生的应收账款拥有所有权的一方,一般指供应商、出口商、债权人,通常是保理服务及融资的申请人。

二、买方(Buyer 或 Debtor)

买方指对因购买货物或服务而产生的应收账款负有付款责任的一方,即进口商、债务人。

三、信用交易(Credit Sale)

卖方基于买方信用的赊销交易行为,也就是买方的赊购。主要是指买方在卖方依据商务合同履行义务完毕一段时间后才支付款项的交易模式。在国际结算中的付款交单(document against payment - D/P)、承兑交单(document against acceptance - D/A)及记账交易(open account - O/A)均属于此类型。而一般所说的 T/T(电汇),习惯上常把它列为信用交易的一种,严格意义上讲,它只是一种支付方式,必须比照商务合同条件结合支付时点来判定是否为信用交易模式。

四、商务合同(Business Contract)

依据《中华人民共和国合同法》第二条规定:"合同是平等主体的自然人、法人、其他组织之间设立、变更、终止民事权利义务关系的协议。"商务合同是各类合同的一种统称,是指有关各方之间在进行某种商务合作时,为了确定各自的权利和义务,基于平等、自愿的原则,正式依法订立的、必须共同遵守的协议条文。债权人与债务人双方基础交易所依照的商务合同,是应收账款产生的法律基础,是保理业务第一层级的、最基本的法律关系,没有这个基础,也就无从可谈保理业务。

五、应收账款(Account Receivable)

保理所操作的标的是应收账款,商业保理业并未对应收账款再给予定义或明确。依据银监会颁布的《商业银行保理业务管理暂行办法》第八条所称应收账款,是指企业因提供商品、服务或者出租资产而形成的金钱债权及其产生的收益,但不包括因票据或其他有价证券而产生的付款请求权。依据中国人民银行发布的《应收账款质押登记办法(修订征求意见稿)》(附录七)所称应收账款是指权利人因提供一定的货物、服务或设施而获得的要求义务人付款的权利以及依法享有的其他付款请求权,包括现有的和未来的金钱债权及其产生的收益,但不包括因票据、信用证或其他有价证券而产生的付款请求权,以及法律、行政法规禁止转让的付款请求权。包括下列权利:

(1) 销售、出租产生的债权,包括销售货物,供应水、电、气、暖,知识产权的许可使用,出租动产或不动产等;

(2) 提供医疗、教育、旅游等服务或劳务产生的债权;

(3) 城市和农村基础设施项目收益权,包括公路、桥梁、隧道、渡口等不动产收益权,水利、电网、环保等项目收益权;

(4) 提供贷款或其他信用产生的债权;

(5) 其他以合同为基础的具有金钱给付内容的债权。

人民银行与银监会对应收账款所下的定义大致相同,但前者明确提出了应收账款包括的权利种类(其中还刻意包括有第(5)其他类)和突出了"现有和未来"金钱债权的概念,整体来看,适用的范围比较宽松。银监会颁布的《商业银行保理业务管理暂行办法》,规范银行保理行业发展的意图相当显著。商业保理相关办法从未排除过未来应收账款。

叙做保理的应收账款必须是基于真实、合法、有效的贸易背景产生的,交易的结算方式为赊销等信用方式,所以不得基于不合法基础商务合同、寄售合同、未来应收账款、权属不清的应收账款、因票据或其他有价证券而产生的付款请求权等不合格应收账款开展保理业务,这一点在《商业银行保理业务管理暂行办法》第十三条有明确的规定:"未来应收账款是指合同项下卖方义务未履行完毕的预期应收账款;权属不清的应收账款是指权属具有不确定性的应收账款,包括但不限于已在其他金融机构或保理公司等第三方办理出质或转让的应收账款。获得质权人书面同意解押并放弃抵质押权利和获得受让人书面同意转让应收账款权属的除外;因票据或其他有价证券而产生的付款请求权是指票据或其他有价证券的持票人无需持有票据或有价证券产生的基础交易应收账款单据,仅依据票据或有价证券本身即可向票据或有价证券主债务人请求按票据或有价证券上记载的金额付款的权利"。在业务的实践中,保理业界对于未来应收账款究竟如何认定,是否可以据以开展保理业务一直存在争议;通常银行保理商会从严认定、谨慎应对(因为银监会有明文要求);商业保理公司则倾向从宽处理,为保理业务的创新与实践留下空间。

除了传统服务于实体商品贸易所产生的应收账款外,保理也可涉及较无实体商品的服务或劳务类贸易(包括但不限于广告、软件开发、物业管理、商务差旅、劳务派遣等),这给保理带来更大的商机,同时也对保理商的经营管理水平提出更高的要求。

保理操作的是赊销项下产生的应收账款,所以预付款、现金、信用证(即期和延期)等交易不在保理服务的范畴,但付款担保信用证(stand‐by LC)除外。

六、保理商(Factor)

保理商指经营保理业务的企业法人,在我国目前分为以银行为经营主体的银行保理商和其他机构由商务部系统核准设立的商业保理公司两类。在国际保理业务中,直接接受出口商转让应收账款,提供出口保理服务的,称为出口保理商(export factor);接受出口保理商转让应收账款,提供进口商信用风险担保或账款催收服务的,称为进口保理商(import factor)。

七、保理合同(Factoring Agreement)

保理合同指保理商与卖方签订的保理服务协议,约定卖方将应收账款债权转让给保理商,由保理商来提供保理服务时,双方有关的权利义务的合同。不同保理商的保理合同体系不同,通常分为:(1)无追索权保理合同和有追索权保理合同;(2)保理服务合同和保理融资合同;(3)有追索权出口保理合同、有追索权国内保理合同、无追索权出口保理合同、无追索权国内保理合同等三种合同体系。个别保理商也存在使用单一份保理主合同,另一附件分类的保理合同体系。另外,也有极少数保理商把明保理或暗保理作为一个维度再细分合同的情况。一般在业务实践中,买方与保理商之间是不会签订保理合同的。

八、保理商合作协议(Inter-factor Agreement)

保理商合作协议一般是指两家保理商进行国际保理业务合作前所签订的框架协议,FCI提供了制式的格式范本供会员使用。国内保理商也逐渐开展国内双保理业务的合作,双方所签订的合作协议也可以称作保理商合作协议。

九、买方信用风险(Buyer's Credit risk)

买方信用风险指买卖双方的交易不存在商业纠纷的情形下,买方没有履行付款义务的风险。一般包括买方无理由或不合理拒付,以及买方无理由或恶意拖延付款两种风险。

十、有追索权(Recourse)

有追索权是指保理商接受应收账款转让,并于账款到期前提前融资(支付价金)给卖方,当融资到期时,如果保理商没有收到买方的付款用以清偿融资款项,无论任何原因,保理商都可以要求卖方返还融资款项。

十一、无追索权(Without Recourse / Non-recourse)

无追索权是指保理商承担了买方的信用风险,当转让的应收账款不存在商业纠纷且卖方没有违反保理合同约定条款的前提下,即使保理商没有收到买方的付款用以清偿融资款项,保理商也无权要求卖方返还融资款项。

注:《商业银行保理业务暂行管理办法》将无追索权保理也称之为买断性保理。但是,"卖断"或"买断"这样的口语上的词汇,经常会被客户误解为保理商承担了"一切"风险,当操作无追索权保理,卖方将应收账款转让给保理商以后,一切的风险就与卖方无关了。由于容易导致误解,介绍无追索权保理业务时,建议

尽量避免使用买断或卖断的词汇。

十二、坏账担保(Credit Risk Cover)

简单地说,坏账担保就是指保理商承担了买方的信用风险。可能是向卖方提供保理业务的保理商承担买方的信用风险,也可能是向卖方提供保理业务的保理商与合作的买方保理商/进口保理商或保险公司等共同承担买方的信用风险。

十三、担保赔付(Payment Under Approval)

保理商提供坏账担保的服务,在转让的应收账款没有发生商业纠纷且卖方没有违反保理合同约定的条款前提下,如果买方在账款到期后一段时期(一般是90天,依据彼此约定)没有支付款项,保理商必须针对在承诺的担保额度内的账款进行理赔。

十四、预付款融资(Advance Payment)

预付款融资指保理商接受应收账款转让,在账款到期前提前支付款项给卖方。分为有追索权融资和无追索权融资。

十五、账款催收(Debt Collection)

账款催收是指保理商接受应收账款转让,于账款到期后要求买方支付款项的行为。一般先以电话或提示函方式催收,依据账款逾期严重情况,而后发送律师函,直至采取法律诉讼手段催收的方式。

十六、商业纠纷(Commercial Dispute)

依据 GRIF 定义,是指债务人拒绝接受货物或发票或提出抗辩(包括但不限于任何第三方对于应收账款有关的款项主张权利而引起的抗辩)、反索、抵销。

十七、转让(Assignment)

卖方将对应收账款的所有权透过书面有效的形式移转给保理商的一种行为,这是保理商提供一切保理服务的基础要件。相反,由于触发某些约定导致保理商不再对已经转让的账款继续提供保理服务,保理商会将账款所有权重新移转给卖方,称之为反转让(re-assignment)。

十八、信用风险额度(Credit line)

信用风险额度指保理商提供坏账担保、承担买方信用风险的额度,也可称为坏账担保额度。一般是循环性质的额度(revolving credit line),当被占用额度内的应收账款获得买方支付清偿,在额度有效期限内,该部分额度得以自动恢复以覆盖后续转让的应收账款。另外,也有个别针对特定订单或发票所核定的一次性、不可循环使用额度的情形,一般称之为订单额度(order approval)。

第三节 保理的功能

一、对卖方的功能与好处

(一)资金融通

保理商可以根据卖方的资金需求,在收到卖方转让的应收账款后,在账款到期前对卖方提供预付款融资,协助卖方将应收账款资产盘活,促进资金的有效配置与运用。

(二)销售分户账管理

保理商可以根据卖方的要求,定期向卖方提供应收账款的回收情况、逾期账款情况、账龄分析等,发送各类对账单,协助卖方进行销售管理,降低管理压力和成本。

(三)应收账款的催收

保理商有专业的人员从事催款,他们会根据应收账款逾期的时间采取有理、有力、有节的手段,协助卖方安全快速回收账款;尤其对于国际贸易账款的催收更能在地理优势上,避免语言、文化和时差的障碍进行有效催收,同时大幅节省卖方国际催收的成本。

(四)坏账担保

保理商可以根据卖方的需求为买方核定买方信用风险额度,对于卖方在额度内发货或提供劳务所产生的应收账款,可以提供高达100%的坏账担保,让卖方免除赊销产生的坏账风险。

（五）降低汇率风险

出口商的应收账款会面临汇率变动的风险，通过办理出口保理预付款融资可以提前实现收汇并锁定汇率风险，尤其在本国货币面临明显升值压力情形下作用更加显著。

（六）改善财务结构

卖方如果从银行贷款取得资金融通，则会增加其短期或长期借款数字，提高了企业的负债率，对企业的资信，尤其对拟上市或已上市企业的财务结构无法起到良好的改善作用。但是，如果企业获得了无追索权保理融资，将应收账款转让给保理商，则企业报表上货币资产增加，对应的是应收账款的减少，从而使得整体财务结构更加优化，有利于企业的有价证券上市与进一步融资。

（七）买方资信调查增值服务

保理商在操作保理业务前期通常会对买方的资信进行调查评估，以设定对承担买方信用风险的坏账担保额度；即便有追索权业务，也会参考调查结果决定是否给予卖方融资额度或确定给予额度的大小。将对买方评估的结果反馈给卖方，无疑对于卖方的销售决策，如是否向买方提供商业信用或是否扩大此信用，从而扩大商品销售，提供了有力的判断依据。

（八）拓宽国际市场

由于保理商有全球合作组织的网络，利用合作伙伴熟悉当地市场的优势，借助他们的资源向中小出口商提出建议，协助其打进国际市场，加强其竞争能力。

（九）增加企业销售和利润

有的卖方虽然希望通过赊销方式来更大程度获得买方订单或吸引新的合作伙伴，但是苦于一旦给了信用销售，企业自身资金周转就会陷入困难或者经营无以为继，或担心首次合作的买方的信用问题；而引入了保理业务，恰恰就解决了企业的这些担忧。在保理商对买方的风险进行了把控，以及提供卖方融资的支持下，卖方就可放心大胆的扩大销售规模，并在产生规模效应时降低单位生产成本，进一步增加营业利润率及净利润率，实现良性的经营循环。

二、对买方的功能与好处

（一）节约财务成本

如果因为保理业务的介入，使得买方从开证或先款后货的购买方式，进化到获得了信用购买的便利，那么保理对于买方的贡献是巨大的。买方可以延期支付，减少资金占用,赢得了货币的时间价值,免去向银行交付的开证/开票的保证金及手续费,降低了采购成本,将资金做更有效率的配置和运用,取得了一定的财务收益。

（二）降低购买风险

由于是赊购的信用交易条件,所以买方可以在收到货物、进行检验合格后再进行付款,大大降低了先付款后卖方不发货或以次充好的风险。

（三）提高采购效率,节约时间成本

若是以信用证交易,难免受制于银行开证的时间和手续,而现在市场变化快速,在签订买卖合同后修改交易条件的情况并不少见,但修改任一条件又必须修改原先开立的信用证,额外增加改证的时间和成本;而透过保理的信用交易只要在原本保理商核准的条件范围内,买方可随时自由地与卖方协商修改,确保交易的效率,节约更多的时间放在其他经营事务上。时间就是成本、就是机会。

三、对供应链整体的功能与好处

如果仅仅从卖方或买方的单一个体的角度论述,对买卖方而言有时容易造成你赢我输或你赚钱我赔本的错误印象,所以更应该从供应链上买卖双方共赢的角度来分析。

保理打破了赊销交易的双方互不信任的困境,带来了交易量的增加。虽然表面来看,卖方让利给了买方,多承担了保理成本,但殊不知新增的销售额所带来的净利润的增加往往大于保理商收取的费用;而且由于开出了较之以往的优厚的销售条件,买方通常会接受适当幅度的购买价格的增加或自动减少对商业折扣或现金折扣的要求,而且这个成本往往会小于买方的开证成本;另一方面,价格调整也抵减了卖方的一部分成本。所以,因为引入了保理就出现了通过蛋糕变大而让买卖方双赢的整体优化的局面,这个优化又通过供应链条上许多买卖方都可以引入保理进行结构优化来放大,这样就出现了供应链整体效率大幅提升的局面,有效地促进了贸易。

四、对国家外贸发展的功能与好处

改革开放后,我国外贸经过数十年的发展,进出口贸易已经从以出口为主逐渐转换成贸易收支平衡。

对于出口贸易来说,无论是我们出口企业顺应国际潮流,主动采用赊销出口来提升国际竞争力及市场份额,从而提高出口收汇收入来说,还是从被动接受强势境外买方的赊购条件来说,信用交易无疑已经占据了市场的绝对地位。所以,出口企业与其在是否赊销中举棋不定,倒不如尽早引入保理业务,实现国际贸易中的双赢,以及上述所讲的保理带来的款项回收风险、汇率风险等的规避。这样也就从宏观层面有效解决我国国际应收账款的坏账损失率高的局面。

对于进口贸易来说,尤其是向欧美等保理发达国家地区的采购,采用赊销无疑增强了我们市场地位,节约了成本,并降低了货物采购风险。

五、对我国社会信用体系建设的功能与好处[①]

信用,从经济学释义来说,是指在商品交换或者其他经济活动中,授信人在充分信任受信人能够实现其承诺的基础上,用契约关系向受信人放贷,并保障自己的本金能够回流和增值的价值运动。放贷可理解为授信人以资金、货物或服务等形式给予受信人(个人或企业)的信贷。既然是一种信贷,那么从授信人的角度来看,就必须考虑应该给谁授信、授信的规模多大以及授信的风险如何控制等。从接受信贷者的角度来看,主要考虑从谁得到信贷、如何证明自己的信用能力以及是否履行信用等。信用反映了道德层面和法律层面的问题与规范,但更多的反映了社会的信用交易机制及社会信用交易的发展水平。

授信人的"信用管理"或"信贷管理",对于保理商来说,就是信贷管理;对于一般工商企业来讲,就是赊销管理;对于政府和国家来讲,就是社会信用治理,或者社会信用体系管理。

我国的信用体现很多社会现实情况:社会商品交易中所占的比例远远比不上发达国家;银行更倾向于向大企业授信,不愿意向中小企业授信;在我国社会失信行为普遍的现实下,仍然有不少跨国公司可以大面积赊销而能够把风险控制在可以承受的范围内;在同一行业,有些企业货款回收及时,自我营运资金充分,而其他企业则应收账款高企,资金严重积压,不得不多方举债。

有学者认为我国社会信用体系的根本问题主要表现为货币、货物和服务的信用交易水平较低,仍需更多的时间和实践经验来不断提升,并应从以下四个方面着手社会信用体系的完善:

(1) 普及信用管理基本知识,提升信用管理水平;
(2) 鼓励信用保险、保理等各种信用管理工具的发展;

[①] 本小节部分内容参考百度百科。

（3）完善信用担保机制；

（4）完善信息披露机制，鼓励信用信息服务机构的发展。

其中，提到了鼓励信用保险、保理等各种信用管理工具的发展。就保理而言，由于它提供了信用风险担保、资金融通及账款管理、催收等服务给供应商，一来，当买方（接受信用一方）不能付款时，保理商会按照事先约定的条件对交易条件授信人（卖方）予以赔偿；二来，保理商提供的资金融通能够解决供应商的资金被占压的问题。这样，保理商作为一个强大的和专业的后盾，协助和支持着供应商向买方提供信用，否则供应商的授信行为和范围将受到很大限制，买方将难于获得供应商的信用，从而不得不更多地依赖自有资金，同样供应商也无法借由扩大授信行为来促进销售，增加营业利润。此外，保理业务的特点决定了它不仅关注买方（债务人）的信用能力，也必须关注供应商自身的风险控制能力，同时还提供销售分户账管理、账款催收等，所以保理商也会从各个方面协助供应商提高信用管理水平。所以，有了保理的介入，交易个体的信用是在被不断提升的。值得一提的是，如果在保理过程中，买卖方之间的信用交易记录以及保理商与买卖方之间的信用记录能够在征信体系中被有效体现与披露，无疑对整个社会征信又是一次强有力提升。

第四节 保理的种类

按照不同的维度，保理可以分为各种不同类型。国际上目前并没有统一的分类标准及名称。国际统一私法协会制定的《国际保理公约》、联合国贸易法委员会制定的《联合国国际贸易应收账款转让公约》（以下简称《应收款转让公约》）（附录八）、FCI 制定的 GRIF 等均未对保理业务进行明确分类，但基本涉及了国际保理与国内保理、出口保理与进口保理、融资保理与非融资保理、公开保理与隐蔽保理、有追索权保理与无追索权保理、预付保理与到期保理等内容。我国目前对保理也没有统一的分类标准，大体上有如下的分类方式。

一、银监会的《商业银行保理业务管理暂行办法》的分类

（一）国内保理和国际保理

按照基础交易的性质和债权人、债务人所在地，分为国际保理和国内保理。

国内保理是债权人和债务人均在境内的保理业务。国际保理是债权人和债务人中至少有一方在境外(包括保税区、自贸区、境内关外等)的保理业务。

（二）有追索权保理和无追索权保理

按照商业银行在债务人破产、无理拖欠或无法偿付应收账款时，是否可以向债权人反转让应收账款、要求债权人回购应收账款或归还融资，分为有追索权保理和无追索权保理。有追索权保理是指在应收账款到期无法从债务人处收回时，商业银行可以向债权人反转让应收账款、要求债权人回购应收账款或归还融资。有追索权保理又称回购型保理。无追索权保理是指应收账款在无商业纠纷等情况下无法得到清偿的，由商业银行承担应收账款的坏账风险。无追索权保理又称买断型保理。

（三）单保理和双保理

按照参与保理服务的保理机构个数，分为单保理和双保理。单保理是由一家保理机构单独为买卖双方提供保理服务。双保理是由两家保理机构分别向买卖双方提供保理服务。买卖双方保理机构为同一银行不同分支机构的，原则上可视作双保理。商业银行应当在相关业务管理办法中同时明确作为买方保理机构和卖方保理机构的职责。有保险公司承保买方信用风险的银保合作，视同双保理。

二、银行保理专委会制定的《中国银行业保理业务规范》(2010)的分类

按照基础交易的性质和债权人、债务人所在地，可分为国际保理与国内保理；按照银行在债务人破产、无理拖欠或无法偿付应收账款时，是否可以向债权人反转让应收账款，或要求债权人回购应收账款或归还融资，可分为有追索权保理与无追索权保理；按照是否将应收账款转让的事实通知债务人，可分为公开型保理与隐蔽型保理。

由于《商业银行保理业务管理暂行办法》和《中国银行业保理业务规范》(附录九)出台的背景主要是为了规范商业银行保理业务的经营行为，所以对业务的分类可能为了统计和管理的方便，显得比较简单，但基本容易理解也能满足市场上非保理专业人士普遍的认知。

三、实务界对保理的其他分类

（一）进口保理和出口保理

国际保理可以细分为进口保理与出口保理。进口保理(Import Factoring)是

指保理商与债务人位于同一国家,为出口商和出口保理商提供账款管理或信用风险担保的服务。出口保理(Export Factoring)是指保理商与供应商位于同一国家,为供应商因出口而产生的应收账款提供的保理。

(二) 银行保理(Bank Factoring)和商业保理(Commercial Factoring)

银行保理是指由商业银行开展的保理。商业保理是指由非银行的商业机构等开展的保理。

(三) 融资保理(Financial Factoring)和非融资保理(Service Factoring)

融资保理是指保理商以受让权利人因提供货物、服务或设施而产生的应收账款为前提,提供融资的保理。非融资保理,又称服务保理,是指保理商不向权利人提供融资,只提供销售分户账管理、客户资信调查与评估、应收账款管理与催收、信用风险担保等服务的保理。

(四) 公开保理(Disclosed Factoring)和隐蔽保理(Undisclosed Factoring)

公开保理又称公开型保理、明保理、通知保理、通知型保理(Notification Factoring),是将应收账款转让的事实通知应收账款债务人的保理。隐蔽保理又称隐蔽型保理、暗保理、不通知保理、不通知型保理(Non-notification Factoring),是指将应收账款转让的事实不通知应收账款债务人的保理。

(五) 预付保理(Advance Factoring)和到期保理(Maturity Factoring)

预付保理是指保理商受让权利人因提供货物、服务或设施而产生的应收账款,预先垫付全部或一定比例的款项,剩余款项待应收账款到期日或应收账款回收后再支付,或者在债务人出现信用风险不能支付的情况下由保理商给付担保款的保理。到期保理又称定期保理,是指保理商受让权利人因提供货物、服务或设施而产生的应收账款,承担债务人的信用风险,但不向权利人提供贸易融资,直到应收账款到期日或应收账款回收后才支付对价款,或者在债务人出现信用风险不能支付的情况下由保理商给付担保款的保理。

(六) 现有债权保理(Existing Receivable Factoring)和未来债权保理(Future Receivable Factoring)

现有债权保理是指保理商受让时应收账款已产生的保理。未来债权保理是指保理商受让时应收账款尚未产生,但将来有可能产生,即期待将来可以请求特定人为特定行为的权利的保理。

(七) 直接保理(Direct Factoring)和间接保理(Indirect Factoring)

直接保理是指根据保理合同或转让通知,债务人直接向保理商支付已转让的应收账款的保理。间接保理是指债务人直接向原债权人支付已转让给保理商的应收账款的保理。(注：FCI的相关培训教材中也有直接保理-Direct Factoring的概念，通常是指在国际保理业务中，出口商没有通过当地的出口保理商操作保理业务，而是直接与进口国当地保理商合作的情形。)

(八) 逐笔保理(Facultative Factoring)和批量保理(Bulk Factoring / Whole Turnover Factoring)

逐笔保理是指保理商受让权利人因提供货物、服务或设施而产生的具体应收账款，并逐笔向转让人提供服务的保理。批量保理又称全部保理、一揽子保理，是指保理商受让权利人因提供货物、服务或设施而产生的全部或一系列应收账款，并向转让人提供服务的保理。这主要是按照应收账款是部分转让或全部转让的情形来分类。

(九) 循环保理(Revolving Factoring)和非循环保理(Non-revolving Factoring)

循环保理是指保理商受让权利人因提供货物、服务或设施而在一定周期内循环产生的应收账款，并向转让人循环提供服务的保理。非循环保理是指保理商受让权利人因提供货物、服务或设施而在一定周期内非循环产生的应收账款，并向转让人提供服务的保理。

(十) 定向保理(Target Factoring)和非定向保理(No-target Factoring)

定向保理是指保理商接受委托，受让指定权利人转让的应收账款，并向转让人提供服务的保理。非定向是指保理商按照自己的意愿受让权利人的应收账款，并提供服务的保理。

(十一) 折扣保理(Discount Factoring)和非折扣保理(No-discount Factoring)

折扣保理又称折让保理，是指保理商按应收账款总额的若干比例受让权利人的应收账款，并支付相应对价的保理。非折扣保理又称非折让保理，是指保理商全额受让权利人的应收账款，并支付对价的保理。

(十二) 单笔回款保理(Single Payment Factoring)和分笔回款保理(Several Payments Factoring)

单笔回款保理是指债务人向债权人或保理商一次性给付应收账款的保理。分笔回款保理是指债务人向债权人或保理商分数次给付应收账款的保理。

(十三) 完全保理(Full Service Factoring)和部分保理(Partial Factoring)

完全保理又称传统保理(Old-line Factoring)，是指保理商以受让权利人转让的应收账款为前提，提供贸易融资以及销售分户账管理、应收账款管理与催收、信用风险担保等全部服务。部分保理(Partial Factoring)又称不完全保理,是指保理商以受让权利人转让的应收账款为前提,提供下述服务中的至少一种:(1)贸易融资;(2)销售分户账管理;(3)应收账款管理与催收;(4)信用风险担保。

(十四)正向保理(Standard Factoring)和反向保理(Reverse Factoring)

正向保理又称卖方保理、普通保理、标准保理,是指由债权人(权利人)发起业务申请的保理。反向保理又称买方保理,是指由债务人(义务人)发起业务申请的保理。

(十五)单笔融资和池融资

单笔融资是指依据匹配单笔个别应收账款逐一进行融资。池融资是指将若干笔账款汇集成为一个保理池,基于池水位及已经回款在保理商控制的资金池水位,来决定融资余额的动态融资方式,并可依情况调整增加账款转让补充或释放资金池资金等。

四、产品分类的补充说明

(1)实务界经常会将保理应用在特定的行业或领域时,冠以特定的称呼,如租赁保理、工程保理、医药保理、供应链保理等。这样的称呼通常只是为了营销的目的,对于产品的分类其实没有太大的意义,略为参考即可。

(2)有时对于某一种普遍认识的产品或业务模式进行了不同的中文翻译,如对 back-to-back factoring 翻译成背对背保理或回流保理的不同称呼,其实两者指的是同一产品或模式。

(3)对于某类的产品究竟能否算得上是一种产品,也存在争议,其中比较突出的是反向保理。有人认为反向保理是源自 FCI 的 reverse marketing 概念,它有别于传统对卖方的营销,是一种对买方进行营销的方式,借助买方的资信和资源,针对这特定买方与其供应商的交易开展保理业务的营销模式或策略。由于是凭借认可资信的买方(也就是保理业务的付款方-第一还款来源)来开展保理业务,如果营销买方成功,取得他的积极的配合,一般而言,发展业务肯定比较有效率且风险程度低,所以严格意义上来说,反向保理算是一种营销模式。

至于将反向保理定义为一种产品,指由买方发起业务申请的保理,推测主要是基于以下三个原因:① 保理商需要建立产品的体系架构与相关制度,以实用性为原则,不执著于产品与模式(或策略)的界限。② 方便对企业的营销与产品的识别。因为客户通常会提问的是:"你们有什么产品?"而不是:"你们的营销模式(策略)是什么?"所以,有意或无意之间就会被认知为一种产品。③"从买方发起业务申请的保理"这句叙述中,关键在于买方申请哪种业务,如何操作。简单分析,至少有两种情形:一是凭借对买方资信的认可或直接授信,对供应商提供应收账款融资,此时买方的申请可以推定为对它自身支付能力担保的申请(保理坏账担保额度),而融资主体的申请人则是供应商;二是在卖方转让应收账款的前提下,保理商针对买方相对应的应付账款提供融资,直接将款项支付给卖方,此时买方申请业务的本质是应付账款融资,融资的主体也是买方自身,但在卖方转让应收账款和保理商提供应收账款管理与催收服务的事实下(卖方收到了相应的货款),可以推定为基础保理产品的延伸与创新。由于这两种情况事实上都办理了保理业务,办理业务就是购买了保理商的产品,在与基础或标准化产品进行区别的背景下,被视为另一种保理产品也就不足为奇。

(4) 以上各种分类的产品并不是个别独立存在,实际上是多有交叉的。保理产品的分类目的,主要是从不同的维度来认识、实践与创新保理业务,建议读者侧重理解与运用,不必强记产品的分类和的定义。

第五节 保理的基本操作流程

保理业务的操作流程依据不同的产品和模式有所不同,不同的保理商在实务操作上也会有个别的差异存在;以下就常见的、比较具有共同性的基础产品的操作流程逐一介绍。

一、国内保理(单保理)操作流程

(一) 保理业务调查与额度审批

(1) 对买卖方客户及交易进行保理业务贷前调查,核定买方信用风险担保额度(如卖方要求担保买方信用风险)及保理融资额度。

(2) 与客户及内部沟通及确定业务操作方案,如签署何种保理相关合同、采取何种通知方式、审核何种交易单据,等等。

(二) 保理额度启用与合同签署

(1) 落实授信相关条件要求,以办理额度启用事宜。

(2) 办理首次转让前，与客户签订保理相关合同。

(三) 应收账款转让通知

(1) 落实全数转让的通知函或明细账款转让的通知函的向买方通知的手续，对于买方可以签字确认的，须进行相关印鉴核验工作。

(2) 在每笔转让的发票上加盖转让字据，单据审核后一并同其他单据送至买方(保理商要求自行寄送单据的)。

(3) 暗保理项下，留存卖方事先将加盖有效印鉴的明细账款转让通知函，以备日后转明保理时使用。

(四) 应收账款转让

(1) 审核客户提交的贸易相关单据，保证贸易背景真实性。

(2) 对转让的发票通过企业税控系统或税务局网站/柜台等方式进行真实性查验。

(3) 在人民银行的应收账款质押登记公示系统(以下简称"登记系统")办理应收账款质押登记及排他性查询事宜。

(五) 保理融资发放

(1) 接收并检查客户提交的相应融资申请书。

(2) 审核授信条件落实情况，"登记系统"中债权登记结果，转让通知落实情况；审核保理业务相关合同及申请书，以及最近一笔此买方回款情况；审核发票查验情况。

(3) 无误后发放融资款项。

(六) 发票二次查验

对当月开具且当月发放保理融资款的发票，应在次月内进行发票的第二次核查，其他情况的发票在发票尚未结清的前提下，根据方案要求频次定期进行再次核查。防止已转让的发票被卖方作废，危及融资款项。

(七) 应收账款回款管理

(1) 收到买方直接付款资金后，核对信息，以及时进行回款销账，回款解付及偿还融资。

(2) 如发现买方间接付款，必须及时弄清原因。一般出现间接回款，应要求借款人立刻偿还相应融资或封闭相应敞口，同时应立即暂停发放针对该买方应收账款的保理融资，情况严重的应考虑直接暂停对卖方所有的保理融资。何时可以重新受理业务可以视间接回款的成因背景及对卖方整体经营情况的考察结果而定。

(八) 应收账款催收

(1) 根据保理设计方案的催收时点及频次要求,在规定的应收账款到期日后一定天数后,若尚未收到买方付款,则开始向买方进行账款催收及核对工作,并视实际情况,决定是否向买方采取法律手段追偿。

(2) 在应收账款催收过程中,如发现买方已对账款进行了支付,则进入回款管理与销账处理流程;如发现应收账款已发生商业纠纷,则进入商业纠纷处理流程;如发现需要对应收账款进行反转让,则进入反转让处理流程。

(九) 担保赔付

如提供买方信用风险担保的,且买方未提出商业纠纷,或商业纠纷处理结果有利于卖方,则需承担保赔付的义务。

(十) 商业纠纷处理

(1) 如收到买方商业纠纷通知,及时向卖方沟通处理。

(2) 如卖方未在规定时限内回复商业纠纷处理情况或卖方发生其他违反保理合同相关约定的事项,则进行应收账款反转让操作。

二、出口双保理操作流程

(一) 买方信用风险担保额度申请与审批

由合作的进口保理商承担买方信用风险的业务,则先向合作保理商进行预额度(preliminary credit)或正式额度(credit cover)申请,并接收对方额度和报价回复。

(二) 保理业务调查与额度审批

(1) 对卖方客户及其与买方的交易进行保理业务贷前调查,核定保理融资额度。

(2) 与客户及内部沟通及确定业务操作方案,例如签署何种保理相关合同、采取何种通知方式、审核何种交易单据,等等。

(三) 保理额度启用与合同签署

(1) 落实授信相关条件要求,以办理额度启用事宜。

(2) 办理首次转让前,与客户签订保理相关合同。

(3) 管理合作保理商的同业往来额度。

（四）应收账款转让通知与转让

（1）首次转让前按照进口保理商要求的转让通知格式和内容，要求出口商将出具的转让通知函件确实寄送给进口商（如进口保理商明确要求由其转交，则寄送给进口保理商），必要时可要求进口商签回。在发票上加注进口保理商提供的转让字句，建议发票原件与通知文件一并递送。

暗保理项下，应按照进口保理商要求的转让通知格式和内容，要求出口商将加盖有效印鉴及签名的转让通知函留存保理商处，以备日后根据与进口保理商约定的暗保理转为明保理的时点寄送转让通知函给进口商，通知其应收账款转让事宜，或请进口保理商协助送达转让通知函。

（2）审核客户提交的贸易相关单据，保证贸易背景真实性。

（3）向进口保理商发送转让报文或纸质转让文件。

（五）保理融资发放

（1）接收并检查客户提交的相应融资申请书。

（2）审核授信条件的落实情况，转让通知落实的情况；审核保理业务相关合同及申请书，以及最近一笔关于此进口商回款的情况。

（3）审核无误后发放融资款项。

（六）应收账款回款管理

（1）收到进口保理商付款后，完成应收账款销账，回款解付及融资偿还。

（2）如果出现贷项（扣款），或溢付款情况的，应及时通知合作的进口保理商。

（3）如发现进口商间接付款，及时弄清原因。一般出现间接回款，应要求借款人立刻偿还相应融资或封闭相应敞口，同时应立即暂停发放针对该进口商应收账款的保理融资，情况严重的应考虑直接暂停出口商的所有保理融资。何时可以重新受理业务可以视间接回款的成因背景及对卖方整体经营情况的考察结果而定，并将情况及时通知进口保理商。

（七）应收账款催收

（1）应收账款到期后，发送电子邮件及相关报文，紧急的以电话方式，向进口保理商进行询问和催收。

（2）在应收账款催收过程中，如发现进口商已对账款进行了支付，则进入回款管理与销账处理流程；如发现应收账款已发生商业纠纷，则进入商业纠纷处理流程；如发现对应收账款需要进行反转让的，则进入反转让处理流程。

(八) 担保赔付

(1) 如提供买方信用风险担保的,且进口商未提出商业纠纷,或商业纠纷处理结果有利于出口商,则需在进口保理商承保的基础上,要求其按照约定的期限履行担保赔付的义务。

(2) 进口保理商未按约进行担保赔付的,必须自行先向出口商赔付后积极向进口保理商追索,必要时采取仲裁或法律追偿手段。

(九) 商业纠纷处理

(1) 如商业纠纷顺利解决或处理结果有利于出口商且收回应收账款后,则回到正常保理业务操作流程。

(2) 如收到买方商业纠纷通知,及时向卖方沟通处理。

(3) 如卖方未在规定时限内回复商业纠纷处理情况或卖方发生其他违反保理相关合同约定的事项,则进行应收账款的反转让操作。

(4) 注意纠纷处理情况要在规定要求的时限内及时向合作的进口保理商反馈。

(十) 保理佣金支付

定期对进口保理商提供的保理费用明细表进行核对,确认无误后,支付保理佣金费用。

三、进口双保理操作流程

(一) 买方信用风险担保额度申请与审批

(1) 接收出口保理商的买方信用风险担保服务及额度申请,对买方进行资信调查及核定信用额度。

(2) 完成资信评估后,将申请额度的审定结果通知出口保理商;如有核准买方信用风险额度,须注明额度金额、有效期限、报价及其他要求条件(如有)。

(二) 应收账款转让通知与转让

(1) 如出口保理商要求由保理商递交应收账款转让通知函,则在收到出口商出具的保理商认可的格式版本后,留存复印件,并向进口商递送。

(2) 接收转让报文或纸质文件。

(三) 应收账款催收与回款销账

(1) 应收账款到期前五日内,向进口商提示付款。

(2) 进口商付款后,完成应收账款销账。向出口保理商发送直接付款报文。

(3) 得知进口商间接付款后,立即向出口保理商发送商业纠纷报文,与出口保理商核实情况。如出口保理商确认间接付款的,应请出口保理商尽快发送间接付款报文或其他间接付款通知文件。

(4) 向进口商进行催收与对账,并提示其将款项付至指定回款账户。

(四) 担保赔付

(1) 如应收账款到期后进口商未能足额付款,在承诺的担保赔付期限前15天,要求出口保理商提供出口商针对该笔或该批应收账款的包括但不限于应收账款通知函、发票、订单/商务合同、货运单据等在内的债权凭证,并进行单据审核。如无瑕疵,必须启动担保赔付的审批流程,确保如期履行担保赔付的义务。

(2) 如担保赔付到期日前仍未收到进口商的足额付款,且应收账款不存在商业纠纷,则进行赔付给出口保理商。

(3) 担保赔付后,应立即以应收账款债权人身份向进口商主张付款。

(五) 商业纠纷处理

(1) 得知进口商提出商业纠纷后,应及时通过商业纠纷报文或其他书面形式通知出口保理商。

(2) 收到出口保理商发来的关于商业纠纷事宜的回复,应及时跟进。

第六节　保理的收费结构

一、保理佣金(factoring commission)

保理佣金,也称之为保理手续费(factoring fee)。无论保理商是否提供给卖方保理的预付款融资,也不管预付款融资的性质是有追索权或无追索权,都会收取这种费用。收费计价的基础是按照每一笔转让给保理商的应收账款金额的一定百分比收取,通常介于0.1%—3%之间;无追索权保理的价格会高于有追索权保理。当操作国际(国内)双保理时,通常先由进口保理商(买方保理商)向出口保理商(卖方保理商)报价,出口保理商(卖方保理商)再加入自身要求的收益向出口商(卖方)报价。实务中也有进出口保理商(买方/卖方保理商)分别向进出口商(买方/卖方)收取费用的安排。

二、单据处理费（handling fee）

这个收费科目涵盖的范围比较笼统宽泛，可以理解成保理商为了覆盖处理卖方转让应收账款涉及的所有单据时的成本所收取的费用，通常是按照每笔转让应收账款（每笔发票）收取定额的费用，在国际保理业务一般介于美金 5～20 元之间，国内保理业务则介于人民币 10～100 元之间。业务实践中，操作国际保理业务时，保理商通常会收取单据处理费，但是操作国内保理业务时就不一定会收取。

三、保理预付款利息/融资利息（advance payment interest）

只有当保理商提供预付款融资时才会产生这项费用，报价利率的高低完全取决于保理商的资金成本与收益因素，还有考量卖方的议价地位而定。计价的基础通常是按照预付款融资款项的实际使用天数乘以约定的融资利率确定。

以上是保理业务一般会涉及的收费结构。除此之外，有些保理商也会另立收费科目，如买方资信调查费、保理额度保留费、保理额度启用费、结构性安排费、邮递费、审单费、报文费等，不一而足。

第七节 保理的特性

一、贸易背景真实性

保理操作的标的是应收账款，有效的应收账款来自真实的交易，所以具备真实的贸易背景是保理业务的基础。这似乎是非常简单的道理，在此特别强调是因为我国保理业务发生风险的成因中，主要就是卖方或买卖方联合虚构贸易背景进行诈骗以获得保理商的融资，所以如何核实贸易背景真实性也是保理实务中主要的课题之一。

二、应收账款转让是前提

这不仅是监管的要求，也是现实操作的需要。卖方将应收账款转让给保理商，保理商才能获得对买方的货款请求权，提供包括保理融资、账款催收与管理及坏账担保等服务；凡是未办理转让应收账款的，均不能列入保理业务的范畴。

三、保理融资具备自偿性

这是保理很重要的特性。当卖方将应收账款转让给保理商从而获得对买方的货款请求权,只要买方能支付货款到保理商指定的账户,保理商就得以使用从买方收到的货款清偿提供给卖方的融资,而不必由卖方另行安排资金偿还融资款项。所以,实际上买方的付款成为保理融资的第一还款来源,卖方清偿则是第二来源(在有追索权保理情形下)。

四、短期贸易融资工具

保理业务提供的融资主要是匹配商务合同的结算条件,除了少数特殊行业外(如租赁公司、大型机器设备等),现实交易中的结算条件一般不会超过半年,期限较短;所以保理融资周转也比较快。

五、一种综合性的服务

这容易理解。保理除了贸易融资的功能外,还有坏账担保、账款催收与管理以及其他的延伸功能,所以它是一种综合性服务,只是我国目前保理商大多只侧重提供融资,有时会让企业将保理简单理解成就是应收账款融资。

六、不是简单的流动资金贷款

银行办理流动资金贷款主要是提供资金给企业作为营运周转使用,通常期限为一年,到期由企业自行筹措资金偿还贷款;同时,尽管监管当局规定要求流动资金贷款必须办理受托支付,银行必须监控企业使用资金的流向与用途匹配,但现实环境里仍有不少企业透过各种不同途径和模式将资金挪用,进行一些投资或投机的操作,使银行增加授信风险。如前所述保理融资的自偿性和综合性服务的功能都与流动资金贷款有很大程度的不同,所以现实上存在个别企业由于想规避流动资金贷款的严格监管或受限于该项额度银行头寸规模的不足,故将流动资金贷款需求套用保理产品进行融资,企业容易产生虚构交易或刻意延长结算条件的动机,增加保理商的风险。

七、具有风险侦测或缓释的功能

保理业务的自偿性本身使得保理融资风险比较低,不必完全依赖于企业自身的还款能力与意愿;而且透过管理卖方日常交易产生的应收账款,对其交易品质(如交易对手、出货频率与金额、账款回收情况、贸易纠纷,等等)进行持续的分析与追踪,某种程度能起到对卖方营运情况实时动态的了解与未来经营趋势的预判,这都有助于保理商提前发现风险隐患,及时采取相关处理措施,降低或避免遭受损失。

八、单笔金额小和频次多

这主要是由交易的性质决定的。除了一些比较特殊的行业,一般正常、持续性的贸易行为通常是经常性发生交易、分批出货、每笔交易发票金额小,保理业务自然也就呈现笔数多、金额小及发生频率高的特性;所以,如果转让的账款单笔金额大、很长时间才偶尔转让一笔、发票笔数很少或发票金额整数且大多趋同,就必须注意虚假账款的风险;当然这得审视行业特性及企业具体经营情况来判定。

九、服务客户以中小企业为主

相对于大企业,一般来说中小企业在与客户的交易中或在供应链所处的地位相对较弱,通常必须提供信用结算条件来进行销售,应收账款自然随之产生,与之相关的问题就必须得到妥善的解决。中小企业由于财务实力一般较弱,可提供被银行认可的担保品也有限,相对于大企业很难取得银行充分的融资支持;此外,中小企业自身风险控制的能力、应收账款管理的水平、国际贸易汇率波动的风险规避等也都存在短板,容易陷入不提供信用结算条件接不到订单;但接了订单又必须面对一些难题。保理业务本身的功能就是提供对信用交易的风险控制、账款催收与管理,恰恰补足了中小企业的短板;同时保理业务一般侧重交易的品质、买方的付款实力等,相对于银行其他授信业务,会弱化对中小企业在财务指标、担保品提供等要求,所以比较愿意提供融资给中小企业,彼此在保理业务的合作相对就多了;反之,大企业在进行融资及控制风险方面能力较强,对保理的需求也就没有那么殷切。

 复习思考题

1. 不少人认为就我国保理行业的现状而言,保理服务的客户并非以中小企业为主,分析一下这样的观点。

2. 寄售合同为何不能办理保理?

3. 如何判定是否为未来应收账款?办公室出租产生的租金,在没有收取之前,算是应收账款或未来应收账款吗?为什么?

4. 合作共同承担信用风险的合作机制有哪些类型?合作双方职责如何界定?

5. 保理业务除了本文介绍的好处外,还能在哪些方面体现它的优点?

6. 如果作为客户,应该会想了解哪些分类的产品?为什么?

第三章

保理的行业组织及经营主体

本章概要
1. 介绍国际上及我国存在的保理组织。
2. 多角度详细比较银行保理和商业保理的异同。

第一节 国际保理组织[①]

一、国际保理商联合会 FCI

国际保理商联合会(Factors Chain International,简称 FCI)成立于 1968 年,总部设在荷兰首都阿姆斯特丹,是一个由全球的保理公司及保理银行共同参与的跨国民间会员组织,也是目前最具权威、影响力最大的国际保理组织。

FCI 成立的背景:1960 年代时北美和欧洲地区虽然保理业务发展快速,但是远不到普及的程度,国际保理虽然有所起色,但一般是一家保理商做了跨国买卖方的单保理模式,受制于地域了解程度等因素,不能完全打开市场。FCI 的创始者们洞察到国际保理业务尤其是双保理的巨大发展潜力,认为有必要成立一个国际性的组织来把

[①] 本节部分内容参照国际组织相关介绍等。

发展国际保理业务的理念推广到那些低度开发或完全陌生的国家地区,同时架构统一的保理商间业务交流平台,并制定标准的操作规则来促进国际保理业务。

基于这样的背景和动机,FCI成立的宗旨:主要定性为促进保理业务在全球范围内的竞争与发展,为会员提供全球范围内的竞争优势与发展机会,为会员提供保理业务的统一标准、规章制度及业务培训,负责会员间的组织协调,以提高保理业务的服务水平等。

FCI制定的开展国际保理业务的法则和标准,主要有:(1)国际保理通用规则(GRIF);(2)仲裁规则(Rules of Arbitration);(3)国际保理电子数据交互规则(Edifactoring.com Rules)。

目前,FCI会员单位已经超过270家,分布于全球77个国家及地区。从国际保理业务实践来看,大型跨国金融集团在FCI中会员数量较多,例如:渣打银行全球有10家分行加入FCI;汇丰银行全球有12家分支机构加入FCI。FCI的多数会员是银行保理商,尤其在2008年国际金融危机后,银行保理商的数量持续增加。截至2013年底,我国共有中国银行、交通银行、光大银行、中信银行、中国建设银行、上海浦东发展银行、中国农业银行、中国工商银行、汇丰银行(中国)、招商银行、民生银行、上海银行、平安银行、中国进出口银行、华夏银行、渣打银行(中国)、兴业银行、江苏银行、广发银行、三井住友(中国)、国家开发银行、大连银行、南京银行、嘉融信国际保理有限公司、鑫银国际保理有限公司等FCI会员20多家。其中,中国银行、交通银行、中国建设银行、上海浦东发展银行、汇丰银行(中国)、招商银行、民生银行、中信银行8家单位是FCI正式会员,其余单位为FCI准会员。由于FCI成员的国际保理业务市场份额超过80%,数字决定地位,FCI自然成为全球保理界最有权威的国际保理商组织。

FCI的组织架构:由全体会员组成的会员大会(Council)是最高权力机关,一般一年集会一次,议决所有FCI重大事项;并设有执行委员会(Executive Committee),在会员大会指导下行使对FCI的管理职能,设有主席一人,执行委员数名。设有秘书处(Secretariat),秘书处向执委会负责,管理FCI的日常事务,执行会员大会及执委会的决议,设有秘书长一人。2013年刚卸任的常任秘书长Mr. Jeroen Kohnstamm先生,担任FCI秘书长长达41年,一生贡献给了FCI的保理事业,在国际保理业界有极高的知名度与影响力。除此之外,另设有数个技术委员会,如:营销委员会(Marketing Committee),主要推动保理业务在全球的发展,产品及模式的创新等;法制委员会(Legal Committee),顾名思义,主要负责保理相关法律问题的研究与解释,及制定各项法律文本等;教育委员会(Education Committee),主要负责保理人才的培育,透过包括举办保理从业人员培训课程及资格认定考试,各种类型的培训研讨会等;还有主要提供科技平台支持的科技委员会(Technology Committee)等。以上各个委员会成员主要是由个别会员代表选派经验丰富人员参与组成,属于兼职性质,每年定期集会几次。

近期值得关注的 FCI 重大举措:

(1)将联合国际商会(International Chamber of Commerce,ICC)结合 SWIFT 的规则,升级 GRIF 为 URIF,以确保保理业务的国际惯例与规则更加完善与统一,进一步提升影响力。

(2)在 2013 年雅典年会期间,成立了专门的 FCI 大使团(FCI Ambassadors Group),由包括我国在内的 14 个国家(地区)的 18 位 FCI 成员代表组成,代表 FCI 在全球重点地区收集市场信息,评估以及推广 FCI 新产品。

(3)非常重视中国保理市场发展,多次在中国举行全球或区域年会、各式培训研讨及业务推动会,提及中国应该鼓励保理公司的发展,尤其是成立金融保理公司来专业化规范引导保理市场的发展。

(4)FCI 执行委员会建立 FCI 战略委员会(Ad - Hoc Committee on FCI Strategy),制定 FCI 未来发展战略,具体工作包括:制定 FCI 新的"使命宣言"(Mission Statement);根据该宣言,制定 FCI 发展战略白皮书(Strategy Paper);根据该白皮书,制定 FCI 近、中、远期的战略实施计划。FCI 的未来发展方向制订为:从以国际双保理业务为主的协会组织发展成为以跨境供应链金融业务为主的协会组织,提供从订单到最终付款的供应链全流程金融产品,打造会员跨境供应链金融业务的电子合作平台,并制定有关合作规则。这一点显示 FCI 并不把保理业务划地自限,对未来发展的规划融入了跨境、供应链、互联网科技、电子合作平台等理念,这也是当下保理从业人员需要建立的正确认识。

二、国际保理商组织 IFG

IFG(International Factors Group,简称 IFG)是第一个为开展各国间保理业务而成立的国际性保理行业组织,于 1963 年成立,总部设在比利时的布鲁塞尔,该组织主要致力于帮助全球保理商之间更好地发展业务。成立初期,会员皆为 The First National Bank of Boston 的独资或合资公司,会员都以 International Factors 命名,采一国一会员的封闭架构,直到 1987 年才改为采取开放架构,以吸收更多非关联企业的成员加入。会员主要分布在西欧和美国,2003 年起 IFG 在亚洲建立分会以加强区域知名度及活动,成员国覆盖了包括日本、台湾地区、新加坡、马来西亚、泰国、印尼、印度和中国等，目前 IFG 已在 50 多个国家和地区拥有近 150 个成员，这些成员基本上都是大型跨国公司，具有优良的商誉。

IFG 的组织结构为会员大会，下辖董事会及秘书处，董事会辖下再分别设立了东欧、亚洲、中东及非洲、拉丁美洲等四个分会（Chapter）及信息（IT）、教育（Education）、法律（Legal）、营销与发展（Marketing and Development）等四个委员会（Committee），每年召开一次为期四天的年会及举办若干研讨会。IFG 创立了国际保理业务双保理体系（Two Factors System），并于 1979 年开发了电子数据交换系统（IF Exchange）用于各计算机之间的数据交换以支持业务系统的运行；制定了系统的法律规则和文件，适用于所有组织成员及与成员进行保理交易的其他人，用以规范和保证保理服务的标准化高质量，同时也明确和简化了成员从事保理业务时涉及的相关法律文件、法律程序，当保理交易发生争议时，组织也是依据这些法律规则和文件进行仲裁。值得一提的是，在这些法律文件中最重要应属 GRIF（General Rules for International Factoring），而 GRIF 其实是由国际保理商组织（IFG）和国际保理商联合会（FCI）共同制定的。

纵观 FCI 与 IFG 有很多相似之处，在此不予赘述；两者在以下几方面有明显差异：(1) IFG 以覆盖的"会员国"数量而言，虽然与 FCI 有 20 多国的差距，但落后其实不算太多；若以会员总数而言，超过百家的差距，就不能称之为差距有限了；(2) IFG 的会员中银行会员的比例相对于 FCI 低很多，在很多国家的会员不是数目太少就是规模太小，知名度与影响力无法与当地的 FCI 会员相提并论；(3) 结合(1)和(2)两项因素，FCI 以超过 80% 的全球保理市场占有率遥遥领先 IFG 也就不足为奇。两大组织曾就合并事宜展开讨论，并于 2015 年 5 月签署谅解备忘录确定合并意向，此后又分别在各自的年会上通过该决议，完成合并提案的关键一步，预计 2016 年会完成合并的所有工作。

第二节 我国保理组织[①]

一、中国银行业协会保理专业委员会

为进一步引导行业自律与发展，2006 年 11 月由中国银行牵头，招商、民生、

---

① 本节部分内容参照我国相关组织的介绍等。

光大、中信、浦发等 12 家中外资银行在北京共同成立了"中国保理商协会"(Factors Association of China,FAC),这是我国第一个保理业务同业组织。协会成立后主要的成果展现在市场推动方面,特别是 2007 年在东莞举办了 FCI 出口保理推介大会,据统计共有来自全国各地近 400 家出口保理客户参会。会议的成功举办在国际和国内业界产生了广泛影响,中国保理商协会由此成为促进我国保理商之间业务交流、共谋发展的重要平台。

中国保理商协会的工作同时也得到了中国银行业协会的高度重视和关注。为了吸纳更多银行会员加入,进一步扩大影响力,2009 年 3 月 10 日中国银行业协会在"中国保理商协会"的基础上组建了"中国银行业协会保理专业委员会"(以下简称"银行保理专委会"),当时共有 17 家银行参加,由中国银行担任主任行。银行保理专委会的成立可以说是我国保理业务发展过程中的一个重要里程碑,开启了我国保理界同业团结协作、共同发展的新篇章。

银行保理专委会成立几年以来,陆续完成以下重要举措。

(一) 建立信息统计和交流机制

为建立和完善专业委员会基本工作规范,专业委员会开展了数据统计及信息交流工作,制定了《中国银行业协会保理专业委员会保理业务数据统计和报送办法》(附录十)和《中国银行业协会保理专业委员会保理业务信息交流工作规则》(附录十一)。虽然个别会员因内部组织架构和业务边界的认定因素,偶有报送数据与规定统计口径不符的情形发生,加上尚未纳入统计商业保理公司的业务数据,但也基本奠定了我国保理业务的统计工作,对业务的发展提供了数据分析的支持。

(二) 制订并签署《中国银行业保理业务自律公约》

根据各银行保理业务发展现状,为推动保理业务健康发展,制定了《中国银行业保理业务自律公约》(附录十二)。《自律公约》主要立足于促进银行保理业务创新发展、规范实务操作、推动银行间保理业务协作、明确银行自律要求。经专业委员会第二次全体会员会议审议通过,会员于 2009 年 6 月共同签署了《自律公约》。

(三) 制定行业规范,推动业务规范健康发展

为规范保理业务发展,保理专业委员会于 2010 年 4 月发布了《中国银行业保理业务规范》,首次对保理业务定义、特点、分类、操作流程、内部管理进行了全面、系统阐释,具有较强的指导意义和可操作性。这份文件的制定旨在引导我国

保理商建立保理业务理念,规范操作流程,防范业务风险,引导我国保理商合规、有序、健康经营,是我国保理业务领域首份业务规范性文件,填补了我国保理行业尚无规范性文件的空白。目前银行保理专委会在进行此份文件的修订工作,以更好地指导银行保理业务开展。

值得一提的是专业委员会还发布了英文版本:Factoring Business Norms for Chinese Banking Industry,作为各会员在国际交流中使用,从而促进保理专业委员会以及中国保理业务与国际接轨。

(四) 积极吸纳新会员,扩大委员会的影响力

为使保理专业委员会具有更广泛的代表性,保理专业委员会积极吸纳新会员入会,截至2013年7月保理专业委员会的会员已由最初的17家扩大到30家,委员会的影响力不断扩大。

(五) 向商务部、财政部申请出口保理业务优惠政策

2009年7月,完成了《关于鼓励出口保理业务发展,促进中小企业出口融资的报告》,并向银监会创新部进行了汇报。同时,起草了《关于建议对出口保理业务给予相关优惠政策的函》,建议财政部、商务部对出口保理业务给予支持和补贴并向相关部门进行了专题汇报。虽然截至目前有关部会没有出台具体制度办法,但这也指出保理业务发展必须争取政府政策支持的思路。

(六) 与FCI联动开展培训,推动行业最佳实践

分别召开了订单融资研讨会,研究开展FCI框架下订单融资业务的可行性;召开了客户选择及风险控制专题研讨会;举办《中国银行业保理业务规范》培训研讨会,宣传保理业务理念,普及了保理业务操作规范,分享了最佳业务实践,促进了各行业务交流和经验分享。同时,专业委员会也创刊了第一份内部刊物《保理动态》(Factoring Insight),提供实时的业务发展动态与经验交流。

(七) 完成我国首部保理业务培训教材

由包括中行、建行、交行、民生、光大、招行、浦发及汇丰(中国)等8家会员积极参与编写完成了《银行保理业务理论与实务》一书,这是我国首部由实务界(保理商)联合编写的保理培训教材,意义重大。以此为基础,计划随之展开培训师资队伍的建设、标准化培训课题方案的撰写等工作,有序地推动国内保理从业人员的专业培训。

(八) 推动各项课题的研究工作

从实务经验中找出共同关注的重要议题进行专题研究与处理,包括针对进

口保理商风险控制的专题研究;开展应收账款法律问题研究工作,就应收账款定义、应收账款质押和转让的优先顺序等内容提出意见和建议,形成《中国银行业应收账款融资业务相关法律问题研究报告》并上报人民银行及最高法院;针对"保理业务报送人行征信系统"课题进行研究处理,得到人行征信中心书面回复明确对各报送机构不做强制要求;再有对"保理业务与受托支付"课题与银监会多次沟通汇报,保理业务符合监管"受托支付"原则得到了银监会的认可;保理作为自偿性特征显著的贸易融资产品之一,针对保理商根据贸易特征,在贷前、贷中和贷后实施有效的评价和过程管理以及预警退出机制的进行研究探索等。

(九)协助举办 FCI 第 44 届年会

2012 年 6 月,FCI 第 44 届年会在北京成功举办,中国银行业协会和保理专业委员会广大会员全程参与了会议筹备和会议期间的各项活动,会议的成功举办得到了 FCI 和各国参会代表的高度评价。

(十)编写和发布《中国保理产业发展报告》

从 2012 年 9 月,保理专业委员会完成了《中国保理产业发展报告(2011)》的编写工作并对外发布。这是首个从行业角度对中国保理产业发展进行完整分析与论述的研究报告,既是对中国保理产业多年发展的总结,也是对未来发展方向的展望;目前已经连续发布了 3 年。

二、中国服务贸易协会商业保理专业委员会

中国服务贸易协会商业保理专业委员会,简称为"商业保理专委会",英文名称为"Commercial Factoring Expertise Committee of CATIS",简称为"CFEC"。

专业委员会是中国服务贸易协会的二级分支机构,经商务部批准,在民政部注册登记,不具有独立的法人资格,对中国服务贸易协会理事会负责。

专业委员会的宗旨是促进和规范我国商业保理行业的发展,提高行业管理水平和服务水准;与我国相关政府部门、商会、协会和企业建立沟通渠道,加强国际交流与合作,促进我国保理业务在全球范围内的竞争与发展。

专业委员会接受商务部市场秩序司、商务部外国投资管理司和民政部有关部门的业务指导和监督管理。专业委员会登记注册会址设于北京。

(一)专业委员会的业务范围

(1)建立行业自律制度,并监督执行;

(2)协助政府主管部门做好行业调研、信息统计、起草行业发展规划、管理条

例、技术规范、人才岗位规范及考核标准,制定和完善商业保理行业的法规体系;

(3) 组织举办商业保理项目、产品、技术、人才及信息等各个方面的交流与协作活动;

(4) 组织专业知识培训,培养保理行业专业人才,提高我国商业保理队伍的整体水平;

(5) 组织企业参加国内外展览会、交易会、研讨会及境内外商务考察等;

(6) 创办内部交流刊物,宣传贯彻国家关于商业保理行业的方针政策,强化行业自律,反映商业保理行业的最新动态和政策信息;

(7) 完成政府部门、协会等交办的各项任务;

(8) 办理其他与本专业委员会宗旨有关的业务事项。

专业委员会的会员分为单位会员和个人会员。单位会员包括具有法人资格的商业保理企业或与商业保理业务相关的银行、信用保险、证券、信托、征信、评估、商账管理等服务机构、研究机构、各类企业以及协会组织。个人会员为长期从事商业保理行业及相关领域的管理与研究、具备丰富的业务知识和管理经验、在业内享有较高知名度的专家、学者、行政管理人员和企业高级管理人员等。

(二) 专业委员会会员享有的权利

(1) 中国服务贸易协会会员的权利;

(2) 参加全体会员会议,并具有审议权、表决权;

(3) 参加专业委员会举办的活动,接受专业委员会提供的服务;

(4) 对专业委员会工作的批评建议权和监督权;

(5) 针对行业发展面临的共性问题向专业委员会提案,通过专业委员会向有关部门反映意见和建议;

(6) 自愿加入和退出本专业委员会;

(7) 全体会员会议决议规定的其他权利。

(三) 专业委员会会员承担的义务

(1) 中国服务贸易协会会员的义务;

(2) 遵守专业委员会规章制度,在不违反专业委员会和企业利益的前提下,执行专业委员会的决议,积极参加专业委员会的各项活动;

(3) 积极配合专业委员会工作,完成专业委员会交办的工作,接受专业委员会的询问和调研,提供专业委员会履行职责所需的资料和信息;

(4) 遵守行业自律原则,维护专业委员会合法权益及声誉;

(5) 按照规定时间和标准交纳会费；

(6) 全体会员会议决议规定的其他义务。

(四) 专业委员会单位会员及个人会员组成全体会员会议(以下简称"全体会议")

1. 全体会议行使职责

(1) 制定和修改专业委员会的基本规章制度；

(2) 审议专业委员会年度工作计划和工作报告；

(3) 决定终止事宜；

(4) 审查和批准其他需要全体会议决定的事项。

2. 全体会议议事规则

(1) 全体会议每年召开一次，经三分之一以上会员单位提议，可以召开临时会议。

(2) 全体会议需二分之一以上会员单位参加方能召开。

(3) 全体会议实行表决制，每一会员单位一票，会议决议需到会会员过半数表决通过方能生效，如部分会员因特殊情况无法到会，可以书面委托他人参加会议并表决或采用书面方式参加表决。

第三节 银行保理与商业保理

一、银行保理商[①]

从保理的业务量来看，目前我国保理市场的主力仍然是银行，并且在银行类保理商中，不论国际保理还是国内保理，中资银行业务量市场占比都超过了95%。银行保理商在人民银行及银监会的监管下开展保理业务。

由于保理业务中的融资功能具有一般信贷产品的特征，但又不同于银行的一般信贷产品，银行保理商在开展保理业务时，各家银行在保理业务的管理模式上存在一定的差异性。

---

① 部分内容引自：中国银行业协会保理专业委员会编著，《银行保理业务理论与实务》，中国金融出版社，2013年10月出版。

(一) 管理模式上的差异

商业银行开展保理业务,主要根据银行自身的组织架构对保理业务进行管理,具体可分为两种管理模式:横向管理模式及纵向管理模式。

横向管理是按地区的划分来组织管理与推动业务,并以当地分行作为运作的中心。我国大部分银行采用总分制的横向管理模式,总行仅承担保理业务的管理职能,负责制度制订、产品研发、推广、业务操作和管理等工作,保理业务的营销推动及具体业务操作落地在分行。保理业务作为银行应收账款类的信贷产品之一,纳入哪个职能部门去管理取决于各家银行的不同管理体系。这种模式优劣势非常明显,它能充分利用各分行的营销团队来推动保理业务,但由于分行人员的专业性参差不齐,在保理业务的培训、推动、营销力度及成果上存在着较大差异,同时,在对于此产品的风险把控、项目的综合授信等方面是否能体现保理业务的 特点及特性也存在差异。

纵向管理是按产品体系、业务系统、行业类型来组织和推动,并以银行总行部门作为运行和指挥的中心。银行的纵向管理模式在一些银行又称为事业部体制,在全行范围内,以特定的产品条线、特定客户群体和市场划分的组织架构,各条线(事业部)作为一个相对独立的利润中心进行独立运作的组织管理模式。这种模式在事业部内设置前、中、后台职能,包括了保理产品的开发、保理业务的营销、保理操作的运营管理(包括应收账款催收、销售分户账管理)等职能,如民生银行贸易金融事业部下设的保理业务部、汇丰银行工商金融服务部下设的应收账款融资部等。

(二) 归口管理情况上的差异

根据银行保理专委员会的调查统计显示,操作保理业务的中资、外资银行中,大多数银行是集中在同一归口部门运作,其余的一些银行,且以规模较大银行为主,如建设银行、工商银行、农业银行、交通银行、上海银行等是将国内、国际保理业务归口到不同的部门来操作,也有设立独立的保理子公司来专项运营保理业务。

二、商业保理公司[①]

与银行的保理业务发展相比,商业保理公司的业务量确实与其不在同一个

---

① 部分内容引自:韩家平,《全国商业保理公司数量突破1 100家》,2015年1月28日,融资租赁网。

级数上；但不论从保理公司的数量和业务量,发展却比较快速。据不完全统计,2010年我国商业保理营业额只有数十亿元人民币,许多行业和业务领域的保理服务还基本是空白。尽管我国第一家非银行保理服务机构(东方国际保理咨询服务中心)早在1994年就宣告成立并被接纳为国际保理商联合会(FCI)正式会员,几乎与银行的保理业务同时起步,但当时以非银行机构为服务主体的商业保理始终没有快速发展起来。2012年以来,商务部就商业保理发展情况和先行先试的可行性进行了多次专项调研,在对国内商业保理现状及前景进行分析的基础上,2012年6月商务部发布了《商务部关于商业保理试点有关工作的通知》(商资函[2012]419号),同意在天津滨海新区、上海浦东新区两地开展商业保理试点。2012年10月商务部批复两地实施方案,同意正式开展商业保理公司的试点工作,标志着商务部门开始正式监管商业保理行业,监管政策初步明朗。

随着政策限制的逐步松动,保理行业也随之迎来银行保理与商业保理并行发展的良好局面。据不完全统计,2013年全国商业保理业务总量为200亿元人民币以上(不包括第三方支付类、电子商务类及供应链融资类),在2012年保理业务量的基础上增长超过一倍。中国服务贸易协会商业保理专业委员会(以下简称"商业保理专委会")全部70家会员的商业保理业务量累计超过100亿元人民币。截至2013年12月31日,全国共有注册商业保理公司共287家,仅2013年就注册了200家,是2012年注册数量的4.5倍。2014年更是蓬勃发展的一年,总计新设立了845家商业保理公司和91家分公司,新注册法人公司数量是2013年的4.23倍、2012年的19.2倍、2011年的44.5倍、2010年的76.8倍,使得商业保理公司总数突破了1 100家。

按地区分布看,截至2014年底,注册地在广东的商业保理法人企业达709家,位居各省市首位。其中,注册地在深圳的商业保理企业多达661家,占全国商业保理公司数量的58.5%,仅2014年一年,深圳就新注册了554家。深圳前海之所以成为商业保理公司的首选注册地,主要原因是其对设立商业保理公司没有任何前置审批,同时实行注册资金认缴制。注册地在天津的有168家,上海有155家,重庆有31家,江苏有20家,北京有16家,浙江有7家,青海有4家,江西、辽宁、山东各有3家,河南、吉林各有2家,安徽、福建、广西、山西各有1家。上述地区共设有分公司65家,湖北、河北、黑龙江、内蒙古、山西、四川、西藏、新疆、云南共设立26家分公司,试点工作事实上及应在全国铺开。

在全部商业保理公司中,外商投资企业有147家,实际利用外资美元30亿元、港币1.65亿元,以人民币注册的资金规模达818亿元。从注册规模上来看,如果排除特殊地区(深圳)的影响,注册资金5 000万元到1亿元的保理商仍然是主力。

理论上银行保理会侧重于提供融资,办理业务时银行会着重考察客户的资信情况,买方的还款能力及意愿,并且通常需要足额担保品的支持作为风险缓释的手段。商业保理公司应该更专注于特定细分行业、领域提供有针对性的包括但不限于资信调查、应收账款催收管理、债权信用担保等服务;在业务实践中,绝大多数的商业保理公司也是以提供融资为主,尽管个别有些创新产品或模式,多数仍是为了寻找资金办理融资业务,鲜见在信用风险及账款管理方面深耕细作。

三、商业保理与银行保理的比较

类型\主体	银行保理	商业保理公司
业务规模	虽在近两年多家银行业务规模增速放缓甚至有所下降,但仍占领市场大多业务量。	家数比银行保理商多,但是业务规模处于起步阶段。
经营团队	多数是金融从业人员组成,而且以银行背景占绝大多数。	除了银行从业人员以外,还有租赁、担保、证券、小贷公司等非银行金融机构,另外,律师、会计师、实体企业背景也不在少数,人员组成多元化。
股东背景	只有极少数的民营银行,其余都具有政府背景。	国资委、国企、民企、租赁、担保、实体企业、风险投资、外资等,商业保理公司的股东一样非常多元化。
客户群体	除了个别业者以供应链开发思路介入中小企业市场外,主要仍以中大型客户为主;而且不少是从办理流动资金贷款的客户,或者有抵押担保等的客户转入。	中小、小微规模企业居多,不少是得不到银行充足授信支持的企业。
风险容忍度	愈来愈趋紧。多数项目会按照流动资金贷款标准来审批,弱化或忽视保理在全流程控制风险上的作用。 占用客户的银行授信,看重卖方的综合资信情况,参考买方回款能力及意愿,鼓励抵质押物作为风险缓释,一般较难主动授信。	审批相对较容易,尺度往往比较随意,未形成标准与体系。 除了卖方的资信,看重买家信誉、货物或服务质量、应收账款质量等因素,可接受无抵质押融资和信用风险转移。

续 表

类型\主体	银 行 保 理	商 业 保 理 公 司
业务类型	部分银行的国际与国内保理大约二八开,但多数银行以国内有追索权保理融资为主。	绝大多数以提供中小企业国内有追索权保理融资为主。
业务边界	国内保理和国际保理(出口、进口)均可操作。银行强调业务归口管理,涉及边界外业务,需要较多沟通协调的工作。(例如,国内与国际保理分属不同部门管理、保理与其他业务品种的搭配组合等。)	各试点地区颁布的规定有些差异,但整体认识上是可以操作国内保理和国际保理。由于非金融企业受外管政策限制,目前除了设立在自贸区、深圳前海的保理公司外,国际保理几乎无法直接经营,尤其是涉及外币融资或垫付。不过日后应会有所突破。
资金来源	银行内部规模(存款、资本金等)运用复杂,按照计划划拨资金,较刻板局限,容易受存贷比等考核影响,表外业务则多受到合规性的挑战与质疑,所以大力探究资产证券化路径。	较为局限,主要来源于自有资金、银行融资(含再保理)、股东借款或股东委托贷款。不断尝试资管计划、资产证券化、互联网金融平台、金融资产交易等渠道。
资金成本	大银行相对低,但随着利率市场化,这种优势会逐渐淡去。	除了有强大的股东背景作支撑,基本上融资成本都比较高。
产业链开发程度	一般具有开发的核心客户资源,但批量开发大多由于授信机制及内部协调不易,多数银行并没有取得满意的成果。	思维灵活,机制弹性,但受制于自身体量与地位,除了关联企业之外,不容易取得核心厂商资源,进行客户批量开发。
市场定位	因为银行客户数多,所以保理业务市场定位比较宽泛、不够聚焦。	有实体企业背景的保理商通常聚焦于自身相关联的产业;(类)金融的保理商与银行保理比较接近。
IT互联网应用、电子商务、第三方支付	受制于银行的机制,以往开发、应用或合作的速度颇慢,对市场反应速度较迟钝;近来部分银行则大有提升。	部分商业保理公司本身就具备这样的背景。基于其支付结算业务所掌握产业链上下游企业的交易行为和资信记录,开发速度快。
衍生投资、资产管理、资信调查、管理咨询等延伸服务	一般银行的保理相关部门不开展相关业务。	仅个别具有某方面的技术特长或资源的公司有实际开展相关业务,但普遍存在灰色经营的政策风险。

续 表

类型\主体	银 行 保 理	商 业 保 理 公 司
企业征信信息查询权限或渠道	国家整体信用体系尚未健全,相对而言,银行可以查询的渠道还是比较多而有用。	国家整体信用体系尚未健全,商业保理公司还是比较欠缺有效的查询渠道。

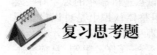

复习思考题

1. 在 2014 年新设保理公司 845 家,呈现疯狂增长的情形,你认为主要的背景原因是什么？未来对保理行业有何影响？

2. 同样是经营保理业务,导致银行保理与商业保理诸多不同点的主要原因是什么,请分析。

3. 商业保理与银行保理有哪些重要方面的不同？如何理解他们作为竞争者及作为合作者的关系？

4. 有观点认为商业保理比银行保理创新更容易,你如何看待这个问题？

5. 如何看待保理组织及机构之间的合并？保理组织机构对于保理经营体来说有何重要意义与帮助？

第四章

保理的法律议题[1]

本章概要
1. 阐释保理的国际公约及国际通用规则,明确我国与保理相关的法律规范与条款。
2. 主要阐明保理商与买卖双方之间的法律关系并指出保理业务中可能存在的法律风险。

保理业务有着债权让与的基本法律特征,但由于它所操作的标的(应收账款)是在贸易中产生的,所以商业操作惯例难免对它有深厚的影响,使保理有着区别于一般民事债权让与的独特之处。鉴于此,加上目前我国对保理业务尚未出台专门的法律规范,本章将对与保理相关的一些法律议题做基础性的介绍。

第一节 保理的法律体系

从全球范围来看,涉及保理的法律依据主要有:国际统一私法协会制定的《国际保理公约》(The Convention on International Factoring),这是迄今为止国际保理

---

[1] 本章部分内容参考:中国银行业协会保理专业委员会编著,《银行保理业务理论与实务》,中国金融出版社,2013年10月出版。

领域唯一的一部专门性国际公约；以及由联合国国际贸易法委员会制定的《应收账款转让公约》(United Nations Convention on the Assignment of Receivables in International Trade)。以上两者均属于国际公约层级。此外，在国际惯例层级的就是 FCI 制定的《国际保理通用规则》(General Rule for International Factoring)。

就我国而言，严格来说尚无专门的法律层级的保理业务规范，但与保理业务相关的规定散见于合同法及其他一些法律、规章和行业性自律公约中，也算具备基本的法律规范。随着保理业务发展，涉讼案件也日益增多，经过司法的实践，相信也会出现部分可参照的司法判例。

在此仅就现存对保理法律体系中的主要规范性文件做概略性介绍。

一、国际保理公约

国际统一私法协会成立于 1926 年，当时是作为第一次世界大战后成立的国际联盟的一个辅助性机构，在国际联盟解体后又于 1940 年根据多边协议"国际统一私法协会章程"重新设立的，目前是一个独立的政府间国际组织，总部设在罗马。国际统一私法协会于 1988 年 5 月 28 日，在加拿大渥太华制定并通过了《国际保理公约》。1988 年 5 月，我国派代表参加了在加拿大渥太华举行的国际统一私法协会外交协议，并在最后文件上签字，该公约已于 1995 年 5 月 1 日生效。

《国际保理公约》是目前世界上唯一的专门调整国际保理法律关系的国际公约，为国际保理业务提供了一个基本的法律框架，在消除国际保理业务的法律差异方面，确实起到了积极的作用。此外，其中一些规定颇具创新精神，如对于未来应收账款转让的效力认可（银监会于 2014 年颁布的《商业银行保理业务暂行管理办法》则明确要求商业银行不得对未来应收账款办理保理业务）、商务合同当事人所约定的禁止转让条款不影响卖方与保理商之间保理合同的效力，以及对于债权再转让效力的认可等。

该公约在消除大陆法系国家和英美法系国家保理法律规定差异，及引导国际保理规则统一化等方面，起到相当的作用。当然，《国际保理公约》也有一些不足之处，如对保理当事人的权利义务关系规定过于简略，操作性不够，另外对优先权确立的基本原则方面并未作出规定。

二、应收款转让公约

1966 年联合国大会设立联合国国际贸易法委员会，是联合国大会的一个附属机构。设立贸易法委员会的背景是因为各国的国际贸易法律存在着差异,难免给贸易的流通造成了障碍。因此,如何将差异进行协调和统一共识就尤为重要。国际贸易法委员会意识到国际间适用于应收账款转让的法律制度在内容和选用上存在不确定性,衍生的问题容易对国际贸易形成阻碍,于是想就应收款的转让制定一些原则,通过规则的制定建立起应收账款转让的确定性和透明度,促进应收款转让的法律现代化,同时保护现有的转让管理和便利新惯例的发展。国际贸易法委员会同时深信透过采用一套有关应收款转让的统一规则,将更有助于交易当事人以可承受的成本来获得资金和信贷,进而促进国际贸易的发展。在1992年债权转让的议题被提上议事日程,由贸易法委员会下的合同惯例工作组负责拟定。经过多年努力,《应收款转让公约》于2001年12月22日获得联合国大会通过,并开放以供各国签署和批准。虽然该公约不是针对国际保理的专门公约,但确实解决了国际保理业务中一些关键的法律问题。

三、国际保理通用规则

如前文所述,保理涉及的法律体系中,《国际保理公约》和《应收账款转让公约》在法律层级上属于国际公约;我国民法通则第一百四十二条规定"中华人民共和国缔结或者参加的国际条约同中华人民共和国的民事法律有不同规定的,适用国际条约的规定,但中华人民共和国声明保留的条款除外。中华人民共和国法律和中华人民共和国缔结或参加的国际条约没有规定的,可以适用国际惯例"。至今我国尚未正式加入《国际保理公约》和《联合国国际贸易中应收款转让公约》,这两份公约对于我国相关主体开展国际保理业务时尚不具备法律的约束力;因此,有关的国际惯例在现在更显重要。

FCI是当前最大的也是在国际上最具影响力的国际性保理组织,其制定了一系列规则,主要包括了《国际保理通用规则》(GRIF)、《仲裁规则》《国际保理电子数据交互规则》等。鉴于FCI的国际影响力、对市场的绝对覆盖(全球国际保理业务市场占有率超过80%)以及我国绝大多数主流保理商都是FCI的会员,它所制定的规范会员办理双保理业务适用的规则可以视为国际惯例;尽管作为国际惯例在效力层级低于我国所参加的公约及我国法律,但如果我国法律没有涉及的内容,则应该可以适用。

在FCI架构下,进出口保理商确定合作意愿所签订的《保理商互保协议》(Interfactor Agreement)中明白约定双方遵循《国际保理通用规则》,所以《国际保理通用规则》是操作国际保理业务非常重要的一份规定；此外，为解决国际保理业务实践中的种种问题和适应发展的新情势，FCI 近几年一直或多或少地对 GRIF 进行修订，以保证了通则的实用性和生命力。本书将在第九章对其重要条款进行介绍和解读。

第二节　我国与保理相关的法律规范

我国因为没有专门针对保理制定的专门法律，所以有关联的规定分于其他法令规定中，现就个别重要部分介绍。

一、《中华人民共和国合同法》

与保理最密切相关的法律应属 1999 年 10 月 1 日施行的《中华人民共和国合同法》(以下简称《合同法》)，《合同法》"第五章　合同的变更和转让中"，对债权的转让做出了相关的规定，而债权的转让恰恰是开展保理业务的基本前提。《合同法》中值得关注的规定如下。

(1) 第 79 条规定，债权人可以将合同的权利全部或者部分转让给第三人，但有下列情形之一的除外：

1) 根据合同性质不得转让；
2) 根据当事人约定不得转让；
3) 依照法律规定不得转让。

本条规定明确了合同的权利（包括债权）可以转让，同时也明确指出不能转让的情形，如根据合同性质不得转让的合同权利（如具有人身性质的合同）、按当事方约定不得转让的权利（如商务合同中有禁止转让条款），以及按照法律规定不得转让的权利等，以上情形均不得叙做保理业务。

(2) 第 80 条规定，债权人转让权利的，应当通知债务人，未经通知，该转让对债务人不发生效力。

如果依据《中华人民共和国民法通则》第 91 条的规定："合同一方将合同的权利、义务全部或者部分转让给第三人的，应当取得合同另一方的同意，并不得牟利。依照合同规定应当由国家批准的合同，须经原批准机关批准。但是，法律另有规定或者原合同另有约定的除外。"这指出债权让与必须以债务人同意为要件。

《合同法》第 80 条的规定表明我国对债权让与采取以通知为要件而非以债务人同意为要件,是对上述《中华人民共和国民法通则》第 91 条做了修订,此原则的确立大大提升了保理业务的可操作性。但是,目前法律没有明确规定通知的时间和形式的要求,一方面给保理业务操作留下了宽松空间,另一方面由于保理商对通知效力认知的差异、风险容忍度的不同,以及现实上不同保理项目落实债权转让通知债务人的难度有别,使得各保理商在执行债权转让通知的工作形式多样。

(3) 第 82 条及第 83 条规定,债务人接到债权转让通知后,债务人对让与人的抗辩,可以向受让人主张;债务人接到债权转让通知时,债务人对让与人享有债权,并且债务人的债权先于转让的债权到期或者同时到期的,债务人可以向受让人主张抵销。

上述规定赋予了债务人在一定条件下的抗辩权和抵销权,使保理商在催收货款时面临"完全支付"的不确定性。实务上,保理商一般会将这些情形均纳入保理合同的"商业纠纷"(争议),然后遇到发生这些情况时向债权转让方(卖方)进行追索。

(4) 第 87 条规定,法律、行政法规规定转让权利或者转移义务应当办理批准、登记等手续的,依照其规定。

据本条要求,保理商应关注有哪些交易属国家法律法规有特别审批和登记要求的,应履行相关手续,避免影响保理项下转让的效力。

二、《中华人民共和国物权法》

自 2007 年 10 月 1 日起施行的《物权法》虽然并非保理业务直接的法律依据,但由于首次规定了应收账款可以作为质押的标的,并且明确了质押登记的要求,与保理业务有产生很大的关联性及影响,需要关注的规定有:

(1) 第 223 条明确规定了权利质押的七个种类,其中第(六)项就是"应收账款"。

(2) 第 228 条第一款还规定:"以应收账款出质的,当事人应当订立书面合同,质权自信贷征信机构办理出质登记时设立。"从而确立的质权设立以出质登记为要件;这导致了虽然目前保理的债权转让没有法律规定必须以登记为要件,但不少保理商(尤其是银行保理商)基于法律风险及卖方可能重复融资风险的考虑,通常会办理有关登记。

(3) 第228条第二款进一步规定"应收账款出质后不得转让,但经出质人与质权人协商同意的除外。出质人转让应收账款所得的价款,应当向质权人提前清偿债务或者提存。"根据这条规定,《物权法》生效后保理商必须查询拟受让的应收账款是否已经被办理了质押登记。如果应收账款已经被办理质押登记,在未征得质权人的同意前,该笔应收账款是不能办理保理业务的。否则,保理商无法成为善意受让人,无法有效受让应收账款权利。

三、《中国人民银行应收账款质押登记办法》及《中国人民银行征信中心应收账款质押登记操作规则》

根据《物权法》等法律规定,中国人民银行制定了《应收账款质押登记办法》(以下简称《登记办法》),并自2007年10月1日起施行,在法律上是属于部门规章层级。为了与《登记办法》相配套,中国人民银行征信中心也制定了《应收账款质押登记操作规则》(以下简称《登记操作规则》),也同样于2007年10月1日起施行。这两者规范的都是应收账款的质押而不是转让,但保理商必须非常关注。第一,应收账款质押与保理(应收账款转让)是彼此类似、具有替代性的业务;第二,应收账款质押和转让在法律规则方面存在许多类似之处;第三,应收账款质押登记手续和效力会对保理商的权益构成重大影响;第四,应收账款质押登记公示系统同时也接受办理"转让登记",换句话说,实质上是接受保理业务的登记的。以下就《登记办法》和《登记操作规则》的重点部分做一介绍。

(一)《登记办法》部分

(1)《登记办法》所称的应收账款是指权利人因提供一定的货物、服务或设施而获得的要求义务人付款的权利,包括现有的和未来的金钱债权及其产生的收益,但不包括因票据或其他有价证券而产生的付款请求权。

(2) 登记办法所称的应收账款,包括下列权利。

1) 销售产生的债权,包括销售货物,供应水、电、气、暖,知识产权的许可使用等;

2) 出租产生的债权,包括出租动产或不动产;

3) 提供服务产生的债权;

4) 公路、桥梁、隧道、渡口等不动产收费权;

5) 提供贷款或其他信用产生的债权。(在对应收账款的定义中,中国银行业协会保理专业委员会发布的《中国银行业保理业务规范》与《登记办法》只有在这一点的表述不同,前者是以"其他"标示。)

(3) 质权人自行确定登记期限,登记期限以年计算,最长不得超过5年。登记期限届满,质押登记失效。在登记期限届满前90日内,质权人可以申请展期。质权人可以多次展期,每次展期期限不得超过5年。

(4) 任何单位和个人均可以在注册为登记公示系统的用户后,查询应收账款质押登记信息。这给保理商办理保理融资前,对应收账款权利状况进行调查提供了窗口。

(二)《登记操作规则》部分

这主要是规定了应收账款质押登记的手续及应收账款质押登记公示系统的使用要求。其中值得关注的,同时在保理业务实践中也是容易引起争议的,是其中明确应收账款可采用"概括性描述",如可以使用"A公司未来六个月到期的所有应收账款",或"A公司未来三个月到期的对B公司的所有应收账款"等描述。对于应收账款质押业务而言是明确给未来应收账款质押留下了空间;但"概括性"登记意谓登记内容并没有账款明细,同时未来应收账款又是监管当局(银监会)明令禁止办理保理业务的,所以保理商实务操作上会保守看待。

另外,中国人民银行征信中心编制的《应收账款质押登记公示操作系统手册》在规定应收账款出质登记的同时也完全放开了应收账款转让的登记,也就是允许保理业务进行转让登记。保理商针对这一安排应该有以下正确的认识:

(1) 应收账款转让登记并非法定要求,换句话说,没有办理转让登记并不影响应收账款转让效力和保理商受让账款的权益。

(2) 更换一种角度看问题。如果保理商在应收账款质押登记公示系统办理转让登记,其权力经过公示后,是可以起到加强权利保障作用的。因为在登记后,如果出质人再将同一账款转让或质押,保理商的转让登记可证明其权利受让在先,有助于其权益保障。

(3) 办理保理业务前必须查询应收账款质押登记系统确认拟受让应收账款是否已经被办理转让或质押登记,若已由第三方办理了转让或质押登记,则最好不要再行受让该账款;否则他日若有纠纷,极可能被司法机构认定为非善意转让或受让,影响转让效力以及保理商(受让人)的权益。

特别值得注意的是,人民银行于2015年1月21日对公众发布了《应收账款质押登记办法(修订征求意见稿)》,其中在第四章附则第三十二条:"权利人在登记平台办理保理业务当中的应收账款转让登记,参照本办法有关规定。"这明确了《登记办法》对保理业务办理应收账款转让登记的适用性,所以必须密切关注日后《登记办法》完成修订、正式出台的有关内容。

四、《商业银行保理业务管理暂行办法》

银监会于 2014 年 4 月 3 日公布施行《商业银行保理业务管理暂行办法》(以下简称《办法》),这是第一次监管机关对银行办理保理业务做出的全面性规定,对银行保理商而言,它所起到的作用和影响无疑是非常巨大的。

(一) 制定试行本办法的主要背景

引用分析银监会领导在办法发布会的讲话:"我国保理业务近年来,随着全球经济由卖方市场向买方市场转变,购货商赊销付款逐步成为主导的结算方式。为适应这一市场格局变化,我国商业银行保理业务发展迅速,在支持实体经济和小微企业发展等方面发挥了积极作用。与一般贷款融资相比,保理业务准入门槛相对较低:当小微企业产品购买方为核心大企业时,小微企业可依托核心大企业上下游关系实现信用增级。此外,银行通过保理融资,帮助小微企业将应收账款转变为现金收入,拓宽了小微企业融资渠道,有效解决小微企业融资难题。同时,企业通过委托保理银行调查交易对手资信,可有效降低买卖双方因信息不对称而产生的违约风险,缩短收款时间,提高催收效率。为促进商业银行保理业务健康发展,防控保理业务可能出现的风险,银监会在全面征求相关部门、机构和银行业协会意见的基础上,起草了《商业银行保理业务管理暂行办法》。"结合当时银行保理业务发展情况,基本可以理解监管当局的想法:一是,对保理业务支持国家经贸和实体经济(中小、小微企业)发展持肯定态度,鼓励保理业务的发展;二是,鉴于部分银行操作保理业务的不规范、业务管理简单粗暴、无专业人员和机制,必须予以全面的要求和指导;三是,银行保理风险层出不穷,诈骗保理融资事件频发,保理风险防控成为重中之重。

(二) 制定《办法》的基本思路

《办法》旨在明确保理业务相关定义和分类,督促银行根据自身特点,健全完善保理业务管理制度,建立与业务规模和复杂度相适应的业务组织架构,细化业务流程及风险点控制,提高对骗保、虚假贸易背景的甄别能力,加强融资后资金监测力度,强化内部控制,做好风险隔离。同时,督促银行加强 IT 系统支持,提升业务效率,降低操作风险。

考虑到保理业务有较强的行业实践特点,《办法》还特别强调了中国银行业协会保理专业委员会的专业职能,要求其充分发挥自律、协调、规范职能,建立并持续完善银行保理业务的行业自律机制。

(三)《办法》的主要结构和内容

《办法》共分为六章,三十七条。第一章"总则",明确了《办法》的制定目的和适用范围;第二章"定义和业务分类",对保理业务、保理融资、应收账款及转让予以定义并分类;第三章"保理融资业务管理",重点规范保理融资业务流程和重点环节;第四章"保理业务风险管理",明确保理业务在公司治理、制度建设及内部控制等方面要求;第五章"法律责任",规定了违反《办法》的监管措施和罚则;第六章"附则"。部分重要内容、规定介绍如下。

(1)《办法》的第八条"本办法所称应收账款,是指企业因提供商品、服务或者出租资产而形成的金钱债权及其产生的收益,但不包括因票据或其他有价证券而产生的付款请求权",及第九条"本办法所指应收账款的转让,是指与应收账款相关的全部权利及权益的让渡"。前述两条规定对保理业务的应收账款和转让进行了定义,基本沿用和采纳了中国银行业协会保理专业委员会发布的《中国银行业保理业务规范》的内容,但没有对应收账款可以包括的种类再做延伸说明。

(2)《办法》的第十条规定中将保理业务按照三种不同维度分类:(一)国内保理和国际保理;(二)有追索权保理和无追索权保理;(三)单保理和双保理。其中,对买卖双方保理机构为同一银行不同分支机构的,原则上可视作双保理;有保险公司承保买方信用风险的银保合作,视同双保理。由于本办法对单保理融资的管理比较严苛,所以双保理的认定标准对银行办理保理业务也有相当影响。此外,分类中并没有提及业界一般使用的公开性和隐蔽性保理(明保理和暗保理、通知保理和不通知保理)分类。

(3)第三章《保理融资业务管理》的规定内容是这次出台《办法》的重点。

考虑到近年保理业务,特别是单保理融资业务发展迅速,本章特别对保理融资业务的业务流程进行了规范,对融资产品、客户准入、合作机构准入、业务审查、专户管理、融资比例和期限、信息披露等方面均提出了具体要求。其中,着重对单保理融资提出审慎管理要求,即在审核基础交易基础上,比照流动资金贷款对卖方或买方进行授信全流程管理。同时,要求银行严格审核基础交易的真实性,合理评估借款人或借款人交易对手风险,做实风险评价;可以说对银行"办理具体保理业务"做了全流程的规范要求。这些规定虽然是针对商业银行的要求,但就办理保理业务的流程要点及风险控制本质,对商业保理公司一样有很大的借鉴意义。本章所列条款不难理解,而纲领性的规定多涉及保理实务方面的内容,本书后续章节或《商业保理实务》一书中将有相关内容的详细介绍,读者请自行参见附录有关条款内容。

（4）在第四章《保理业务风险管理》中主要规定银行要制定业务发展战略和制度流程办法、设置专门部门或队伍、不得委外经营、建立保理风险管理体系、建设IT系统、明确办理保理岗位及职责等,是银行开办保理业务必要的准备要求。

（5）由于《办法》的出台在规范保理操作和控制保理风险方面有非常强烈的意图,所以对违反办法要求与对违法事项的处罚都有相当明确的规定。

> 第三十三条　商业银行违反本办法规定经营保理业务的,由银监会及其派出机构责令其限期改正。商业银行有下列情形之一的,银监会及其派出机构可采取《中华人民共和国银行业监督管理法》第三十七条规定的监管措施：
> （一）未按要求制定保理业务管理办法和操作规程即开展保理业务的；
> （二）违反本办法第十三条、十六条规定叙做保理业务的；
> （三）业务审查、融资管理、风险处置等流程未尽职的。
> 第三十四条　商业银行经营保理业务时存在下列情形之一的,银监会及其派出机构除按本办法第三十三条采取监管措施外,还可根据《中华人民共和国银行业监督管理法》第四十六、第四十八条实施处罚：
> （一）因保理业务经营管理不当发生信用风险重大损失、出现严重操作风险损失事件的；
> （二）通过非公允关联交易或变相降低标准违规办理保理业务的；
> （三）未真实准确对垫款等进行会计记录或以虚假会计处理掩盖保理业务风险实质的；
> （四）严重违反本办法规定的其他情形。

五、《商务部关于商业保理试点有关工作的通知》

商务部在2012年6月根据《商务部财政部人民银行银监会保监会关于推动信用销售健康发展的意见》《商务部关于进一步推进商务领域信用建设的意见》等文件精神,为积极探索优化利用外资的新方式,促进信用销售,发展信用服务业,同意在天津滨海新区、上海浦东新区开展商业保理试点,探索商业保理发展途径,更好地发展商业保理在扩大出口、促进流通等方面的积极作用,支持中小商贸发展,下发本通知。比较重要的内容集中在商业保理公司的经营范围,如:开展商业保理原则上应设立独立的公司,不混业经营,不得从事吸收存款发放贷款等金融活动,禁止专门从事或受托开展催收业务,禁止从事讨债业务。通知的下发,以及同年12月同意港澳投资者在广州、深圳,2013年在上海自贸区试点,开启了各界投身设立商业保理公司的大浪潮。

六、商务部办公厅《关于做好商业保理行业管理工作的通知》(附录十三)

在上述试点通知的以及一年多的实践基础上,商务部办公厅在2013年8月颁发了本通知,针对开展行业统计、报告重大事项,实施监督检查作出规定。由于试点初期商业保理商的专业素质良莠不齐,个别业者的经营管理混乱,加上股东性质多元,股东结构大幅变动时有所闻,所以关于报告重大事项的规定更显重要。规定要求试点地区商务主管部门应建立重大事项报告制度,要求各地区的商业保理公司于下述事项发生后5个工作日内,登录信息系统向商务主管部门报告:(1)持股比例超过5%的主要公司股东变动;(2)单笔金额超过净资产5%的重大关联交易;(3)单笔金额超过净资产10%的重大债务;(4)单笔金额超过净资产20%的或有负债;(5)超过净资产10%的重大损失或赔偿责任;(6)减资、合并、分立、解散及申请破产;(7)重大待决诉讼、仲裁。

此外,商业保理公司总经理为重大事项报告的第一责任人,对重大事项信息的真实性、完整性、准确性、及时性负责。商业保理公司还应指定联络人,具体负责重大事项报告工作。试点地区省级商务主管部门应建立重大事项通报制度,及时向有关部门、金融机构通报商业保理公司重大事项变化情况。

在商务部对商业保理试点后,以天津、上海浦东、深圳前海、上海自贸区为主的地方主管机关也陆续出台商业保理业试点管理办法及有关规定,对保理公司的设立条件、业务范围、公司治理与合规经营、对保理公司的政策支持、政府对保理公司的监管等作出了较为全面明确的规定。一般市商务委是商业保理行业主管部门,金融办是商业保理业务监管部门,各地也都组织成立同业自律管理的行业性组织。除了个别课税的计算方式(是否采取差额征税)及营业范围(自贸区可以办理离岸业务)有些差异外,各地的相关重要规定基本一致。

第三节 保理业务各方主体的法律关系[①]

保理业务基本上会涉及买方与卖方、保理商与卖方、保理商与买方及其之间的法律关系,如果是双保理的业务架构,还有保理商之间(通常出现在国际保理业务的合作,亦即出口保理商与进口保理商之间)的法律关系。买卖双方签订的商务合同是彼此法律关系的缘起,并随着不同行业、企业而差异颇大,在此不予讨论。保理商之间合作签订的《保理商互保协议》,最常见的是 FCI 所制定的标准版本(Interfactor Agreement),对于《保理商互保协议》以及它所约定适用的文本,将在本书第九章予以介绍,本章将着重在保理商与卖方、保理商与买方之间的法律关系进行阐述。

一、保理商与卖方(债权人)之间的法律关系

虽然在我国的法律规定中,口头约定也可以形成民事契约,但在办理保理业务时,保理商与卖方还是一定会签署保理合同,由保理合同来约定双方的权利义务关系。在保理业务中所表现的最基础、也是最主要的法律关系是:卖方作为债权人承诺所转让的应收账款是合法、真实有效、完整无瑕疵的,买方负有付款义务;保理商则是承诺在受让债权的前提下,履行约定提供的保理服务。在保理商与债权人之间的关系中,保理商主要的要求是,所购买的债权无需在卖方支持的情况下,即能够得到偿付,获得当初他被告知可以得到的金额。如果在需要的情况下,保理商也希望在催收账款时得到卖方的支持,因为债务人可能会提出抗辩或反诉,或者在发票日后债权人仍对债务人负有责任和义务;在发票贴现及一些代理保理服务中,保理商必须对债权人的销售分户账管理有充分的了解才能有信心,此外,保理商还需要详细说明,它提供服务的收费率。

在卖方看来,保理商应根据其向保理商出售债权,所希望得到的融资水平来提供预付款,而且卖方还希望能够对保理商的报告和他们之间的财务往来有信心,这样他便能够掌握充分的信息从而更好地管理企业。卖方还希望了解在什么样的情况下,保理商会行使追索权,即卖方必须重新向保理商回购已出售的

[①] 本节部分内容参考:秦国勇,《商业保理操作实务》,法律出版社,2013 年 11 月出版。

债权。

结合操作流程，保理商与卖方在保理合同中会涉及的主要权利义务，简要说明如下。

(一) 卖方保证提交给保理商的任何书面材料都是真实有效的

这看似最普通的约定，却是保理商评估和控制保理业务风险的基础。例如，当双方有意向办理保理业务，保理商通常会对卖方的销售分户账进行细致的分析，对每一个债务人审定信用额度。为此要求卖方提供债务人的名单，并详细列明他们各自信息，甚至商务合同、交易往来情况、付款记录等。保理商在进行评估时所依据的信息资料当然不仅来源于卖方所提供的材料，还有公共领域以及自己所掌握的；但卖方的配合还是起到重要的作用。

(二) 明确办理有追索权或无追索权业务

在有追索权保理业务中，当保理商受让的应收账款无论任何原因没有得到买方全额付款清偿，保理商都可以向卖方进行追索的；反之在无追索权保理情形下，如果没有商业纠纷或卖方违反保理合同的约定，保理商就不能向卖方追索。

(三) 卖方必须履行有效的债权转让通知买方

如前所述，债权的转让必须以通知债务人为要件，没有通知债务人的，对债务人不发生效力。所以，如果卖方没有有效通知债务人，当保理商没有从债务人处收到款项(无论债务人未付款或支付到第三方)，无论办理有追索权或无追索权业务，保理商都有权利要求卖方自行付款清偿保理融资(如有)。另外，如果是办理隐蔽性的保理业务(暗保理)，卖方虽然不通知债务人，债权的转让对债务人不发生效力，但卖方对保理商转让债权的行为还是有效的；所以保理商通常会在保理合同里约定要求当达到一定的条件时(如，应收账款逾期××天)，卖方必须通知债务人应收账款转让的事实；同时保理商也会保留主动通知的权利。

(四) 除外责任条款的设置

这主要是针对办理无追索权保理业务，其中最主要的就是商业纠纷。在保理合同中一般都有这样的约定，即一旦一项应收账款发生了商业纠纷，保理商就不再对其信用风险负责，即使该信用风险额度已经得到了保理商的批准，同时要求卖方回购账款，清偿保理融资，以确保保理商的融资风险为优先。至于保理商是否有义务协助卖方处理商业纠纷，各个保理商的做法不同，通常取决于所服务的卖方和提供给卖方的保理产品而定。如果卖方只寻求坏账担保服务，并不要求融资，那通常就会要求保理商对于商业纠纷的处理负有一定的协助义务。

商业纠纷主要来源于买卖双方基础贸易合同的履行情况,而涉及除外责任条款的通常还有卖方违反保理合同的约定,其中最主要的就是对于同一的买方,卖方必须"全数"转让应收账款的要求;FCI国际双保理架构中进口保理商对出口保理商就有这样的要求,出口保理商当然也必须转嫁这样的责任到出口商身上。所以,卖方如果对于同一个买方的应收账款与不同的保理商配合,其中如有全数应收账款转让的要求,那卖方就极可能因为违反约定而无法获得担保赔付,尽管账款没有发生商业纠纷。

除此之外,在保理商与债权人之间的关系中,虽然保理商的主要期望他所受让的债权无需在卖方支持的情况下,即能够得到买方的付款,获得当初他评估认为可以得到的金额。但是,出于对买方风险控制的需要,通常也会要求在买方付款情况恶化时,卖方必须停止出运或留置已经出运但买方尚未提取的货物,以催促买方付款或降低保理商可能需要担保赔付的金额。有时卖方会出于生意关系的考虑或误认只要有信用风险额度就可以出货,导致违反约定而丧失了坏账担保的赔付。

二、保理商与买方(债务人)之间的法律关系

通常情况下,保理商与债务人之间是没有契约关系的。保理商有权向债务人收取货款完全是因为卖方将应收账款债权转让给了保理商;除非债务人和债权人之间有合同约定禁止债权的转让,或法律规定或以债的性质不能转让。保理商对转让给他的应收账款有绝对的收款权利,是不必征得债务人同意的。由于双方之间没有直接的契约关系,保理商就必须建立一些正确的认识,例如:

(1) 由于是受让了卖方基于履行商务合同而取得的应收账款债权,所以保理商也只能按合同规定的条件收取账款,因此,保理商应当仔细审查债权人的合同条款,确定自己得到的权利范围。

(2) 特别注意由于法律规定债务人可以对抗原始债权人的权利,一样可以用来对抗债权的受让人,诸如折扣、抵销等,所以审视买卖之间的商务合同除了关注取得的权利,对权利可能造成减损或灭失的条款更应注意。

(3) 既然双方是没有直接契约关系,那么在业务操作中所建立的各方面联系就显得重要,特别是保理商催收账款时往来的电话、信函或电子邮件,买方回款的数额、路径的书面凭证等。也就是说,保理商在进行账款的催收工作时留下痕迹与证据,从存在的事实来联系双方存在的债权债务关系。

(4) 除非保理商与买方有其他抵质押担保之类的约定,否则因为保理商受让的应收账款法律意义上只是属于普通债权,所以万一买方发生信用风险,无力支付保理商受让的账款时,保理商也只能依循法律途径,按照一般债权人身份参与买方资产的分配。

正是因为保理商与买方之间通常没有存在书面契约,这种由于卖方转让应收账款债权间接而成立的法律关系,使得保理业务在如何进行与买方互动,实现账款催收与信用风险管理的目的上,尤显重要。

第四节 办理业务应注意的法律问题

综合本章前面几节的介绍,保理商在经营保理业务时,至少应该注意以下三大类的法律风险。

一、关于国际公约及惯例的适用方面

国际保理业务由于涉及境外,跨越不同法域,因此保理商不可避免地面临一定的法律风险。如前所述,由于我国至今尚未正式加入《国际保理公约》和《联合国国际贸易中应收款转让公约》,因此,该两份公约对于我国相关主体开展的国际保理业务而言仍然不产生法律的约束力;而由于 FCI 作为国际上最权威的保理商组织,其制定的规则可视为国际惯例,予以适用。

进出口保理商双方签订的《保理商互保协议》(Interfactor Agreement)均约定双方遵守《国际保理通用规则》,它自然就适用于进出口保理商之间的交易。但是,在出口保理商与出口商之间由于出口商并非 FCI 会员,出口商与出口保理商之间属于国内的合同关系,就并不见得适用作为国际惯例的《国际保理通用规则》;万一出口保理合同与之有所抵触,就可能造成出口保理商的风险。由于我国在国际保理业务上目前是以出口为主,所以作为出口保理商时,应该注意以下两个方面。

(1) 一般认为,《国际保理通用规则》比较有利于保护进口保理商,如果作为出口保理商与进口保理商签订《保理商互保协议》时,由于《国际保理通用规则》规定,出口保理商与进口保理商之间可以在某些方面另行书面协议,协议若与《国际保理通用规则》条款不一致时,协议内容优先适用。所以,可以考虑凭借我

国在出口保理业务量上具有绝对领先的市场地位,增添有利或排除《国际保理通用规则》中一些对出口保理商不利的条款。

(2) 将《国际保理通用规则》中对出口保理商要求的义务在出口保理合同中转嫁给出口商,或直接明确约定要求出口商也必须遵守《国际保理通用规则》中出口保理商所承担的义务,使出口保理商与进口保理商之间的《保理商互保协议》和出口保理商与出口商之间的《出口保理合同》能有机衔接。

二、关于买卖双方的贸易合同方面

(一) 贸易合同的合法性

我国合同法规定如果有以下情形之一的,合同视为无效:一方以欺诈,胁迫的手段订立合同,损害国家利益;恶意串通损害国家、集体,或者第三人利益;以合同形式掩盖非法目的;损害社会公共利益,违反法律、行政法规的强制性规定等情形。作为保理业务的基础合同,买卖双方的贸易合同如果存在上述情况,则属于无效合同,在此基础上存在的应收账款债权也就不具有法律效力了,还谈何办理保理业务。所以,像我国有许多法律和监管规章规定的特许经营权、业务经营范围、是否属于有禁止或限制进出口的货物贸易等,就必须加以注意,以免影响保理商债权的实现。

(二) 应收账款的可转让性

我国合同法规定以下三种情形是不能转让的:根据合同性质不得转让的债权、根据当事人约定不得转让的债权以及根据法律规定不得转让的债权。应收账款债权的可转让性是保理商开展保理业务的前提条件,如果保理商接受的债权是不可转让的债权,无法对买方取得合法的货款请求权,也就无法以自身名义实现债权的有效索偿。值得一提的是,在 FCI《国际保理通用规则》中有当进出口保理商办理禁止转让账款时的权利义务的条款,也就是说,国际双保理因涉及不同国家,各国法律规定不同,所以在自负风险前提下,给彼此留下业务可操作的空间。

(三) 应收账款的有效性

债权的有效性除了取决于卖方的履约能力,也与贸易合同性质有绝对关系,其中主要有:(1) 合同性质是寄售合同。这是买卖双方是代理销售关系,不是买卖的关系,在卖方将货物交付买方的这个阶段,货物所有权并没有发生移转,也就谈不上产生了应收账款。(2) 分阶段履约的合同。合同本身会被切割成几个阶段,但个别阶段没有完成或不完善,会极大影响到整体的,如工程建设、船舶建造、大型机器设备的装置等。此时的阶段性完工,是否就产生部分有效的应收账款,必须就合同具体条款审视;对此业界通常会从整体考虑风险,不仅局限于账款阶段性是否有效。(3) 带有软条款性质的合同。例如,买卖双方约定只有在买方的客户付款后,买方才需要付款给卖方,此时只有在终端客户付款,买方才产生付款的义务,卖方的应收账款也才真正生效。

(四) 应收账款的确定性

不考虑买方的支付能力,单纯从贸易合同来看,主要可能会涉及以下这些常见的约定:(1) 卖方给予买方商业折扣条件,而确定折扣的金额在保理商受让账款时尚无法确定,保理商也就无法明确他可以收回的账款金额;(2) 买方有权以双方互有的债务进行抵销;(3) 买方最终付款结算时使用双方事先约定的基础计算最终应付的金额,而这个约定的基础却是在保理商受让账款时无法确定的,如交货后次月底行业协会公布的均价等。

三、关于应收账款转让形式的合法性与有效性

根据我国《合同法》的规定,债权转让通知债务人后,该转让对债务人发生效力,这是国际上主流的规定;但也有少数国家对债权的转让采取了必须得到债务人书面同意才确认生效的要求;个别国家甚至还规定要求原始债权人或受让人(保理商)必须在指定部门或平台办理转让登记后,债权转让对买方才产生效力,所以在办理国际保理业务中,如何进行有效的债权转让就必须依照债务人所在国家地区的规定办理。FCI 国际双保理架构下,进口保理商一般会提供出口保理商(出口商)有关通知进口商债权转让的通知范本和文句,如《应收账款转让通知函》(Introductory Letter,也有直接翻译成介绍信)和转让字句(Assignment Clause),由出口商寄送给进口商;也有部分进口保理商要求先提交给他,再由进口保理商直接提示进口商,确认通知送达的。

我国对债权转让通知的形式并没有进行规定,综合实践中经验,主要方式有:(1) 卖方以公司的函头纸直接通知买方;(2) 卖方在发票上注记应收账款债权转让的字句;(3) 以上两者兼用;(4) 由卖方准备加盖卖方公章的相关债权转让通知书等文件,到公证处办理公证送达;(5) 卖方准备加盖卖方公章的相关债权转让通知书等文件,由保理商直接代为寄发,留存邮局/快递公司回执联正本;(6) 卖方准备加盖卖方公章的相关债权转让通知书等文件经由买方盖章确认转让事宜;(7) 保理商连同卖方直接到买方书面确认等。

以上仅仅概略介绍几种通知形式，由于通知方式可以进行组合，加上保理商在具体办理业务时对风险容忍度的差异，通知方式可以再演绎出好多种，不必局限。此外，监管机关一般还会要求保理商开展保理业务应当在中国人民银行征信中心的应收账款质押登记公示系统办理应收账款转让登记，将应收账款权属状态予以公示。

复习思考题

1. 尝试就现行的《应收账款质押登记办法》和《修订征求意见稿》的内容进行比较分析。

2. 如果买卖双方的商务合同中约定了禁止应收账款转让的条款，而卖方将应收账款转让给了保理商办理保理业务，对于买方、卖方、保理商三者之间会产生什么样的法律关系？

3. 保理合同中经常会约定出现买方严重拖欠的情况，保理商可以要求卖方停止再出运货物的条款。在现实业务操作中，当买方出现严重拖欠情形，保理商有时不会执行这条款赋予他的权利，请分析可能的原因。

4. FCI 的《国际保理通用规则》中有进出口保理商办理禁止转让账款时的权利义务的条款，给彼此留下业务可操作的空间。如果作为进口保理商，你会接受出口保理商的申请，对禁止转让的应收账款提供保理服务吗？为什么？

5. 在中国，业界认为保理法律还不尽完善，结合近期司法案例，来谈谈我国保理的法律待完善之处？

6. 如何看待保理业务在中国的法律风险？结合实际案例来分析如何规避这些法律风险。

第五章

保理客户的选择与营销策略

本章概要
1. 在明确保理业务市场定位的一般原则与特有原则基础上,详细阐明保理业务的客户、行业、区域与产品定位。
2. 概要阐述保理的传统与现代营销渠道。

第一节 保理的市场定位

一、保理业务市场定位的一般原则

谈到一家银行或保理公司对于保理业务的市场定位,相信无异于其他金融产品,甚至实物商品销售的市场定位,那便是:找对正确的人,即适合的行业、地区、局部经济生态圈及客户群体或个体;做对正确的事,即向目标受众群体进行营销方案与营销行动的落地实施,并与目标客户达成最终的业务合作方式;从而达到正确的结果,即随着保理业务的开展逐步实现了自身的经营发展目标或利润目标等三个方面。

这个一般原则不难理解,每个保理商必然会依照执行。但是,由于保理商的经营目标及理念、股东及管理层期望、业务实践经验、业务相关人员认识与执行能力、业务资源配置、外部业务环境影响等种种因素的个体性差异,因此多数保理商的市场定位都会存在差异性。举例来说,一些保理商认为医院、学校等事业单位性质特殊,不适合作为应收账款的债务人,由于他们的地位与性质特殊,付款容易拖延,而且出现贸易纠纷时,由于应收账款所依附的贸易合同多带有软条款或存在寄售性质等情况(甚至可能强势到不与卖方签订销售合同或简单的框架合同等),以及其主体性质不同于一般企业,因此保理商很难赢得主张其付款的法律诉讼等,所以成为这些保理商限制触碰的敏感行业。相反,一些保理商认为这类主体地位强势,三甲等公立医院、较好的公立学校等不会倒闭,不会造成无法支付的信用风险;至于拖延付款或因为纠纷少付款的情况,可以事先根据对历史数据情况的分析,合理设计操作方案;加上强化与这些主体的友好关系及业务后续持续跟踪监控等手段来真正的控制业务风险,因此医药流通或医疗设备租赁与购买行业反而成为特色开发的目标行业。再如,保理商由于自身股东背景优势或所处区域的地缘优势,会在某些地区及行业领域形成自身特色的细分市场开发。

总结来说,由于对正确的人的认识不同,拟采取的做事方式不同,想达到的结果不同,保理产业的市场定位呈现出多元化的,差异化的,多层次的,具有细分市场特色的结构。

二、保理业务市场定位的特有原则

(一)因为有应收账款

每个产品都有自己的特性,也就自动决定了大方向上的市场及业务机会。简单来说,有国内贸易赊销结算所产生的应收或应付账款,理论上就可以做国内保理这个业务大类;同理,有国际贸易赊销结算所产生的应收或应付账款,理论上就可以做国际保理这个业务大类。

但是,有些不容乐观的情况不容忽视,比如以笔者所处的经济时期,中国大陆有很多企业摸爬滚打,摸透了银行/保理公司对业务的要求与甄选,他们有些硬生生构建赊销贸易,做出完美单据,以套取保理融资挪为经营之外的高危行业所用,将贸易融资扭曲成了融资贸易/融资保理。因此,企业与保理商应该通过相互引导,构建保理业务赖以生存的良好的社会信用环境,通过双方互相选择与影响,实现保理对于中国信用社会的塑造,引导企业通过正常的赊销贸易达到促进双方资金盘活,销售扩大走向良性贸易生态,润滑供应链上下游关系等,以持续的对中国经济金融环境产生持续与深远的有利影响。

（二）抓准应收账款

保理业务的核心便是应收账款，因此应收账款本身大有学问，直接影响与决定着保理的市场该指向哪里。应收账款适合做保理与否的关键要素大概包括以下三点。

(1) 应收账款是否具备可转让性：比如，应收账款是否存在权利已质押或转让予他人的情况，人行征信系统是否查询到被他人登记的情况；买卖双方的合同条款中是否存在禁止转让条款；

(2) 应收账款的权利是否完整、真实、有效：比如，其是否包含应收账款所有权利，包括自身向买方主张付款的权利，以及买方拒绝收货后，保理商享有货物留置权、停运权等附属权利；应收账款是否基于真实交易或贸易产生的对买卖双方具有法律约束力的债权债务关系；应收账款是否存在买方已经付款而权利灭失的情况，以及买方可以将以互有买卖为由抵消部分或全部付款。

(3) 应收账款的交易条件是否合理：应收账款是否由赊销贸易产生，而非现金、信用证（备用信用证除外）等其他交易结算方式产生。

三、保理业务的客户定位

客户是保理商最重要的资源之一，是保理商的衣食父母，甄选与维护自己的客户群至关重要。而且，保理业务的特别之处就在于不只卖方是保理商的客户，买方也从业务关系上成了保理商直接或间接的客户。

（一）目前中国大陆银行保理与商业保理客户群情况

保理业务从传入中国以来，就扎根在银行，经过二十多年的积累，各家保理银行基本形成了自己的客户群，这其中有银行自身主动探索与开发的保理客户，但笔者也看到很多客户是保理银行被动或自然接受的客户群，即所在银行整体经营特点自动带来客户群。比如，有的银行国际结算基础较好，那么客户也就顺利转来一些做了国际保理业务；再如，有的银行客户以民企客户为主，那么其中很多客户在银行整体营销介入以后，也顺势试做了国内保理业务。而且银行的保理客户群基本集中在中大型客户。整体来说，银行保理业务体现出了这家银行整体业务情况的缩影。

中国的商业保理从商务部2012年中下发《关于商业保理试点有关工作的通知》开始正式起步，各个试点地区的商业保理公司开始陆续成立，到2014年底已经超过1 100家。国内的商业保理公司处于初期的积累阶段,真正开始开办业务的不多,而且大多只是寥寥几笔,其中又有很多属于集团内部服务于关联公司的情况。所以,客户基础薄弱,而且限于保理公司的资金规模等问题,客户多为小型客户,基本和银行保理商的客户群形成互补。

(二) 保理客户的定位理念

出于种种内部及外部的原因,一些银行保理商固守按照贷款的方式来给企业核定保理额度,之后便是做一笔是一笔,没有经常、持续性的保理业务往来;当然这种情况多少是跟国内融资环境和习惯等问题有关,但保理商还是应该努力尝试按照保理业务本身的持续转让及过程化跟踪的方式来营销与维护自己的客户;换句话说,做真正的全流程化的保理业务,与客户建立的是统包与打包的业务关系,而不是一锤子的买卖。落实在业务流程上,应该是长期稳定的渗透到客户的日常经营活动,对于客户通过经营持续不断产生的应收账款,保理商应该在能力许可的范围内,将全部的应收账款接纳转让并进行账款管理、买方对账与催收、买方信用风险担保,及在此基础上的融资发放等,这样客户与保理商建立的是持续的业务关系,在保理商处留下的业务数据与痕迹是完整的,有特点的,有助于保理商对于企业整体经营,贸易流与资金流的全程监控与风险把控。只有这样做客户,保理商才能与客户不断深入合作,甚至逐渐将保理业务向发货前及保理后等环节进行延伸拓展,以保理为核心依托,开拓客户,留住客户。

部分保理商认为这样的理论过于理想化,在中国大陆的多数保理业务很难实现。这的确是个现实问题,所以才更需要保理人不断去引导市场与客户,不断尝试,力争实现,而不是像目前很多情况,客户需要融资,就拿来某些片段化的贸易,甚至构造一笔交易交给保理商以获得一个阶段性的某笔融资,保理商的后续业务没有保障,看到的也总是业务的某部分而非全貌,也就谈不上后续的回款跟踪,对不清楚究竟回款对应的是哪笔发货,因为不是每笔发货都在这个保理商处留下痕迹。

(三) 保理业务卖方与买方客户的定位标准

每笔保理业务都由卖方和买方共同定位决定。保理业务以应收账款转让以及对买方回款控制为主线,如果撇开其他因素不谈,理论上则应该选择比较"强"的买方。"强"的内涵既包括买方本身的资质(付款的实力),也包括买方的信用(付款的意愿)以及买方的分散度(风险的分散)等方面。另外,必须提醒的是,当保理商给卖方提供保理融资的服务,无论向卖方提供的是有追索权保理融资还是无追索权保理融资,当出现贸易纠纷,作为第一还款来源的买方付款的义务未被确定之前,基于风险的考量,保理商通常会先向卖方索回融资款的,此时还是要靠卖方资质与信用保证融资安全。因此,即便再好的买方,也不意味着卖方的资信情况就可以无限地降低标准,因为卖方的履约能力及出现贸易争议的解决能力等也决定着贸易本身及买方的付款义务。所以,买方资信好一些,对卖方的要求可以降低一些标准,但这不是简单的卖方增、买方减,或是卖方减、买方增的线性关系;另外,还必须结合保理本身采取的业务类型及保理方案设计的风险控制等,进行综合考量。所以,对于银行一般授信理念中的,生产型客户一般好于贸易型客户,也不能完全照搬照抄到保理业务的风险把控和认识中。买卖方是关联企业要特别注意,靠第三方单据缓释风险等。

一般来说,选择卖方客户的定位,保理商在考量资质信用时,与银行核定客户授信时考量的方面比较相似,包括卖方是否具备偿债能力而不愿意轻易进行欺诈骗贷,卖方的运营和管理是否可持续并有能力,行业地位如何,管理团队经验,是否诚信经营,公司治理结构是否合理,卖方期望的保理融资/信用风险担保金额是否合理并足够;卖方财务运转及流动性如何,卖方贸易项下履约能力如何,过往是否能够按照合同约定及时的完成交货等义务,卖方是否有相关强抵押担保。在现实中,如果客户在这些方面的表现都非常过硬,那很可能也不是真正保理业务的主流客户群体了;因为强势的卖方客户大可选择简单的流动资金贷款等产品或进行直接融资,而且在市场上议价能力较强;相对地,使用到保理服务的卖方,多数资质或规模较弱,希望通过保理商加入了买方付款的支撑因素来放大自身的保理额度。

对于买方而言,由于其是应收账款的债务人而与保理商产生了法律关系,属于间接客户关系,除非买方是保理商既有客户或者是愿意支持其上下游的核心厂商,而向保理商进行了某些业务申请与确认,才形成了直接关系。所以,难度在于如何厘清与绑定买方与保理商的关系。对于买方的考量很重要,但由于不像卖方一样可以直接取得配合,保理商可以调查到很多信息,所以需要开动脑筋、多渠道和多方式来评估买方。获得其信息的渠道有很多,比如:从卖方处获得,包括与卖方实地共同拜访买方,了解情况并索要财物信息;从第三方渠道包括税务局、海关数据等获得重要信息;向第三方权威机构购买资信评估报告等。当然,对于买方,也可以通过合作的买方保理商来把握与运作,这种方式多见于跨国的国际双保理业务。

四、保理业务的行业定位

如果保理业务的行业定位能简单到所有保理商只需要做特定的某几个行业,那么保理的从业人员的价值和产品本身也就大打折扣,行业定位也是个仁者见仁智者见智的问题,因为这和时代背景有关,受到国家经济特点及区域经济特点的限制与导向,很大程度受股东背景行业或经营者一贯的经验与擅长之处及其行业认识的决定。

当然,从保理业务百年的积累与经验来看,电子、纺织等行业是在全球很多保理地区做的耳熟能详的、典型适合保理的行业,而生鲜易腐食品则由于易纠纷等行业特性而被普遍认为不太适合操作保理,当然这只是一个简单的例子,在实践中则情况复杂各异。

从中国大陆近些年的实践来看,国内很多银行的保理业务遍布很多行业,化工、能源、冶金、电子、通讯、工程、租赁、纺织、医药,等等,简直无所不包,当中业务形态各异,有很多主流、传统的行业。横向全球比较,对于美国这种发达国家,很多工业行业已经外包到境外(比如中国是钢铁大国,占全球钢产量过半以上;中国是服装等纺织品代工基地,很多品牌都在这里生产并销往欧美等地区),在美国本土保理做到的主流行业大多是消费品等,因此这也是一些外资投资者看好中国大陆本土保理市场的蓬勃发展与投资机会,以各种形式依托大陆新兴的商业保理公司来拓展业务。说到大陆的商业保理公司,从 2013 年开始集中爆发式增加,在短短两年时间,超过 1 100 多家。当然,业务积累在起步,因此行业基础也比较薄弱。在这尝试阶段,除了定位在与股东背景相关行业之外,大多数商业保理公司把行业定位在与银行保理互补的行业,如一些新兴的机票代理、超市供应商等新兴保理行业,这些零散的小的保理行业还是值得去尝试的。

不管怎样,笔者认为,保理商的经营毕竟首先以持续经营并盈利为目的,因此还是要首先将大部分精力放在了解熟悉或有资源的行业,从能做的好的业务开始打基础,之后再尝试渗透到看好前景但不是十分了解的行业中,这样也有益于对抗风险。一般来讲,保理业务的行业以一般商品货物贸易为典型主流的行业,再逐步渗透到服务贸易、工程、租赁、船舶等。对于工程、租赁、船舶等行业特点便是交易结构相对复杂、涉及金额大、期限长,不如一般贸易频繁,对保理方案架构要求高,涉及注意点较多,保理商应该根据自身定位、是否了解、资金实力等情况有选择的介入。

以医药流通行业为例,这是个庞大的市场,基本大致的产业链条是从药品原料采集或进口,到药品生产制作,再到药品各级经销商,最后到各大医院。在整个链条上,手中有大量应收账款并需要各类保理需求的基本是药品的各级经销商,他们对强势的医院基本是放账交易,中小经销商基本都有不同程度的融资需求,而大的经销商也因为大量应收或应付账款,有改善财务报表的需求,这也就成了一些保理商的市场切入点。开发这类市场要注意以下五点:(1)医院应以大量的三甲医院,及较好的二甲医院,以及在一些地方上具备垄断地位与地缘优势的医院为主,这些医院具备充裕的现金流与付款能力,这样保理还款来源有保障。(2)越大的医院越强势,一般不会与保理商进行转让确认,对账等配合,甚至基础贸易合同也有寄售条款,签收单不规范等。保理商应在营销医药流通企业时,以商务关系为主导,多对交易进行协同现场隐性对账、确认等间接的方式,以保证应收账款真实存在,医院具备了一定付款责任。单据众多,发货批次高时,也要采取抽检发票等单据,适当检验跟踪发货流程等。(3)药品种类繁多,不同药品的利润率、退回率、付款期限、医院拖欠付款程度不尽相同,选择适合自己开发的药品种类开展保理业务非常关键,比如有的药品虽然不是大量使用,大批次用货的,但却可能紧俏,有一定不可替代性等,即便整体金额没那么大,但返回率及医院付款记录良好流畅,那么保理商倒是可以介入。(4)通过以上分析,大的经销商可能适合大的保理商,但是有特色的小经销商适合相符的小保理商。(5)当然,中国的医药改革正在发生巨大变化,公立医院不可对外举债经营,药房托管等制度对经销商的资金占款是个极大的挑战,医药流通行业面临兼并重组等,但还是有保理商会适合这个市场。

五、保理业务的区域定位

一般的金融业务在北京、上海等这类一线城市竞争都处于白热化状态,市场被360度深度无死角的开发,需要不断创新与开拓来抢占先机。相反,二三线城市等特色城市是可以继续培育的市场,潜力大,机会多。

中国保理人所幸运的是,中国大陆地域广阔,不同区域又有地方经济特色,区域交叉着行业,让保理人可大力发掘,大有可为。

此外,笔者认为,保理业务的区域定位不可能游离于国家重点经济增长与扶持的区域之外,也就是说,保理业务也应该着眼于每个期间段中,国家政策与资源重点倾斜的区域,如近期的一带一路热点区域,再如上海、广东、天津、福建等自贸区,保理业务借助政策的红利,跟随经济快速增长,事半功倍。

另外,每家保理商都有自身的客户、行业、股东背景等资源,这也就一定程度的决定了其经济活动的范围,也即保理业务的区域范围。并且,以这些区域为核心,随着业务的拓展,区域边界也会随之不断扩大。

第二节 保理的产品定位

一、产品定位综述

保理自传入中国以来,首先在银行操作,一直被认定为贸易融资中的一项金融产品,其实不然,与其说是一项产品,不如说是一项综合性金融服务。因为不管是否提供融资,保理商都要向其债权出让人提供应收账款管理、应收账款催收或买方/债务人信用风险担保中至少一项服务。保理远不止是一项产品,众多银行产品中没有几项产品可以成立一家公司专门来经营,而且保理商可以是金融机构,甚至可以是商业企业性质,所以保理是一个行业或叫产业。保理商确实是一类特殊的经济主体。以下述与票据服务的简单对比为例。

一张商业汇票与应收账款类似,产生于贸易双方的信用关系,当然所不同的是票据有独立的依托凭证,但应收账款目前无独立凭证依托,它的有效性和效力边界与程度依托于贸易合同。对于商票的一级市场服务主体基本是票据银行而非票据公司,因为银行可以加入信用依托在银票的凭证上,以至于银票能在二级票据市场上无障碍的流通。但是,应收账款保理业务一级市场主体多样,保理公司绝对是一类活跃的主体,保理商与应收账款出让人关系是靠保理合同构建,是一项定制化的服务,因债权出让人和保理商之间通过保理合同内容的变化,而构建类型各异的业务关系,一级市场精彩纷呈。

对于二级市场,保理商的信用可以加入到保理中,也可以不加入。即便通过保理合同构建了保理商信用在里面的无追索权保理,由于债权出让人凭借的是合同而享有的向保理商一定程度的主张付款的权利,但这个权利没有可脱离合同的凭证,没有标准化的权利主张条件,也没有特定如票据的法律约定,只有通过合同来认定,所以保理本身在二级市场流通业不及票据一样便利,保理商间的应收账款的再次买卖也是通过交易合同约束上手保理商的责任,因此主要还是下手保理商对于应收账款涉及的原始卖方及买方的把握,所以二级市场不及票据活跃。但是,比起票据服务公司基本都是二级市场参与者而言,保理公司可以游走于一级及二级不同市场,而且票据市场依然可以有保理公司的身影,因此从这个角度来说,保理商的身份和各层次市场参与度更加灵活和广泛。

所以,保理不是一项简单的产品而已,首先即便作为产品,他可以复杂多样,每笔业务可以有自身特色的保理方案,依托在不同的保理产品上;其次,保理可以上升至一个行业,因为它的市场形态和市场主体精彩纷呈,细分市场情况各异。

不管哪种类型产品,定位时都要关注万变不离其宗的本质:应收账款。在前述市场定位中提到的账款本身存在、可转让且交易条件合理的基础上,还应关注以下几个方面。

账龄,应收账款历史付款数据,表明付款及时性与否,大致付款期限分布如何,与约定的账期相比如何,这直接决定了日后催收与对账的时点及频次,以及一般融资和池融资的期限。

坏账及纠纷率,应收账款是否存在无法收回的情况,比例如何。账款中出现纠纷而导致买方一直未付或迟付的比例如何,纠纷一般都是何种情况,与此行业一般纠纷情况横线对比如何,合理性何在?这直接决定了信用风险承担的程度以及融资的比例。

抵扣,买方是否全额付款,是否存在互有买卖关系而抵扣,比例如何,贷项通知(扣款)的比例如何,频率如何,何种情况出现,合同如何约定?影响融资及担保比例。

是否存在过多软条款、寄售及不同于合同的行业惯例规则等?合理性如何?控制手段如何?影响融资及担保比例。

买方是否过于集中。影响融资比例。

无论如何,保理商必须对产品做正确定位,才能引导真正保理业务的发展,尽可能减少借保理业务之名,做短期融资之实的业务,最终扭曲了保理业务的本质,误导了监管机关与社会大众对保理业务的错误认知,阻碍了我国保理业务持续健康的发展。

二、具体产品类型的定位

下面按照不同业务/产品类型细述定位方式。产品有交叉,但不矛盾。以下会在某种产品中讲其侧重的地方。

(一)融资型保理

一些国外具有先进保理经验的保理商一般都会从账款催收与管理或信用风险担保类的保理业务与卖方先配合(当然承担买方风险的需要对买方的付款能力及意愿有所认可,才会酌情给出担保比例及额度大小),在此基础上,建立良好的保理业务合作关系与了解认可后,才会适当给卖方提供融资服务。不过,这种先进经验即使在欧美国家地区也是不普遍的,在我国保理业务的开展更是以融资为主要、甚至是唯一的目的。这时候的融资是以账款为依托,卖方一般不会或无法提供强抵押担保,而且无论是操作有追索权或是无追索权的保理融资,当发生商业纠纷导致付款责任不在买方而买方不需付款时,融资款项是否收回的关键就在于卖方了;同样,在有追索权保理融资业务中,即使卖方履行了贸易合同但买方无力支付货款,这时候还是得依仗卖方资质来自主偿还融资款,即保理的第二性还款来源。所以,在融资型保理业务中,卖方的资质虽是第二道风险屏障,在现实中却是控制融资风险的关键,所以对卖方资质的考察至关重要。

另外,从客户需求来看,应关注上市企业对于季度末、半年末或年末的报表改善需求及拟上市或上市中企业的报表改善需求而产生的无追索权保理业务需求。

融资型保理产品占据了保理市场的绝对份额,也是理论上保理主力客户群体(中小企业)办理保理业务的最大诉求,保理商如果忽视它的客观存在而不投入资源开展有关业务,是非常并不现实的。但是,同时必须注意,由于绝大部分的保理商只注重开发保理的融资需求,导致市场上严重的同质化竞争情形,不利于与保理商的可持续发展,尤其是相对于银行,自身体量规模较小的商业保理公司。所以,加强非融资性服务,如信用风险管理、账款的管理与催收等,一方面可以弥补在融资方面的短板,另一方面可以形成差异化,在目标的利基市场(niche market)建立自身的市场板块。

(二)国际保理

我国国际保理与国内保理的占比约为2∶8,以国内保理业务为主也是全球保理商共同的现象;同时也须注意,我国庞大的国际保理业务市场(2014年进出口贸易总额达4.3万亿美元,其中出口2.34万亿美元,进口1.96万亿美元),尚有极大的空间没有开发。

理论上,具有进出口项下赊购或赊销的企业都可以开展国际保理业务,国际保理即买卖双方不在同一国家地区的保理业务。对于保理商来说，自身比较了解和能够把握住离自己近的一方，但开展国际保理业务，单凭一己之力是不容易办理的，必须寻找跨境的保理商来管理另一方的风险与业务。这个合作的保理商可能是本身的关联机构，比如一家银行的海外分行，但通常是不存在关联关系的合作保理商。合作的保理商非常重要，比如大陆境内的出口保理商，寻找海外的进口保理商，来打理当地买方的付款，催收，纠纷协助处理，买方信用风险的评估，乃至交易买方端交易核实等方面都起到巨大的作用。好的进口保理商可以让出口保理商安心服务出口商这一端，而且对业务具有很大的双向促进作用，甚至会反向推荐客户及业务，带动双方业务极大发展，所以能够与这种保理商合作才能让国际保理业务蒸蒸日上。国际双保理的合作机制也是FCI业务框架中的最核心的部分。所以，建立紧密的境外合作保理商网络是国际保理产品战略非常重要的基石。

我国仅有部分保理商（基本都是大的商业银行）具体开展国际保理业务，且相对集中于少数几家业者，业务品种则集中于出口保理业务。保理商应该在进口保理业务及服务于出口商透过境外关联公司销售模式的背对背保理（back to back factoring）等，加大投入的力度。

(三) 信保保理

信保保理，是指由保险公司来承担买方信用风险的保理业务，起初这类业务主要应用于中国出口信用保险公司短期信用出口险项下的出口保理融资。后来，随着其他信用保险公司此类险种的推出，国内保理业务也开始广泛出现在多家保险公司承做的短信贸易信用险项下的融资业务合作，以至近期有银行开始尝试进口保理项下的信保保理业务。应该说，保险公司在此类业务中承担了买方保理商对于买方信用风险担保的功能，但是应该注意的是，保险公司不能承担保理商的催收及账款管理功能，并且其承担的买方信用风险的范畴和赔付的条件，也往往与买方保理商的职能与职责存在着细节和技术上的差别，保险公司发挥作用的时点基本是在账款逾期，并接到可损申报后。因此，对于信保保理业务，保理商一方面要利用保险公司信用管理资源的优势，叙做一些保理商无法合作的业务，另一方面也应该注意此类业务的风险点，注意索赔条件和时点等，以免造成信用风险控制的假象，到期无法获得赔付，此外也可在采用信保公司合作的同时，加入合作保理商的账款管理、催收和对账及账款确认等功能，实现风险控制的前置。

(四) 暗保理

一般保理业务都定位在明保理,因为在业务叙做前已经做到应收账款转让的有效通知买方及与买方核查等,这样有利于风险把控。然而,暗保理业务都是将卖方出具的应收账款转让通知留存在保理商,而当账款逾期一定时间后才向买方通知,甚至是在向买方法进行律诉讼时当庭提示通知买方。这种通知时点的延后,虽然看似有效力,但效果会其实大打折扣;因为事前的买方直接核实及确认都无法进行,不排除贸易背景不存在或发生商业纠纷的可能;当庭通知应收账款的转让也只有在买方还没有支付过款项时才有效,一旦买方已经付过,款项又被卖方挪用,法律上是不能要求买方二次付款的;所以,承做暗保理业务原本风险度就比较高,如果还提供融资,那么一定要卖方资质足够良好,才可以叙做这类业务。

第三节　保理的营销渠道

营销渠道,简单地说,就是保理商寻找客户的方式与媒介。

一、近水楼台先得月

意思是先营销自己身边的,现有的客户群体。比如,对于保理公司来说,可以依照股东背景或其行业的涉猎,在一定圈子内营销客户资源;再如,对于银行保理商来说,其现有的客户群体增加保理业务,就可以够保理商支撑一定的市场规模了;再比如,一些客户离保理商地理位置较近,虽然这是个信息传递极快的时代,但是不排除有地域优势而形成营销优势的情况,因为毕竟亲历亲临的机会比其他人更多,成本更低,总会更容易营销到客户,而且日后业务往来时,也更方便。这也是保理商一般在各个重要地点设置物理网点或当地营销专业团队的主要原因。

二、一传十,十传百

简单地说,就是客户介绍客户,客户营销客户,很多时候一个保理客户忠诚与满意,便会介绍其所在行业或有商业往来的企业,到保理商处办理业务。这种渠道的力量就像是无形的广告,默默地就带来了客户,而且保理商知名度越大,这种传播的效力就越强，逐渐形成良性循环，所谓第一脚球总是难，越往后越顺。

三、普遍撒网，重点捕捞

其实，这里想表达的是供应链开发的概念，抓住重点的核心厂商，批量带动其上下游的供应商或经销商来操作保理业务，这样比单户营销、单户授信效率更高，带来的客户群更多，而且从行业定位来看，还起到了对这个行业链条一网打尽，甚至跨行业链条、缓释业务系统性风险的作用，由点到线，由线到网，客户愈加牢靠。

四、没有永远的敌人，只有共同的利益

保理商与保理商之间看似竞争关系，其实更多是合作关系。因为这个市场太大，每个人能力有限，又可以术业有专攻，所以合作者间完全可以优势互补，共同营销买卖双方，尤其在国际跨境保理中，以一己之力是很难掌控所有的。所以，其实有很多保理商已经通过合作保理商、信用保险公司、财务或金融咨询公司、会计师事务所等客户介绍等方式，自动带来许多业务增长点，达到事半功倍的效果。即便将来国内市场竞争到了白热化程度，也会通过兼并重组最后一家亲，客户资源也就随之整合，组织之内，利益至上，这不是功力，而是理性市场人自然会做的选择。

五、互联网的无孔不入

互联网金融应该是近年最火的话题之一。传统意义上讲，互联网最简单的发挥找客户的效力，应该是保理商在网络或自己专属网站上，有了自身介绍，这样客户便闻讯赶来，合作业务。随着互联网金融的探索与运用，应该说他的连接客户与保理商之间的桥梁作用，是更加深入了。比如，目前最火的互联网融资P2P模式，将大量客户、项目与投资者在网络平台上实行对接，引入了保理商对于项目的增信作用，提高了项目推广率。再如，大数据技术的运用，引入到保理的互联网销售结构中，使得项目、客户等积累的数据流，对项目风险、交易环节的分析与把控，起到了巨大的作用。

 复习思考题

1. 有些保理从业人员认为，保理商操作有追索权保理融资时，主要考查的对

象应该是卖方,操作无追索权保理融资时,主要考察的对象是买方。对于这样的说法,你有何看法?

2. 作为保理公司的经营者,如果要选择目标行业,将(100%)的资源分配投入,你会选择哪几个行业(个数不限)?如何按比例分配资源?为什么?

3. 进行区域定位时,对于"守好一亩三分地"、"乡村包围城市"和"掌握制高点"等说法,您是如何理解?

4. 保理业界有种声音说:商业保理公司一味专注于提供保理的融资,肯定是一条死路;另一种反应的声音则是:商业保理公司如果强调提供信用风险和账款管理,不能提供融资满足客户的资金需求,是不符合我国国情,是空中楼阁。对于以上不同的声音,你有何看法?

5. 从国际保理产品提到打造合作保理商平台的重要性。现在国内开始出现由境内两家保理商合作开展国内双保理业务的模式,你认为它的背景成因是什么?未来的发展前景如何?

6. 本书中提到保理不仅是一项产品,也是一项产业,你如何理解这层意思?

7. 除了以上简单介绍的五种营销渠道外,还有哪些渠道可以用来营销保理业务。

8. 现在很多企业使用"微信"来进行营销活动,你认为适合应用于保理业务的营销吗?如果适合,如何应用?

第六章

保理的风险与管理

本章概要
1. 主要从业务主体的信用及业务操作等方面解析保理的主要风险。
2. 在认知风险的基础上,提出防范风险和管理风险的措施。

第一节 保理的主要风险与分析

经营任何一项金融业务,即是在经营它的风险,风险与收益并存,因此如何及时有效地识别、防范、发现、控制与降低风险,以最小的风险成本与损失赚取最大限度的保理收益,是经营保理业务最为重要的方面,这个关键性议题也是诸如保理这类资金密集型金融行业的永恒话题。正所谓,风险管理是一门学问,更是一门艺术,各家保理商会形成自己的风险管理体系与风格,保守稳健型也好,略微激进型也罢,只要能够将风险损失率保持在可容忍比率之下,而收益率达到预期值,那么就是成功的风险管理。

每个保理商每天面临各式各样的风险,有项目本身的客户与操作等风险,也有经营层面资金周转等风险。本节的保理风险主要讲的是业务及项目本身的风险,而非其他如经营资金周转困难,保理商陷入声誉危机带来经营萧条等非业务类经营风险,而流动性风险的管理将在后面章节予以阐述。

保理项目的风险有很多种，表现形式林林总总，与其他一些金融产品也有许多相似风险点，认识与管理这些风险，归根结底就是为了避免及尽可能降低保理商融资无法收回或保理商须履行买方信用风险担保赔付这两种业务风险所带来的损失。

对于一家保理商来说，保理项目在操作过程中会与其有业务关联的主体主要为卖方、买方、合作的保理商或保险公司等机构，因此保理的业务风险也主要为来自这几方主体的信用风险以及保理商与合作主体的业务操作风险。

一、信用风险

（一）卖方信用风险

由于卖方自身经营、财务运作等方面出现问题，比如卖方面对劳动力成本上升、国内外需求减弱、人民币汇率波动而导致生产放缓，收入减少等情况，出现经营资金周转等问题，从而现金流不足以按期全额归还保理商融资本息的风险。尤其当交易真实且无贸易纠纷/争议的情况下，买方拖延付款或无力全额支付等买方信用风险发生；以及卖方伪造交易骗贷，或卖方基础交易履约不完整导致双方出现纠纷等买方不应予部分或全额支付，或买方虽已支付但款项被卖方挪用等其他卖方信用风险发生，融资收回风险会进一步叠加放大。

对于贸易纠纷，除非买方提出恶意虚假商业纠纷，一般出现争议均为卖方没能完全按照基础交易合同充分履约所导致，通常发生在货物出运、保理融资发放后。纠纷范围，如双方对货物的数量、品质、交期、折扣等出现不一致的看法；买方主张抗辩、反诉或抵销债权等，只要纠纷存在合理性，一般均会以给买方减少一定金额付款来得到解决。

（二）买方信用风险

由于买方资信或付款能力出现问题，导致买方拖延支付，恶意提出不合理交易纠纷拒绝支付，或买方信用付款能力出现问题无法全额支付交易款等，保理商因此会丧失第一还款来源并形成保理融资本息难以收回的风险。尤其在无追索权业务中，保理商承担买方信用风险，如果基础交易无纠纷或者纠纷解决利于卖方，即使未向卖方提供保理融资，保理商仍可能向卖方履行担保赔付义务而造成业务损失；而向卖方提供融资的，无追担保部分的账款形成的融资是不可以向卖方进行融资追偿的。另外，对于无须履行担保赔付部分的账款对应的有追索权融资部分，还是面临无法收回的风险。

(三) 欺诈/道德风险

买卖双方联合或卖方单方通过虚构交易来使卖方获得保理融资,如伪造贸易合同、虚开发票、伪造物流、伪造回款等,由于并无真实有效的应收账款存在,因此也不存在买方作为第一还款来源的付款责任,保理商的融资款项能否收回完全取决于卖方能否自行清偿,从而造成融资收回的风险。尤其对于有欺诈行为的买卖方,一般是卖方经营周转等出现困难才出此下策,所以融资款项完全收回的可能性也就大打折扣。

欺诈/道德风险是保理商面临的最重要和最常见的风险,是造成保理商项目损失中比例最高最严重的,这种风险形态各异,防不胜防,据以往历史经验及近几年中国保理界的司法诉讼与判例中,很多案件带来的损失都透着卖方或买卖方联合欺诈的影子,而且实际判例中结果对保理商诸多不利。所以,对于保理业务来说,买卖方客户的选择永远是排在第一位的,遇到一心盘算着骗你的客户,再好的保理产品和方案设计也会失灵,因为后续的业务风险管控一般是在融资之后,加之受制于风险预警及挽回损失的及时性及有效性的限制,事后弥补总会或多或少造成一定的业务损失。而且,"骗子"一般不是一开始申请保理业务就会行骗,都是在取得保理商信任,有一笔或几笔良好回款后,开始伪造部分贸易及账款,让有些放松警惕的保理商向其发放了基于"空中楼阁"的保理融资。

一般来讲,欺诈的表现形式大概有下面三种。

1. 伪造交易单据

(1) 伪造合同订单等。

买卖双方的交易合同是应收账款产生的法律基础,是交易双方在平等自愿基础上达成的最具法律效力的共识,真实有效的交易合同也是保理法律案件中核心证据之一。通常来说,卖方自行伪造交易合同的情况较为常见,有时凭空伪造,更多是利用以往与买方签署的合同为模板伪造合同及买方签章,以至于保理商不去买方处做印鉴查验与核实(实务中大部分业务都很难获得买方印鉴查验的配合)便很难鉴别合同真伪。当然,对于订单的伪造也类似如此。

还有的情况是,保理商审核业务申请时,交易真实发生,卖方已经履约,买方也证实签收或确认等,可基于交易合同,买方如有合理理由退货,那么实际操作中就有买方配合在卖方先真实发货取得保理商融资后,买方再取消交易全额退货返运的情况发生,此时买卖方已无义务付款,融资偿还落在卖方自主偿还的风险上。

(2) 伪造发票等。

发票本身不代表债权,但却是保理业务债权的一个载体形式。在国际保理业务中,发票一般由卖方/出口商自行开立,没有其他方式约束及佐证,所以造假比较容易,因此出口保理须辅以关单/电子口岸查证等其他方式确认交易真伪。在国内保理业务中,发票一般由企业税控系统打出或由税务局代开,并且一般可以网络、电话等方式查询发票,卖方伪造造假成本与难度上升,当然卖方会利用发票量较大,保理商一般只能抽查而将真假发票混合提交的极个别情况,但一旦被发现,卖方也等于在自断退路。所以,近年来卖方升级了伪造手段,先虚开真实发票,取得融资后再自行作废发票或开立红字发票抵消,如果当月开出,企业当月即可自行从税控系统作废发票,而保理商通常又不会今天发放融资,明天便开始核查税控系统情况,所以一般一段时间后的账款管理可能无法及时弥补这一损失。

(3) 伪造物流/货运单据等。

货物流转、交付与签收的单据是证明卖方完成交货义务,形成应收账款的一个重要文件。国内贸易中的货运单据有别于国际贸易,国内交易的运输方式和凭证相对多样,没有统一的规范,加上承运人资质良莠不齐,货运及物流单据较容易伪造,另外也出现过卖方买通物流公司制造未实际发货、但货运单据真实的情况。

在国际保理中,出现卖方虚增出口商品报关申报或重复使用出口单据的情况。

2. 伪造回款

卖方制造所谓的买方回款记录(实际买方并没有付款),利用虚假回款信息,降低保理商的警觉性,使其对事情失去应有的合理性怀疑与判断,轻易相信卖方所描述的交易及付款情况都是真实及合情合理,比如卖方通过不同渠道自行付款,付款人信息与实际买方又极其相像,以至于保理商很难发现。

3. 伪造应收账款转让通知

应收账款转让有效通知买方是确认贸易背景真实及受让债权取得债权人合法地位的关键行为。卖方会出现故意提供类似但错误的买方地址以使通知无效;甚至升级为卖方勾结买方内部人员,借用买方地点,在书面通知文件上盖假的买方印章,使得通知无效等。

值得一提的是,买卖双方为关联公司时,双方配合度较高,伪造更加便利。

关联交易中,一方发生信用风险时,另一方信用状况也会随之恶化,从而导致第一还款来源和第二还款来源全部落空。因此,保理商一般拒绝关联交易叙做保理业务,即使特殊情况下承做,也应谨慎评估关联交易风险。

(四)合作的保理商或保险公司信用风险

1. 合作保理商风险

双保理业务(尤其是国际出口双保理业务项下),卖方保理商一般不了解买方客户,更无从核定其信用风险值,此时选择实力雄厚、操作专业的买方保理商来把控与掌握买方端至关重要。如果合作的买方保理商自身信用状况不够好,无法按时担保赔付或面临倒闭风险等,保理商的无追索权保理融资便面临风险;如果买方保理商无法快速、准确评估买方/进口商信用风险,无法行使良好的催收技巧,不能及时划拨款项、识别、防范、提示和处理买方端风险,还会给卖方保理商带来潜在的业务风险或融资资金的损失。

此外,根据FCI相关规则规定,买方保理商的核准付款往往有很多前提条件,如出现争议、卖方保理商实质违约、司法管辖障碍时,担保责任还可免除。甚至,双方保理商对于GRIF等规则理解不同,进而造成买方保理商拒绝履行担保赔付的情形也可能发生。

2. 合作信保公司免赔风险

除了买方保理商,一些保险公司也承担国内贸易买方,及出口保理、进口保理中买方信用担保的职能。但是,信保公司只对真实交易产生的应收买方货款的商业风险和政治风险承保,虽然与保理的坏账担保实质很接近,但在承保范围、理赔程序和责任认定等方面还是有所区别。尤其,一旦超出保险责任的范围,保险公司免赔,保理商融资将面临无法获得保单赔偿的风险。另外,保险公司有时和卖方保理商对于赔付的解读与责任的认定会存在分歧,也会使得无法获赔的情况发生。

二、操作风险

(一)保理业务前期调查与方案设计风险

业务开展前的买卖方信用调查,基础交易背景与交易方式调查非常重要,选错了客户与交易会极大地增加发生风险损失的可能性。此外,保理方案的设计就是尽可能有保证地抓住买方的付款,因此采用何种保理产品及业务模式,落实何种业务审核条件及应收账款转让通知方式,买方及方案的架构是否足够安全到可以弱化卖方资质或无须增加抵质押、其他担保方或合作保理商/保险公司等增信措施,发放保理融资后采取何种方式及频次进行客户及账款的现场及非现场检查,采取何种手段控制买方回款及交易纠纷的处理等方面,均会影响到保理项目的风险。方案虽不是万能的,比如买方再好,方案再完美,可能因为遭受保理欺诈而踏空了买方好资质,而使方案失灵,从而卖方无力偿还造成融资风险;但不代表可以无视保理方案对风险控制的作用,因为很有可能方案上的小漏洞,会成为风险乘虚而入之处,从而酿成千里之堤毁于蚁穴的后果。

当然,实务中很少会遇到买方资质非常强大,又可以与卖方及保理商进行签署三方保理协议或极度配合的情况,很多时候需要卖方、买方、合作方及方案设计多重叠加来铸就保理风险控制。当然,中国大陆还有个现实法律环境问题,就是对于保理业务的法律问题没有明确的规定,很多地方都比较模糊,导致很多实际判例中,出现了保理商面对一个付款能力好的买方,设计了好的保理方案,可到最后竟然还是出现看得见却抓不到买方的结果。

(二) 应收账款转让给保理商的有效性风险

对于交易合同中有债权禁止转让的约定(账款即使被转让给保理商,对买方不发生效力,保理商不能对买方行使付款请求权)或存在账款允许被抵扣的软条款、卖方将账款设定其他担保或已转让予他人、账款本身不是适合做保理业务的账款、账款实际已经由买方支付等情况,会使保理商接受的转让债权有瑕疵,严重影响第一还款来源的存在或完整。如果没有被保理商在操作业务时检测到并采取相应措施解除,加上再出现卖方信用风险,最终会造成融资无法收回。因此,加强贸易真实性、合同条款及相关单据的审核,以及应收账款权利是否已经设定抵质押/转让予他人的查证等操作环节至关重要。

(三) 应收账款转让通知买方的有效性风险

保理商将应收账款转让的事实有效通知到买方,是受让应收账款债权后可以对买方行使付款请求权的基本前提,如未进行有效通知,债权转让对买方是不发生效力的,即保理融资没有了第一还款来源,融资的清偿也就完全取决于卖方自身实力。全数转让或债权明细转让通知函的递送,有邮寄至指定买方签收人签收、公证送达、主动至买方处面签送达等几种方式;通知函递送后,可由买方签回;发票原件加盖转让字据;暗保理项下由卖方将盖好印鉴的通知函留存保理商处以备日后转为明保理时候通知等诸多通知方式。保理商在规定的范围内,通常依据买卖方的资信、基础交易情况等在保理方案中约束具体通知形式,无论选择何种形式,将通知正确具体落实到位才是最重要的关键。

(四) 贸易背景审核的风险

贸易背景的实地及单据技术性审核,是为了某笔具体业务操作前保证贸易背景真实,从而应收账款真实存在并且确实无瑕疵。结合企业最真实的交易习惯,跟踪企业交易物流,买方收货情况;审核或抽检业务可能涉及的交易合同、订单、发票、装箱单、货运单据、提单、发货证明、报关单、质检证明、签收单、工程决算单等各类单据的真实性,审视单据彼此之间及与交易实务的逻辑关系是否合理、匹配,与前期调查时的单据是否有所变化及变化原因是什么,等等一系列审查中,有可能由于业务精湛度及客户造假隐蔽度等原因,造成未侦查出虚假或有瑕疵的贸易,那么极易造成后期融资收回时的风险。

(五) 业务融资发放审核的风险

在向卖方客户发放融资前,需要审核卖方或买方或合作保理商相关额度是否存在且符合要求,是否在有效期内,融资发放的业务条件是否落实,融资金额、期限及比例是否合理,之前融资回收情况及账款回款情况,池融资"水位"的监控,保理业务相关合同是否签署完整,等等。一旦某个环节的审核出现疏漏,也会直接影响到保理商的融资安全。

(六) 间接回款风险

间接回款是指买方未将货款直接付至保理商指定的银行(监管)账户的情况,具体包括由买方付至卖方在指定银行的其他账户、由非实际买方的第三方付货款、由买方付至卖方在其他银行的账户、买方采取银票/商票形式付货款的若干情况、买方不付或者超过宽限期延期付款而由卖方还款等若干形式。间接回款可能由客户信用风险或者无效通知造成的操作风险所致,一旦发生间接回款,如果不及时跟踪、查明性质与原因,就会削弱保理监控及管理第一还款来源的作用,而如果再出现卖方挪用回款资金且自身无法还款等信用风险,最终可能导致保理融资出现风险。

三、其他风险

国家风险,如有的国家遭到经济制裁,历史上甚至出现过限制外汇汇出的情况发生,这样合作的国外保理商即使想要履行担保赔付,也可能出现款项无法汇出或在途资金被冻结等风险。

法律风险,对于中国目前来讲,没有专门保理法令,都是依托民法通则、合同法、物权法等开展保理业务,对于保理关系及各个环节的法律认定,仍存在模糊地带,这也使保理商在保理官司及保理主张中不确定性增加,出现很多以债权人身份向买方主张付款的失败案例。

监管合规风险,对于中国保理界,无论商业保理还是银行保理,均已有各自的监管及业务管理相关规定,如果保理商不遵照执行,或执行存在越界及偏差,操作的项目可能会得到监管部门的通报处罚等,声誉也会随之受到不良影响。

第二节　保理风险的防范与管理

认识到保理项目本身可能会存在哪些业务风险,接下来就要看如何防范与应对这些风险。保理商的风险管理各成体系,但是以下共性的注意点值得一提。

一、建立科学的授信理念与全流程风险管理理念

与一般客户授信融资相比,保理业务不是靠评估卖方信用加上抵质押或担保就决定卖方有无融资额度与否的简单短期资金融通业务,由于有了应收账款的加持,卖方融资额度的给予由只看卖方情况,变成综合考量卖方、买方及保理方案架构的授信方式。就是说,通过加入买方及方案设计,可以适当地降低对卖方信用标准要求或增大额度。当然,这个适当也就是各家保理商自行把握尺度的艺术之处。

另外,因为有了应收账款,及保理方案如何抓住应收账款及买方的信用付款,而且应收账款本身是从买卖方签订交易合同、卖方发货或履行合同、买方收货、买方付款从而应收账款灭失,到买卖方争议解决与协商等动态的过程,所以对于这其中各个环节,保理业务除了一般融资业务定期进行一下融资发放后的卖方信用检查侦测,还多了整个流程动态管理风险的步骤。

综上,那些认为保理卖方如果融资,就该对卖方完全比照一般融资一样考量其信用风险的融资业务观点是不对的和片面的。他们认为,有追索权融资,将来主要看卖方还款能力;无追索权融资,卖方的信用履约能力,决定了未来商业纠纷的发生情况及解决力度,即决定了卖方回购账款,偿还融资的可能性,所以主要看卖方。但是,这明显是忽视了保理能够缓释风险的作用,如果只看卖方,何来保理之用呢。另一方面,还有些比较左的观点,认为既然是保理业务,有应收

账款和买方加持,那么卖方信用风险可以无底线地降低标准,这也是不对的。因为除非你的方案已经完全绑定了买方付款,且保证不会发生任何操作风险,能保证融资偿还,否则卖方的回购能力与履约能力共同决定了业务风险,买方端一旦无法把控,卖方端便是你的抓手。

二、做好保理业务前期的客户调查及方案设计

(一) 做好业务前期的客户调查

根据前面的阐述,保理业务还是要对卖方及买方信用资质及其还款和付款意愿进行全面尽职调查。对于卖方或买方的信用资质调查来说,无外乎进行资产状况分析、负债风险分析、盈利能力分析、营运能力分析等财务状况及相关指标分析,尤其关注应收账款资产情况分析;宏观经济情况分析;行业信息及企业行业地位分析;企业结构、股东及管理层情况、内控及公司治理、企业发展战略、财报披露的其他非财务信息等分析等等。正如一般授信业务的调查要点,本文不再赘述。当然,调查不好,选错客户,后面的方案也会极大可能失灵。

(二) 做好保理方案设计

保理业务最独特之处在于应收账款,所以基于前面客户调查的基础,调查好应收账款相关情况,之后如何将客户与应收账款调查结果相结合,设计出最适合的保理业务方案,才是重中之重。以下便是保理业务特有的应收账款相关调查要点。

(1) 应收账款的性质是否适合做保理。

例如,业界一致认为生鲜易腐食品行业等有些行业中产生的应收账款,容易产生纠纷,不适合做保理,要特别注意加强风控手段。再如,信用证结算的应收资产、有价证券的付款请求权不适合做保理业务的应收账款。又如,基础合同带有寄售、代理销售等性质,应收账款形成容易引起争议或很难形成的,要特别加强风控甚至不予操作业务。

(2) 应收账款的质量如何。

核查银行流水等以往付款记录,看是否与合同约定的付款周期等相符,是否与行业交易习惯相符,以及是否与报表及企业披露的账龄分布相符。账款收回率如何,坏账计提方法如何,是否与企业实际开具贷项发票(红字发票)、买方抵扣的商业或现金折扣、扣减的销售返利、互有交易的付款扣除等多方作用结果相

一致。

上述因素决定了融资期限、融资比例等方案设计。

(3) 交易/贸易流程的调查结果如何。

交易合同是否真实,由交易合同及交易习惯、交易历史反映出的,交易产品情况、交易的从下单、生产、出货、开立发票、收货验收确认、付款周期及付款方式的交易结构及交易流程怎样,决定了保理方案中交易调查的要点及单据(或 ERP 及财务、税控系统核查)要求提交哪些。

此外,上述所有调查结果还会共同决定保理方案中,是否可以采用暗保理通知方式,转为明保理的时间如何确定或采用明保理通知应落实到什么程度结果;是否可以开展无追索权业务,买方的风险是否需要引入合作保理商或保险公司;信保业务中的保险公司前期无法防欺诈或账款管理,那么是否需要引入保理商进行催收及账款管理;是否可以接受间接回款,间接回款的处理方式如何;是否需要与买方进行对账,频率如何;是否需要到买方处实地现场检查,频率如何,等等。

方案设计成什么样没有标准的模板,以能实质控制住风险到可接受的程度和成本为佳。所以,保理商可适当进行客户差异化管理,即根据客户信用情况及其他方面调查结果,让不同层级客户在选用业务品种、转让通知方式、回款控制手段等有不同的规定与要求,风险控制手段与客户信用、行业特性挂钩或匹配,避免宽松的管理招致风险隐患,过严的要求又可能难以落实,造成优质客户的流失。

三、做好保理业务全流程风险管理

方案设计好了,额度批复出来,后续操作就十分重要了,因为对于保理业务来说,后续的流程控制极大程度决定了应收账款控制的有效性和融资偿还风险度,在这个动态的全流程的管理过程中,哪个环节出现了客户风险或者保理商操作风险,都会功亏一篑。尤其对于国际双保理这种复杂业务,涉及与合作保理商的沟通及 EDI 报文传递,语言、法律等都会有一定障碍与困难,更增加复杂性与技术难度。所以,保理商一定要制定完备的业务管理办法、保理流程、操作细则及岗位职责和分工,并不断完善,以指导与规范贷前调查、融资发放和贷后及账款管理,保证一环扣一环的业务操作万无一失,权责明确,落实到位,有效防范风险。下面就针对每个环节的风险管理要点进行一一阐述。

1. 落实应收账款转让的合规性、有效性

(1) 在业务开展前,如果业务方案允许,可以与买方进行一次余额或者明细对账,保证拟转让给保理商的应收账款未被支付。

(2) 进入人民银行《登记系统》进行核实,保证应收账款未质押、转让给其他金融机构或保理商。另外,还应关注发票原件上是否有被加注过已经融资或者转让字句等,防止重复转让与融资。

(3) 对于应收账款真实性的核实,不只保证表面真实,还要确保相关贸易单据原件真实合理存在,有效调查,防止交易合同、发票、货运单据等重要文件伪造。对于伪造合同来讲,保理营销及介入工作越早越好,如果条件允许,将保理适当加入到基础交易合同中,可适当从源头解决买方不知晓或者认为合同有问题而不认可债权转让的问题发生。

(4) 尽最大可能保证应收账款全数或明细的转让通知信函有效通知到买方,项目允许的话,尽可能获得买方签回确认,并可有效进行买方签章验印。当然,实务中买方众多,买方在异地,买方不配合等因素,都会造成签回的难度。那么,其他通知方式不是无效,只是可能发生无效通知的可能性增大,要做好控制手段及方案容忍度测试。对于加盖了转让字据的发票原件,如果条件允许,可以由保理商寄送至买方,以防止卖方换单等情况。当然,也有卖方之后让买方退回发票,卖方重开的风险,这时最好是卖方税控系统可以和保理商系统连接,发票开具的任何异样都能让保理商在第一时间发现。

2. 做好贸易背景真实性及交易单据的审核

保证审核的合同、发票、货运单据、海关关单、承运人单据等单据原件真实有效,注意单据间关系的逻辑性与合理性。对于关联交易,注意尽可能审核第三方单据。条件允许的话,注意连接及审核电子口岸数据、企业 ERP 数据等,以佐证贸易背景。

3. 做好对账、催收及回款管理、纠纷协助处理与跟踪等账款管理工作

融资发放后的应收账款管理是重头戏,通过后续回款等流程化管理,可以及时发现业务涉及交易及买卖方主体的问题,及时解决并作为下次业务操作的依据。催收与对账及时,不仅可以尽早保证资金收回,也可在第一时间从买方处捕捉到如卖方是否构建虚假交易、卖方是否已经收到回款但自行挪用等风险。对于回款账户内资金动向,如短付、溢付等,要实时监控及解决;出现间接回款,要及时了解性质和原因。出现纠纷后,要与合作保理商等机构(如有)合作共赢,及

时沟通,及时跟踪买卖方客户并协助解决,将风险降至最低。

四、做好保理业务处理系统,提升风险控制质量与效率

保理业务累积了大量的客户与业务信息,包括初期的业务申请、中期的出货到后期的应收账款管理与回款等。大量的信息经过系统的整理与分析,如果有效运用,一方面可以为市场开展起到方向引导作用;另一方面更能侦测客户的交易活动是否异常,有无风险隐患,是风险控制与管理的重要手段。因此,保理商要建立有效的保理业务处理系统,让业务管理实现效率化与精细化,降低操作风险。另外,条件允许的话,可对接企业系统,便可时时监控所有发货、物流、签收及回款情况,以对保理商提供保理服务尤其是已经融资的账款进行匹对与监控。当然现实业务中,一方面保理商的系统与技术未必能做到如此程度的对接企业系统,另一方面受限于卖方的系统先进性及配合程度等,也很难达到这种时时监控的程度。

五、进行完备岗位设置并加强人员培训,全面提升从业素质

保理商要根据业务发展需要设立专业团队,各个环节专人专岗,完备制度及授权管理,职责分工明确。保理业务对人的要求很高,尤其业务把握度直接决定操作风险发生度,因此要做好从业人员的业务培训和指导,加强业务案例学习、实务总结和推广,提高保理业务水平,降低各类风险隐患。

六、定期检查和督导,建立合规意识与环境

保理商应建立有效的内部业务检查制度及风险预警机制,结合最新市场动向、热点问题、风险趋势、政策变化与要求等,定期或不定期地对各个业务环节进行自查、重点检查、辅导改进等,不断提高专业素质,避免不合规的操作造成保理业务风险;对于风险预警及不合规操作及时反应,有效跟踪处理。

复习思考题

1. 据不完全统计,欺诈/道德风险是近年来导致保理商遭受损失的最大原因,对此你有何看法?

2. 国内贸易经常使用银行承兑汇票或商业承兑汇票作为支付工具,以票据

支付货款算是"间接付款"吗？

3. 银行办理流动资金贷款通常只要考虑客户的信用风险，而办理保理业务需要的风险种类有好几种，所以对同一客户办理流动资金贷款的风险比提供保理融资的风险低，你是否同意？为什么？

4. 某通讯设备出口商声称接获埃塞俄比亚政府一笔3亿美元的大订单，希望办理出口保理融资，你具体会从哪些方面来评估是否承接这笔保理业务？

5. 保理的操作方案一般会涵盖哪些部分？设计方案时需要从哪些层面进行考察？为什么？

6. 什么是全流程的风险管理理念？

7. 业界有句俗话"放款的是徒弟，收款的是师傅"，这句话对你有何启示？

第七章

保理运营的管理

本章概要

1. 从组织搭建、岗位设置、企业文化与员工提升等视角强调保理运营中的人力资源管理并强化系统建设的保障作用。
2. 详细阐述应收账款的管理并对可能存在的商业纠纷风险进行防范。

第一节 人力资源的管理

人力资源的管理对于任何行业、任何性质、任何规模的公司或企业,都是一门大学问,公司运转是靠人来运作的,人治是公司治理的核心要素之一,当然人是建立在某种特定的组织形式与岗位设置基础上的,否则再好再高素质的人也可能无法物尽其用,公司形成的运作形态是一盘散沙,无法发挥每个人应有的作用。

一、保理公司的组织搭建与岗位设置

即便同行业同类型的公司,组织搭建和岗位设置也不尽相同,这正是体现每家公司特性之处。对于一家保理公司来说,从共性上讲:首先,它是非生产型企

业,哪怕是商业保理公司也是从事类金融业务的行业属性;其次,它是人才密集型行业,大多从业者"出售"的是自己的知识技能和业务及管理经验;最后,一般的保理公司,大概会设置业务营销及客户对接的部门/中心、业务管理与操作部门、风险管理及项目审批部门、后台支持保障部门等部门或中心。

（一）营销及客户对接部门

这个部门是保理公司的销售部门,设置若干客户经理岗位,他们需要直接跟"上帝"打交道,每天维护与衣食父母们的关系。这个部门负责开拓与营销新客户,客户经理个人或团队按指定开发的行业全力专注深入进行产业链批量开发,营销对象包括但不限于产业链条上的核心厂商及上下游、行业组织、专业咨询公司、专业媒体、信用保险公司等;并且,视行业开发的成熟度,不定期轮换开发新的行业目标。

一般来说,保理新客户开始进行首单业务前的所有工作,包括但不限于撰写尽职调查报告、落实担保抵质押、应收账款转让通知等手续,均由客户经理负责;而开始业务操作后,则移交维护团队,进行业务操作,日常账款跟踪管理,客户操作业务后信用风险实地以及非现场的监控等工作。

（二）业务管理与操作部门

这个部门是保理公司的CPU,每天进行着大量的业务处理,连接前面的冲锋陷阵的营销部门,后面连接着中后台支持等部门,每天大量各类信息在这里交互,保理公司的好坏全看这里演奏出的奏鸣曲是否和谐顺畅。

一般来说,业务管理部门会根据公司整体需要,进行团队或岗位设置,其中有产品经理、单证经理等。

这个部门会负责客户关系的维护发展,进行日常保理业务的操作,包括但不限于国际保理额度申请、账款管理与催收、单据审查、商业纠纷处理等事宜;在与买卖方客户沟通的过程中、账款管理过程中起到发现风险并预警的作用。

另外,负责研究开发包括但不限于各类保理产品、衍生品、商业模式、证券化、理财、信托、资金池、撮合以及营销模式等;进行行业研究,拟定业务开发模式、产品应用、操作要点等市场开发指引;拟定公司整体市场开发规划,定期进行规划后评估及发展建议。

此外,开拓包括但不限于银行、保理公司、信托、证券、基金、保险、租赁、交易所、互联网公司等各类机构、保理行业协会等渠道的合作,扩充业务机会、营运资金来源,最大限度使用外部资金操作业务。

(三) 风险管理及项目审批部门

这个部门具有保理公司最冷静的头脑,以甄别客户的信用风险等,负责保理客户的信用风险担保及融资额度的审批、合作保理商同业往来额度的审批;负责客户行业风险、客户贷款后风险的侦查;负责逾期或不良资产项目的处理、清收。所以,如果风险把握不好,没有慧眼识别客户,从一开始就将信用风险高的客户领进门,那么之后整个公司的业务运转也会诸多不顺,风险频出。所以,这个部门掌握着保理公司的命脉也不为过。

(四) 支持保障与服务部门

这个部门是保理公司的幕后英雄,公司正常运转离不开它的支持与保障。它负责编写公司的财务计划和费用预算、筹划与运用公司资金、管理公司各项收入的收取与支出、簿记财务统计和会计账目、报表及年终结算、进行业务放款;制定公司各项基本管理制度并进行执行情况的监督与检查、组织和实施公司人力招聘、培训、绩效考核、激励、薪酬、员工持股的股权激励、晋升、劳动关系管理等工作;负责公司办公用品的采购和管理、公司的公共关系维护和品牌建设工作;负责开发与维护公司各类系统的高效平稳运作;负责公司各项业务相关合同文本的拟定或审查,等等。

二、保理公司的企业文化与员工提升

(一) 保理公司的企业文化

企业文化是企业精神与灵魂的象征,它引领企业与员工向着正确的道路迈进,无形地把各个部门、每个个人连接在一起,既是公司管理制度的高度体现,又是个人状态的最终浓缩,好的文化让组织充满上进与激情,员工态度端正,意气风发,团结互助。员工个人特性得以发挥,却带着企业的印记,不同岗位、不同层级的人都心向一个目标——企业发展与进步,每个人都发挥主人公与螺丝钉的精神。好的文化应该体现出的是企业与人的共同成长。

迪尔·肯尼迪把企业文化整个理论系统概述为 5 个要素,即企业环境、价值观、英雄人物、文化仪式和文化网络。

企业环境是指企业的性质、企业的经营方向、外部环境、企业的社会形象、与外界的联系等方面。它往往决定企业的行为。

价值观是指企业内成员对某个事件或某种行为好与坏、善与恶、正确与错误、是否值得仿效的一致认识。价值观是企业文化的核心,统一的价值观使企业内成员在判断自己行为时具有统一的标准,并以此来选择自己的行为。

英雄人物是指企业文化的核心人物或企业文化的人格化,其作用在于作为一种活的样板,给企业中其他员工提供可供仿效的榜样,对企业文化的形成和强化起着极为重要的作用。

文化仪式是指企业内的各种表彰、奖励活动、聚会以及文娱活动等,它可以把企业中发生的某些事情戏剧化和形象化,来生动地宣传和体现本企业的价值观,使人们通过这些生动活泼的活动来领会企业文化的内涵,使企业文化"寓教于乐"之中。

文化网络是指非正式的信息传递渠道,主要是传播文化信息。它是由某种非正式的组织和人群所组成,它所传递出的信息往往能反映出职工的愿望和心态。

保理公司的文化在上述五个要素上也会淋漓尽致的体现,并且好的企业文化,应该是能够激发员工的使命感,凝聚员工的归属感,加强员工的责任感,赋予员工荣誉感,并且实现员工的成就感。

(二) 保理公司的薪酬体系

提到薪酬,最相关的词便是绩效考核。有考核,才有激励,保理公司不是公益组织,薪酬挂钩考核也不例外。一般来说,绩效考核包括业绩考核和行为考核。

业绩考核是金融行业提升生产力与效益的重要有效手段,能够极大激发员工业务积极性,一般业绩考核分为三部分,即基础薪酬(即固定薪酬)、业绩奖励、年终奖励。当然,按照工作性质不同,如前台、中台、后台,管理岗和非管理岗,其中的占比也会有所不同。

大多金融企业都会采取 KPI 关键指标考评法、全方位考评法等,当然除了业绩是其中的关键指标外,行为考核的相应指标也会设置其中,主要对照部门以及岗位职责,从工作质量、管理效果及创新能力、沟通协作能力、公司制度执行能力的多个角度进行综合评价。

另外,管理层的考核虽然与员工有所不同,但也应该更侧重挂钩公司整体业绩以及公司品牌声誉等全局性考核,以发挥管理层协调、分工、计划、管理等职责。

(三) 保理公司的员工提升

让一个员工提升,除了营造氛围,有助于员工发挥主观能动性,积极进取,自身不断学习,向组织汲取养分外,最重要的外部因素便是给予培训机会以及实战项目机会。

培训可以定期集中培训让团队成员集中、专项学习，内容涉猎可以宏观也可以微观，整体提高团队业务技能，并能更新知识体系；亦可日常培训，建立健全培训机制，随时随地培训学习，培训讲师可以由公司业务骨干担任，分享各自专长业务技能和经验知识，培训的方式可以灵活多样，内容丰富多彩。最终将日常培训变成员工工作习惯。另外，让员工参加各类国内外保理协会组织的保理课程学习和考试，获得相关合格证书；同时可邀请国外专家授课，学习国外成熟的管理模式和丰富的经验培养专业人才。

当然，最后就是日积月累地在实际项目和实地操作中积累丰富的经验，这是每个保理人的最重要的阅历与经验，是无法通过其他任何方式获取的，团队也是在实际磨炼中，不断总结与不断提升的。

第二节　科技系统的建设

保理业务的负责度以及其海量数据管理的特性，决定了保理业务系统在保理公司日常经营中的重要作用，试想如果保理公司的业务操作量达到一定规模后，还要手工操作与管理业务，或者一直运行良好的业务系统一时间瘫痪，那么将是多么糟糕的一件事情。所以，任何保理商办理保理业务，建立一套完备的电子业务系统是至关重要的。一般来讲，保理系统有如下六项功能需要建设。

一、系统的结构管理功能

系统需设置好基本参数，如设定业务标准和统一的处理逻辑、设置好公司组织结构所决定的各类操作用户权限、最基本信息与参数的录入及维护等。

二、系统的业务管理功能

保理业务全流程管理的操作功能，如客户基础信息的录入与维护、额度申请信息的录入与维护、保理合同及额度文件签署的信息、应收账款转让的信息、融资申请及批复的信息、账款与融资审核及融资发放的信息、直接回款与间接回款的操作、账款催收提示与记录、保理融资款项归还、争议的处理与记录、担保付款的处理等。

三、应收账款管理的功能

应收账款分布及账龄分析、逾期账款及催收提示等。

四、额度与风险管控功能

有效及时地进行卖方、买方、合作保理商等各类额度管理,并提供超额或风险额度提示,出现问题时,能有效预警,对异常情况提示等。

五、数据记录与账务处理功能

业务操作的同时实现了业务数据的存储与记录,并且通过系统设置,能够自动簿记公司财务账务,生成各类业务及财务等报表。

六、对接外部接口的功能

当然,下述系统可能是独立系统,也可能是保理系统本身的模块。实现保理商间信息交互、国际收支申报、会计系统、风险系统、客户业务数据记录或客户业务申请等端口的对接。

综上所述,保理系统要求功能必须足够强大,能够承载各类功能。当然,系统本身也会处于不断升级完善的过程,同时要具有安全性、连续性以及拓展性的特点。

第三节　应收账款的管理

一、应收账款真实性的管理

应收账款的管理最前端是从保理商审核账款并认定其为真实有效,可以在此基础上进行融资或坏账担保开始的,账款不存在或有瑕疵,应收账款的后续管理都是从空中楼阁到亡羊补牢。所以,真实性的审核管理是大前提,也是基础。

对于贸易背景真实性的审核,应该说在传统国际贸易融资的许多产品,靠单据表面真实性审核,已经不足以证明应收账款的真实性,因为国际贸易大多时候最重要的一点是第三方单据的物权凭证的把控,而这一点对于出口赊销,尤其是国内贸易销售,就会大多情况不复存在,所以如果还是仅仅审核单据表面一致、单单相符,那么容易陷入企业造出的海市蜃楼,导致审单失灵,单据不代表物权,企业可能会造出保理商非常满意的完美单据。

所以,现在保理项下的应收账款背后的贸易背景真实性审核,保证账款真实有效合理,已经不能停留在单证表面,而要走到企业、走到现场,甚至借助科技及其他手段,洞察与验证贸易的真实性。比如,面对卖方企业拟转让给你的一笔应收账款,你需要了解,也不妨突击地到买卖方实地了解与核对,防止企业临时准备。

（1）按照之前对企业生产周期、销售与发货周期,在这个时点能够拿出这么大量的应收账款合理吗?账实相符吗?与企业账目应收账款余额匹配吗?企业有这么大的存货量予以在这段期间产生这么多应收账款的销售吗?当然,对于非生产型贸易,除了生产,其他方面以及企业的采购安排同样也要在心里做类似提问与解答。

（2）在向买方多种明察暗访的核实方式下,买方认可与卖方的交易类型、交易合同以及交易量吗,交易应付余额如何,付款情况如何,再加之检查卖方的账户回款流水,了解卖方提交的应收账款中有无实际已回款的?

（3）对于开具发票的贸易,企业的税控系统核实下来是否开具了这些发票,事后有没有注销或冲正。

（4）买卖方有无异常,提交给保理商的应收账款背后的贸易是全貌吗?有无流转腾挪的虚增贸易?票、物、款的实际流转情况与企业呈现给保理商的相符吗?

（5）保理商能够对接企业的 ERP 等各类系统来验证以及日后监控动态变化的应收账款吗?企业之前业务的账款情况如何?回款正常吗?有纠纷以及间接回款吗?定期向买方了解的情况与卖方呈现给保理商的实际情况相符吗?

以上是一些经验与技巧的提示,笔者认为贸易背景真实性的审核是一项经验,也是一门艺术,不像表面真实性审核提供的哪些单据要和哪些单据表面匹配这么教条与简单,真正的检验你对你的客户、你的客户的行业、你的客户的经营与诚信度的把握。

二、应收账款回款的管理

一般来讲,保理业务的账款管理是一项复杂而巨大的工程,因为账款多为细碎，笔数或发票张数众多，买方众多，所以需要强大的保理系统作为支持，完成靠人工会浪费大量时间的工作量：国外先进保理商已经实现的实时账款逾期情况报表；账龄分析报表（分析出逾期天数情况，各逾期段的分布情况等）；系统生成催款函、对账单；项目风险评估与额度初评（靠大数据、与客户信息对接、参数设定等多方面考量，给予项目的系统逻辑判断）等。这样，一方面不仅使得账款管理工作精准与时刻尽在掌握，另一方面更重要的是节省了大量时间与人力，并极大降低操作风险，实现实时风险预警要求，并且系统化给出项目风险值的建议。

当然，上述很多方面是建立在账款回款管理的基础上，账款管理最重要的是监控与处理应收账款的回款。对于直接回款来说，收款的记账工作一般是通过保理系统来完成的。当收到买方的付款时，账户经理会将买卖双方的编号以及收款金额输入，保理系统便会自动识别卖方与买方的账户，并作出相应的入账处理，同时对于融资款项，在回款时候也可以与客户确认进行提前偿还处理，或在封闭融资敞口的前提下，转入待还款账户等待还款。在通常情况下，回款应按照发票核销，如买方未提供发票编号，应首先冲销敞口期限最长的发票。保理公司应每周向卖方提供有关买方回款的统计表，记录买方的付款情况，供保理公司与卖方之间对账使用。

三、间接回款的处理

如果买方没有将款项直接付给保理公司或合作保理商的指定账户，而是付给了卖方，这种现象被称为间接付款。例如，买方以签发支票或者银行承兑汇票的方式向卖方支付款项，或者买方直接将货款汇入卖方的银行账户等。发生这种情况时，保理公司应要求卖方将收到的款项立即支付给保理公司，如果是票据形式的收款，卖方应将票据背书转让给保理公司或贴现后转付保理公司。一般在保理业务开展初期，由于买方的疏忽会发生，此时应提示买方注意保理业务的安排，避免这种情况的再次发生。如果叙做业务的过程中买方突然没有遵循要求或者频繁发生间接付款现象，则保理公司应注意防范买卖方勾结欺诈的风险等。

对间接付款的管理包括以下两个方面。

第一，预先采取措施尽可能地防范和避免发生间接付款。

（1）保证买方充分认知保理业务的安排：卖方提示买方转让的应收账款必须支付给保理公司方能解除债务上的法律责任。

（2）履行有效的转让通知：在每一次卖方转让应收账款的时候，都应确保卖方要向买方发出应收账款债权转让通知，告知买方采用有效的付款方式，并指明保理公司的收款账号。

（3）相关人员随时与卖方、买方保持联系，特别是在应收账款临近到期前及与客户合作初期，以便尽早得知任何不利的付款信息。

（4）随时对账，及时发现间接付款，针对大额发票和集中到期发票，必要时应提前提示买方做出资金安排。

（5）检查付款的原始凭证，确保买方直接付款，及时发现间接付款。

第二，已发生间接付款后的管理。

（1）当检查付款的原始凭证及入账凭证发现间接付款时，应考虑正常的清算时间，考察付款时间与入账时间是否吻合，及时发现卖方在收到货款后是否存在违反保理业务协议中关于发生间接付款时卖方应立刻将款项归还保理公司的规定。

（2）一旦发现间接付款现象，应督促企业将款项付至保理公司的账户内，并要求给予买方进行协调，保证今后应遵循保理公司的要求支付，不再出现类似的现象。同时，针对此行为进行深入调查，确定发生间接付款的原因。

四、保理款项的催收

（一）保理公司收款

根据保理系统提示，对于尚未到期但却即将到期以及已经到期或已经逾期未付的应收账款，及时提示买方付款，针对大额和集中到期的发票应提示买方做出还款的时间安排。

并且，督促买方将款项付至保理专户或监管账户，避免出现间接付款造成卖方挪用资金。

（二）应收账款的催收

催收一般从发票到期开始。催收方式以及催款周期往往要考虑卖方的需要，根据买方的资信情况，买卖双方的交易记录与交易关系，当地的交易习惯与行业习惯，事态的发展状况与严重程度等多种因素，对不同的买方设定不同的催款周期。此外，对买方所采用的催款态度也要充分考虑卖方客户关系管理方面的需要。即使是对于那些非常顽固的买方，究竟应当是温和的或强硬催收态度也必须顾及卖方的需求。

保理公司会事先与卖方商定方式向买方进行催收,一般的流程是:发票到期而买方仍未付款时,保理公司会向买方发出逾期发票付款提示函,列明已到期的发票内容,并使用恰当的文字表达提示买方应当及时付款。第一份催收函发出后,如果买方仍未付款,保理公司会在一定的时间后发出第二份催收函。第二份催收函所使用的文字表达会较以前有所加重,以进一步催促买方付款。除了进行书面催收外,保理公司还会根据实际业务情况,进行电话催收或必要的走访。

视案件情况,保理公司可考虑借助法律手段进行收款,这是最后的解决方式。在一般情况下,保理公司会起草一封最后的催收函,通常在指示律师采取行动之前发出。如果卖方反对采取法律行动,卖方就应当赎回已转让的应收账款并赋予保理公司保证融资安全的权利。这种权利会在保理协议中作出明确的约定。

发生间接付款或买方迟付的情况时,要对日常买卖双方的付款情况进行监控,尽早发现并处理异常情况,使问题得到妥善的解决,恰当把握催收的方式,处理好保理公司与买卖双方之间的关系,并能够使买卖双方之间所建立起来的正常的供应关系得到有效的维系,甚至是加强。

向买方催收并收款是保理业务中的一项非常重要的服务,涉及对买方的信用管理,卖方的客户关系管理等,构成企业赊销管理的一个重要组成部分。

第四节 商业纠纷的处理[①]

一、商业纠纷表现形式

商业纠纷主要指买卖双方因所交易的货物或服务,在数量或质量上有瑕疵,延迟或提前交货,货物服务单价不符合合同规定或其他约定;买方以任何理由拒绝提货,买方以卖方违反买卖双方的约定为由提出诉讼、仲裁或检验报告经裁定,系因卖方故意或过失致买方拒绝付款等。

买卖双方的商业纠纷是商业保理业务面临的一个重要的外部风险。保理商

---

① 本节部分内容参考:李书文编著,《商业保理理论与实务》,中国民主法制出版社,2014年7月。

对商业纠纷的评估不足和处理不当最终可能导致买方不能顺利付款,从而给保理商造成损失。此外,在双保理合作中,买卖方保理商对于纠纷范围赔偿范围及时点的认定也是保理商应考虑的商业纠纷所带来的业务风险之一。

《国际保理业务通用规则》指出:商业纠纷(Dispute),是指债务人拒绝接受货物或发票或提出抗辩(包括但不限于任何第三方对与应收账款有关的款项主张权利而引起的抗辩、反索、抵销)。该规定指出了商业纠纷的三种情况:一是买方拒绝接受货物;二是买方拒绝接受发票;三是买方提出抗辩,反索或抵销。在实际操作中,第三种情况最为常见也最难处理。在第三种情况中体现了买方可以行使的以下三种权利。

第一,抗辩权。我国的担保法第二十条规定,抗辩权是指债权人行使债权时,债务人根据法定事由,对抗债权人行使请求权的权利,在保理业务中,主要表现为买方依据法定理由拒绝付款,如因卖方货物质量或数量与合同约定不一致的情况。

第二,反索权。我国法律中目前还没有规定,在保理业务中,主要指的是买方因与卖方其他交易而导致的买方向卖方提出索赔的权利。

第三,抵销权。我国合同法第九十九条规定,当事人互负到期债务,该债务的标的物种类、品质相同的,任何一方可以将自己的债务与对方的债务抵销,但依照法律规定或者按照合同性质不得抵销的除外。当事人主张抵销的,应当通知对方,通知自到达对方时生效。抵销不得附条件或者附期限。在保理业务中,主要表现为买方拒绝或主张减额付款以抵扣其他交易中卖方对买方的欠款。

在保理业务中,一旦发生商业纠纷,信用风险担保业务将被暂停,下一笔融资发放一般也会暂缓或暂停。商业纠纷导致买方不付款,无论有追还是无追的保理业务,保理公司如果提供融资,都有权依照保理合同反转让应收账款或者向卖方追索回融资款项。当然,纠纷解除后且有利于卖方,保理商仍有可能重新置于信用风险担保赔付的风险中。

商业纠纷的表现形式主要体现在以下五个方面。

(1) 违反基础交易合同事宜及商业纠纷的主要原因。比如,卖方违约供货,货物质量、数量供应错误,或买方收货后认为质量不合格拒付货款。

(2) 交易条件瑕疵引发商业纠纷。基础交易合同对交易主体、验收条件、付款方式、结算周期等约定不明或存在霸王条款,极易损害对方利益,产生纠纷,导致融资款不能顺利回收。比如,间接还款、买方未收到全部货物、买方未收到出货文件、逾期交货致扣款、买方变更交易条件、买方要求额外折扣、卖方未完成交货程序、买方未通知发生折让、文件与作业瑕疵等。

（3）相关法律和政策性规定以及行业规定引发商业纠纷，买卖双方签署的基础交易合同违反相关规定，比如对"三包"政策的约定与相关规定不符，买方可能会据此以商业纠纷为由拒绝付款。

（4）行业特性决定了极易发生商业纠纷。某些特殊行业（比如工程类、海鲜蔬果类、商品寄售等）由于货物或服务本身的特殊性，不适合操作保理业务，如工程类业务涉及分期付款、新鲜蔬果易变质腐烂、商品寄售交易易产生留置对抗权，等等，这类行业会加大保理商的融资风险。

（5）买卖双方关联交易、互有其他买卖关系、互负债务或其他原因存在争议，致使买方直接对保理公司行使抗辩权或者抵销权等对抗权利。

除了上述五个方面，诸如买方内部管理混乱、中间商介入未经手实际物流导致信息不对称及效率低下、虚构交易、保理各方间的不合规转让条款和附条件条款等同样引发商业纠纷风险。

二、商业纠纷风险管理措施

应对商业纠纷风险的关键是预防及发生后的及时有效跟踪处理。

（1）授信前，保理商应该做好行业选择，找到真正适合的客户和业务，对买卖双方的主体和交易情况做全面的了解。从卖方的角度讲，保理商需要要求卖方必须严格履约，按时按质按量交货；卖方必须保证他所转让给保理商的所有应收账款都是正当的、合法有效的，债务人将不会对此提出任何争议、抗辩或反索；从买方的角度讲，应事先做好买方的资信调查，确保买方资信和财务状况良好，信誉卓著，认真负责。

（2）授信后，保理业务正式运作期间，保理商应不断核查。除了对发票中涉及的买方名称、货物名称、金额、期限等细节关注外，还应该对交易的发货、物流、收货等细节单据和确认函进行检查，关注交易双方的验收方式和争议解决方式。一旦发生了商业纠纷，保理商应设法在合理期限内从速妥善解决。如果是卖方自身责任导致的履约瑕疵或商业纠纷，则卖方应积极补救、妥善处理，将风险降低到最低程度。如果是买方故意引发人为商业纠纷，则应该积极交涉，查明真相，让买方的非法企图无法得逞。

为了预防商业纠纷风险的发生，主要从以下几个方面进行防控：审核买卖双方的关系,尽量避免为关联公司、会有交易的公司叙做业务;对于经常出现发票冲销或贷项清单的卖方,要了解原因,严加防范;设立专门的回款账户,加强对买方的催收;对于经常主动还款的卖方,要了解原因,严加防范;对发货单、物流单、收货单、质检报告、发票等能证明交易真实性的单据严加核查,遇到矛盾和瑕疵点,要调查清楚。

 复习思考题

1. 你喜欢什么样的企业文化,你认为对于保理公司来说,应该塑造什么样的企业文化,管理者应该起到何种作用?

2. 对于欺诈风险与商业纠纷风险,你认为哪个更严重,为什么?各自风险防范有何异同?

3. 保理公司与银行相比,在组织结构搭建上应有哪些不同;在风险和市场部门的搭建上,保理公司采用何种结构运作才更合理更高效?

4. 有人说,应收账款的全流程管理代表了保理业务,你如何理解?

5. 有一种声音说,从应收账款的管理角度来说,中国实务中就基本没有真正的保理业务,你如何理解这句话?

第八章

保理商融资与流动性管理

本章概要

1. 在明确保理商融资必要性的基础上阐述其融资模式。
2. 强调保理商流动性管理的重要性并概括其管理的内容与原则。

第一节 保理商融资的必要性

保理公司的核心盈利模式，简单来讲，就是管理与处理应收账款这项生息资产，赚取应收账款管理、催收和信用风险担保的手续费以及保理融资或应收账款买卖的利息收入。而且，一般来说大多保理商面对的客户，尤其在现阶段的中国大陆，都会希望保理商提供保理融资这项服务，融资就需要资金；总体来说，保理是一项资金密集型的业务，商业保理公司是类似金融机构的商业企业，进行资金融通与管理是保理经营非常重要的日常动作。

融资意味着使用杠杆，一般来讲，根据监管要求，保理公司可以承载自身净资产/资本金10倍的风险资产。所以，如果保理公司对于项目风险把控足够健全与优良，并且计提了充分的坏账准备金，那么无论是对自己股东或是公司员工来说，没有理由不交上满意的业绩答卷：用足杠杆！这样才能保证资源最大化利用，获得最大化业务收益，当然这一切是在控风险的前提下。所以，向外部融资，向股东筹资,这是赚取保理金融价差的第一步。

第二节 保理商融资的模式

保理商的融资可分为直接融资和间接融资。

直接融资是指没有金融中介机构介入,资金供求双方通过一定的金融工具直接形成债权债务关系的资金融通方式。具体来讲,保理商可凭借信用以股票、债券、向其他企业或个人借款等形式直接筹集资金。

间接融资与直接融资相对应,是指通过金融中介机构进行资金融通的方式。具体来讲,是拥有暂时闲置货币资金的单位通过存款的形式,或者购买银行、信托、保险等金融机构发行的有价证券,将其暂时闲置的资金先行提供给这些金融中介机构,然后再由这些金融机构以贷款、贴现等形式,或通过购买需要资金的单位发行的有价证券,把资金提供给这些单位使用,从而实现资金融通的过程。保理商的间接融资主要是指向银行借款。

对于保理公司来说,仅凭自有资金或注册资本金以及自身盈利的资金量,支撑的往往是处于发展最初期的公司状态,随着业务量增加,营运规模扩大,保理公司涉及各类直接融资及间接融资是一种常态,一家健康的资信较好的保理公司,能够拥有多来源、较快捷的融资渠道与便利是非常必要的,这也是保理公司财务稳健、信誉良好的重要体现。

从监管部门的规定来看,商业保理公司的资金主要来源途径可为:(1)公司注册资本金;(2)银行借款;(3)发行债券;(4)非银行金融机构借款;(5)股东借款;(6)再保理融资;(7)其他合法合规的融资方式。

一、间接融资模式

各地商业保理办法中都明令禁止商业保理公司使用吸收存款的方式获得资金。银行作为吸收存款的金融机构,向社会各类主体提供短期及中长期借款是非常常见的方式,这也是商业保理公司最主要的、最节约成本的融资方式之一。目前主要有以下三种银行融资方式。

(一)银行直接对保理公司授信融资

银行对商业保理公司基本情况、资本及盈利情况、股东背景、担保情况、偿债能力等财务、营运等情况进行分析,加上对保理公司保理项目情况、应收账款基本情况、买卖方资信、行业、交易情况、贸易结算及历史往来付款记录情况等,进行考察,给予商业保理公司授信及融资。一般来讲,大多银行对于保理公司因为当做一般商业企业考量,而非特殊的类金融机构来看待,因此在内部评级与授信时,很难给出较满意的额度结果。这也就导致了股东背景好,资质强,注册资本金大的保理公司往往营运资金充裕,直接融资或股东投入较大,没有过强烈的银行融资需求,而一些银行审慎介入的中小保理公司,往往难以以满意的价格和额度从银行获取融资。

(二) 再保理合作方式

银行充当商业保理公司的再保理商,不仅仅考量保理公司自身的资质,而是重点考量保理公司带给银行的应收账款质量以及银行所能锁定买卖方资质与承诺的程度,通过保理公司受让优良的应收账款资产,从而向保理公司提供再保理融资,这对于银行的传统授信理念来说是重要的突破与进步,通过实际绑定保理公司及保理公司的保理项目双重保险,来核定出满意的保理额度。

在具体形式上,可以为单笔融资模式,也可进行池融资模式,即保理公司通过循环不断的转入银行认可的合格应收账款,以支撑长期限的融资,将琐碎的账款变为完整融资。

(三) 银行作为平台的居间模式

此模式实际为直接融资模式,银行起到中间平台与搭桥的作用,即银行利用自身网络与结算平台优势,搭建银行与保理商之间、保理商相互间的合作桥梁,而非直接作为融资给予人。银行通过向商业保理公司开放强大的保理操作系统、提供资金收付与结算保障支持、建立项目库、撮合再保理及双保理合作等。当然,银行还可以选择性地针对平台上某些应收账款给予银行借款。

二、直接融资模式

(一) 股东借款或委托贷款

股东借款对于股东实力较强的保理公司是一个重要的资金渠道。除了股东投入保理公司的资本金外,有实力的股东可以通过直接股东借款、委托贷款、购买资管及信托计划等方式向保理公司提供低成本的资金,保证保理公司业务发展所需资金。

保理公司直接向股东借款比较简单,与股东签订借款合同,约定借款金额、期限、用途、利息等,借到的资金可以直接用于保理业务所需资金,资金运用限制较少。向股东直接借款时,保理公司要注意法律规定,财务处理以及税务处理的要求,合法合规地进行股东借款。

委托贷款是指由委托人提供合法来源的资金,委托业务银行根据委托人确定的贷款对象、金额、期限、利率等代为发放、监管使用并协助收回的贷款业务。保理公司股东可以委托银行、信托公司等金融机构向保理公司进行委托贷款。与股东直接借款相比,操作更为规范,能够满足对财务规范性要求较高的股东单位,如上市公司、国有企业等,但缺点是银行或信托公司会收取一部分管理费用,使保理公司的融资成本有所提高。

通过定向资管或信托计划让股东融资主要是满足股东企业的财务或投资的监管要求。

(二)保理公司间再保理或双保理融资

商业保理公司同业之间也可以通过再保理或双保理的方式进行保理公司之间的融资,操作模式与商业保理与银行之间的再保理和双保理较为相似,且相较之下更为灵活。再保理是保理公司间资产转卖一个非常典型的方式,当然其与票据的再流通有一定的区别,因为对于前手保理公司在转让时予以的责任和承诺绑定程度,应收账款资产本身质量的公正或公允价值的衡量,都对于转让本身起着决定性影响,也正因为此,保理公司间的应收账款转让无法达到票据流通的标准化和普遍化,目前保理公司间还多是两两具体项目的特定化和定向化的约定,以明确双方权责利。当然,业界也在搭建平台,以一些具体流转方式,如加入银行作为参与方等,让应收账款的流转具有某种特性而便于趋向标准化的转卖流通。

(三)资管计划、信托计划融资

资管计划是获得监管机构批准的公募基金管理公司或证券公司,向特定客户募集资金或者接受特定客户财产委托担任资产管理人,由托管机构担任资产托管人,为资产委托人的利益,运用托管财产进行投资的一种标准化金融产品。

近几年国内资管、信托产品发展迅速,已经成为众多资产和项目的融资渠道。商业保理公司承做的应收账款融资业务或未融资的原始应收账款是非常合适对接资管计划和信托计划的一类资产,保理公司与资管公司、券商子公司、基金子公司合作发行应收账款资产收益权资管计划、与信托公司合作发行信托计划也日益普遍。

（四）资产证券化融资

资产证券化是指将缺乏即期流动性，但具有可预期的、稳定的未来现金收入流的资产进行组合和信用增级，并依托该资产或资产组的未来现金流在金融市场上发行可以流通的有价证券的结构性融资活动。资产证券化是一种结构性的金融产品，是金融脱媒趋势中最重要的金融产品。

保理资产证券化，是将保理公司手中从各个卖方手中受让的应收账款集中起来，形成一个应收账款的资产池，然后对这些资产进行信用增级，让他们转变成可在金融市场上流通和出售的证券。

目前这类融资方式正处于积极探索尝试中，适合做资产证券化的往往是买家为大型国有、上市公司或大型民营企业集团的应收账款，因为投资者对这类账款的质量认可度较高；另外，资产证券化过程中需要证券公司（基金子公司）、会计师事务所、律师事务所、评级公司等机构的配合，中间成本不低，因此资产规模要至少在一两个亿元以上。

（五）金融资产所转让交易融资

目前国内各地正在探索金融资产转让交易平台的发展，其中北京金融资产交易所、陆金所和重庆金融资产交易所最为活跃，保理公司可以依托金融资产交易所开展金融资产转让或应收账款资产收益权转让进行融资。比如，国内已有航空机票应收账款收益权在金融资产交易所转让发行的成功案例。

（六）其他融资方式

随着国内互联网金融热潮的兴起，通过互联网金融平台进行应收账款转让或发行应收账款收益权产品越来越受到保理公司的青睐，其优点是融资速度快、要求较为灵活，缺点是融资成本高、单笔融资额度较小等。时下，P2P、O2O等模式成为热门方式。所谓保理公司与P2P网贷平台的合作模式主要是：企业将应收账款转让给保理公司，形成保理资产后收益权再通过互联网金融平台向投资者出售，到期后保理公司负责回购。保理公司业务核心是对已发生贸易的真实性进行确认。所谓O2O主要是：线上线下一体化交叉融合模式，让互联网无可比拟的线上平台、技术先进，体验良好的支付系统以及海量大数据，与线下庞大应收账款债权对接互补。

监管机构允许保理公司发行债券进行直接融资，但是目前国内商业保理公司基本都是近两年成立的，还是一个新兴事物，债券发行机构尚未针对保理公司发行公司债券进行规范，很多问题保理公司无法满足发行债券的要求，如信用评级等，所以商业保理公司发行公司债券进行直接融资值得深入探索。

另外，监管机构允许保理公司借用短期外债和中长期外债，目前深圳前海、上海自贸区已经开始运作保理公司运用外债的模式进行融资。

第三节 保理商流动性管理的重要性

流动性指资产能够以一个合理的价格顺利变现的能力，它是一种所投资的时间尺度（卖出它所需多长时间）和价格尺度（与公平市场价格相比的折扣）之间的关系。对于保理公司这种类金融机构来说，流动性包括保理资产或应收账款资产变现或再流通的能力，也包括保理公司整个营运状态中所体现出的对外支付和偿还能力。

资金流动性管理是保理公司管理的核心，是保理公司的现金头寸及其他资产转化成可即时支配使用的资金，并且不造成任何资源损失的能力。因此，对保理公司的流动性及现金净额作细致衡量和持续监控，可以确保保理公司有足够的资金来源支付业务所需资金，并且利用可预见的业务机会获得更大收益。

保理商流动性管理可谓与保理商融资同等重要，两者并行相生。试想，一味地融资，但是收进来的钱（保理公司各类期限借款等）到期日和放出去的钱（保理资产融资等回款）到期日无法匹配，那么资金周转就会出现问题，这与任何企业资金流动性出现问题一样的可怕与重要。一个优秀的财务总监，一个优质的保理公司，能够让自己的血液（资金）健康地流动起来，是非常重要的必修课，流动性管理是一项大工程，又是一门风险与管理的艺术，直接关乎企业的命脉。这其中有资金筹措与安排的技术，有项目融资是否能及时回收且如果不能回收，面临到期向外兑付等如何应急处理，等等方方面面的流动性安排。

第四节 保理商流动性管理的内容

保理公司的流动性体现在资产和负债两个方面。保理公司的主要资产分为现金类资产（包括现金、银行存款、其他货币资金等能够快速变现的资产）、理财类资产（包括国债、银行理财等）、受让客户的应收账款等三类，流动性依次降低。

保理公司的负债主要来自融资,包括银行短期借款、银行长期借款、股东借款、其他方式借款或应付款等。资产与负债从期限、风险、利率、变现速度、能力等方面的匹配和相互作用构成了流动性管理的主要内容。

一般来说,保理公司在日常流动性管理中,大致应把握以下原则。

(一) 杠杆及风险资产管理

保理公司是类金融的商业模式,充分发挥杠杆的作用才能不断扩大业务规模。根据规定,商业保理公司的风险资产不得超过公司净资产的10倍。风险资产(含担保余额)按企业的总资产减去现金、银行存款、国债后的剩余资产总额确定。除了一般企业的流动性管理要求外,风险资产限制的规定要求保理公司必须能够保持足够的流动性来满足保理业务发展所需要的资金,这样当风险资产超过监管要求时,需要保理公司保持资产的足够流动性以消除资产规模,满足监管要求。

(二) 注册资本金充当流动性管理的缓冲垫

通常保理公司的注册资本金最好不用于具体的保理业务的资金出账,而是作为公司流动性管理的缓冲垫。当然,这一方面取决于保理公司业务规模有多大,一般资本金雄厚,且业务处于发展初期,保证资本金一定的利用率,防止资金闲置也是非常必要的,所以留出一定的缓冲在于整体运营状况决定的预留尺度。预留资金通常用于应急等情况,比如业务到期时,买方出现严重的延迟付款、恶意拖欠、卖方无法及时归还保理融资等情况,保理公司则可使用注册资金或自有资金先行将金融机构或其他金融机构融资进行偿还,之后向卖方或买方进行追偿,起到过桥保障的作用。

(三) 保理公司进行融资时要与具体业务对期限的要求一致

保理公司在进行融资时,一定要和具体业务的具体期限要求一致,特别是对于保理公司直接获得银行的综合授信、流动资金贷款时,由于这些都有具体的到期日,保理公司在进行操作具体业务时,特别要注意期限不要错配,不能用短期资金进行长期使用,陡然增加流动性风险。

(四) 建立损失准备计提制度

在保理业务实践中,应该比照银行系的巴塞尔监管协议,要建立风险资产减值准备的计提,比如从每笔业务盈利中提取3%左右的风险备付金,用于保理公司的流动性管理使用,可以在出现流动性危机时立即使用。

目前,我国还没有专门针对商业保理公司的风险备付金或准备金的监管办法和税收抵扣办法,但对于审慎管理的保理公司来说,这一举措无疑是具有重要意义和作用的。

另外,值得一提的是,一方面保理公司要注重风险资本的计提理念,另一方面也应该开动脑筋,积极努力叙做风险度相对较小、从而资本损耗低的业务,比如一定程度的腾挪出应收账款资产,降低对资本的占用。

(五) 对流动性进行量化度量

不只是流动性管理,保理公司业务达到一定规模之后,要建立科学完备的财务体系与衡量方法,对流动性等重要财务指标进行量化分析与管理,使用现有的流动性管理模型对保理公司的流动性进行相对准确的度量,比如参考巴塞尔协议对银行的流动性测量等,必要时应建立系统自动化管理与监控,做到实施准确的跟踪。

(六) 保持多渠道的融资便利

保理公司的相关人员,尤其是财务人员,应该熟知保理业务所面临的流动性问题,并高度关注市场上各类融资渠道、融资要求、价格与期限要求、资金提用的准备时间与拨付时间,以较好地预测与管理流动性,保证在公司需要注入流动性时,能够及时有效,并以最低廉的资金成本运用到位。

复习思考题

1. 保理公司为什么需要进行融资及流动性管理?要点是什么?
2. 保理公司应该打造多元化的融资渠道吗?这对保理公司的经营有何意义?
3. 如何理解保理公司的流动性管理不只是财务部的事情,是全公司人员共同参与贡献的结果?
4. 你认为,保理公司与银行相比,融资渠道的结构有哪些不同?
5. 对于保理公司而言,保理资产的出表是把双刃剑,你如何把握?

第九章

国际双保理业务的办理

本章概要
1. 明确加入国际保理组织的相关事项。
2. 阐释保理商互保协议及相关的国际保理仲裁规则与通用规则。
3. 阐述合作保理商的评估与选择步骤。

第一节 国际保理组织的加入[①]

目前办理跨国双保理业务,一般需要两家在贸易双方所在区域或业务可以覆盖的区域的保理商进行合作,由两家保理商共同合作服务于跨国贸易的两方。这样也就涉及保理商间合作的机制。目前,国际上主要有国际保理商联合会(FCI)和国际保理商组织(IFG)两大历史悠久、享誉国际的权威国际保理组织。目前中国的银行保理商基本加入 FCI 组织,与其他国家保理商开展双保理业务。

这两家国际组织的宗旨是促进保理业务在全球范围内的竞争与发展,为会员提供国际保理业务的统一标准、规章制度以及人员的业务培训,并负责会员间的组织协调,以提高保理业务的服务水平,更是开展双向国际保理业务的枢纽。

---

① 参照 FCI 相关介绍及规定。

并且,FCI 和 IFG 已经开始着手处理两家国际组织合并的事宜,以期 2016 年完成合并所涉及的所有工作,这必将扩张全球的保理商网络搭建与大平台的组合。

保理组织帮助其成员在国际贸易金融服务中取得以下优势:它作为全球一流保理公司的国际网络,凭借现代又有效的交流系统,使得成员可以在低成本下开展业务合作;它提供一个可以信赖的保护进口(保理)商和出口(保理)商的法律框架体系;它致力于制定和维持保理商的恒久服务质量的标准程序以及发展专业水平的培训机制和内容;它致力于定位和推动国际保理成为贸易金融的优先手段。

一、会员制

FCI 目前分为正式会员、准会员和隶属会员(affiliate),这些会员均有资格参加 FCI 的会员大会。其中,隶属会员可以是由准会员依据法律变更为隶属会员的,或是将来有意向成为 FCI 准会员的,经 FCI 执行委员会认可的机构。从会员类型来看,对于新加入 FCI 组织的会员必须先是准会员;在成为准会员之后的第三年年满前,会员在满足推荐人推荐、业务规模达标等条件后,经过决议投票等环节可申请成为正式会员。

二、会员申请

(1) 所有的会员申请资料必须通过书面形式由秘书长递交国际保理商联合会主席。

(2) 所有申请加入会员的机构必须遵守国际保理商联合会公约及其各项法规:遵守国际保理商联合会公约及其各项法规、《国际保理通用规则》(GRIF)、《国际保理仲裁规则》(Rule of Arbitration)、《国际保理电子数据交互规则》(Edifactoring.com Rules)等规定。会员按照协会的流程进行申请与审议,按规定支付委员会规定的各种费用包括入会费,配合 FCI 的所有市场调研与问答,并遵守各国法律,包括与洗钱及机构经营业务所在地的相关的各种规则。

三、会员资格

一般来说,会员必须是具有一定知名度的企业或是提供保理服务的银行分支机构和财务公司;会员须按规定定期向 FCI 秘书处提供最近一年的财务报表,且财务报表必须用英文撰写且有独立的具备资质的审计师审计签名。

第二节 保理商互保协议

一般来说,即便双方保理商均不隶属于任何保理组织,他们在开展国际双保理业务前也会签署合作协议,这里称为保理商互保协议。本章节举例,以合作双方一方或者双方均为FCI会员的前提下,双方即可签署FCI协会给予的标准版本或进行补充协议的签订,来规范两个保理商的职责范围以及适用规则,具体内容要点表现如下。

协议双方可以互为进口保理商,进口保理商可对货物/服务贸易中的买方所在国提供服务。协议双方同意遵守国际保理商联合会定期发布的各种条例,比如《国际保理通用规则》《国际保理电子数据交互规则》《国际保理仲裁规则》等;作为进口保理商,协议的任意一方所提供的服务是向对方所指定的卖方提供的。协议双方需就各个卖方的手续费率和其他补偿双方达成一致;协议的任意一方不得从事协议另一方所提供的服务。但是,任意一方可以从事该进口国其他保理商的服务;协议起始日为协议第一条填写的日期,如要终止协议,双方应提前某些天书面通知对方,并且协议的终止对已发生的业务并不产生影响。另外,协议最后强调,对于所有在签署协议日之后的转让,均默认所有协议双方关于《国际保理通用规则》第三条所定义的应收账款中所达成的一致,包括在签订此协议前的所有协议、保证、陈述与承诺。

在保理涉及的法律体系中,国际统一私法协会《国际保理公约》《联合国国际贸易中应收款转让公约》在法律层级上均属国际公约,而《国际保理通用规则》可视为国际惯例。在国际保理中,须关注这些法律规范对业务的约束和影响,并以适当的方式适用。

此外,《国际保理通用规则》适用于进出口保理商之间的交易。但是,在出口保理商与出口商之间则有所不同,出口商并非国际保理相关组织的成员,出口保理商与出口商之间的合同属国内合同,《国际保理通用规则》作为一种国际惯例,并不一定适用国内当事人之间。一旦产生纠纷,可能因此引起出口商的抗辩并引发出口保理商的法律风险。

为防范上述问题,出口保理商应注意:一方面,在出口保理商与进口保理商签订《保理商互保协议》时,由于《国际保理通用规则》规定,当出口保理商与进口保理商之间的书面协议在某方面与《国际保理通用规则》条款不一致时，协议规定优先于《国际保理通用规则》。鉴于《国际保理通用规则》总体上对于进口保理商更有利，作为出口保理商而言，可以考虑在互保协议中加入一些更有利于本方的条件或排除一些《国际保理通用规则》中对出口保理商不利的条款。另一方面，在出口保理商与出口商签订的《出口保理合同》中明确约定，出口商也应遵循《国际保理通用规则》，以便使出口保理商与进口保理商之间的《保理商互保协议》与出口保理商与出口商之间的《出口保理合同》能有机衔接。

第三节　国际保理仲裁规则

　　由于国际保理业务涉及至少两个国家或地区，特别是进出口保理商之间《保理商互保协议》将涉及选择适用法律的问题，而由于保理业务的专业性，其争议解决方式的选择也与一般合同有所不同。若适用法律或争议解决选择不当，将为保理商带来争议解决上的风险。若双方均为FCI会员且在《保理商互保协议》中明确适用《国际保理通用规则》，则因《国际保理通用规则》明确规定进出口保理商争议均应按FCI《国际保理仲裁规则》解决，加之专业性的考虑。所以，提倡的解决方式是提交FCI通过其FCI的仲裁规则予以仲裁裁决。

　　《国际保理仲裁规则》为会员在保理业务运作中出现矛盾、争端时提供解决依据。仲裁规则中规定，国际保理商联合会的成员们对其互相委办的保理业务中不能协商解决的争端，应提交国际保理商联合会仲裁。并且，仲裁裁决将是终局性的和具有约束力的。将争议提交国际保理商联合会仲裁，各当事人应被视为已经承诺将无迟误地执行仲裁结果并且在能够做出地范围内放弃了进行任何形式诉讼的权利。

　　对于仲裁员的选择规定，国际保理商联合会执行委员会并不亲自解决争议，如有需要它将根据规定指定一个或三个仲裁员做出仲裁。希望采用国际保理商联合会仲裁方式解决争议的一方当事人应向国际保理商联合会秘书处提交他的仲裁申请。关于仲裁地点，除非当事人之间另有约定，仲裁地点应由仲裁员确定，并以仲裁员和各当事人总的旅费开支降到最低限度的地点为原则。在继续案件审查准备之前，仲裁员应根据当时可利用的资料，或在当事人面前根据其最近提交的材料，起草一份说明他的审查事项的文件，文件内容包括各当事人的地址、当事人各自的陈述、有待确定的争议定性、仲裁员信息、仲裁地点、适用程序规则的细节等内容。

《国际保理仲裁规则》还对仲裁相关的其他未尽事项作了约定，因此，国际认可的正式的保理仲裁程序针对进口保理商和出口保理商之间的问题摩擦，可提供专业解决方案。尽管如此，基于会员国之间的紧密联系，大多数冲突都通过和平友善的方式来解决的。

第四节　国际保理通用规则

国际保理商联合会所制定的各项制度文件中，最为基本和最重要的规则应该算是《国际保理通用规则》（GRIF）。为适应国际保理业务实践中的发展和新情况，国际保理商联合会在近几年的理事会上均或多或少地对 GRIF 进行了修订。这保证了通则的实用性和生命力。并且，FCI 正联合国际商会权威平台，将 GRIF 完善升级为 URIF，以让国际通则具有更高的效力和更完善的规定。

目前 GRIF 重点条款解析如下。

"第 4 条　通用语言"（Article 4　Common language）规定了进口保理商和出口保理商之间的通讯语言为英语。如所提供的信息为其他语言，则必须附英文翻译，否则造成歧义，导致其中任何一方由于语言表述歧义的问题，带来的权益受损。

"第 5 条　期限"（Article 5　Time limits）除非另有规定，本规则所指期限均为公历日。如某期限到期日为进、出口保理商的非工作日或任何公布的公众假日，则该期限到期日应顺延至有关保理商的下一个工作日。

"第 6 条　书面形式"（Article 6　Writing）指任何可永久记录通讯信息、并在记录之后随时都可以予以复制并使用的形式。如书面信息需要签署，经该书面信息当事方同意，只要该书面信息能确定其创建方身份且表明该创建方已认可其内容，则该前述要求即为满足。

"第 7 条　与本规则有所抵触的协议"（Article 7　Deviating agreements）中提到，当出口保理商与进口保理商之间的书面协议在某方面与本《国际保理通用规则》发生抵触、不符合或超出国际保理通用规则条款的范围时，该协议将在该方面优先于并取代通则中相关的任何不同或相反的条件、条款或规定，但在其他所有方面，该协议仍应从属通则并视为本规则的组成部分。

"第13条　转让的有效性"（Article 13　Validity of assignment）规定了在应收账款转让通知的动作中，进/出口保理商的义务及规定，保证其转让的有效性。特别值得注意的是，在间接付款即进口商直接付款给出口商的情况下，进口保理商应书面告知进口商将来所承担的法律风险，即如果其继续间接付款给出口商，则存在发生付款无效等风险；同时，本条指出转让字句加盖的重要性，通知转让应使用挂号信等要素。

"第14条　与应收账款相关的文件"（Article 14　Documentation relating to receivables）中规定进口保理商应毫无延误地收到与转让给他的任何账款相关的发票及贷项清单细节，且发票细节的收到日最迟不得超过账款到期日，账款的到日期指销售合同中特别约定的账款付款到期日。

"第17条　核准与申请核准"（Article 17　Approvals and requests for approvals）中规定出口保理商请求进口保理商承担信用风险的申请可以是要求核准单比订单额度或核准信用额度，该申请必须是书面的，并包含所有进口保理商评估信用风险所需的必要信息以及正常的付款条件信息。进口保理商必须毫无延误且最迟不超过收到申请后10天内书面通知出口保理商其决定。应收账款所有的核准都以应收账款的付款条件与凭以核准应收账款的相关信息中所述的付款条件一致为基础（允许不超过100％或45天的偶尔变更，以期限短者为准），但是，如果进口保理商在核准信用额度时规定了其所能接受的最长付款期限，则任何变更都不能超过这一期限。

"第25条　应收账款的禁止转让"（Article 25　Prohibitions against assignments）规定对产生自含有禁止转让条款的销售或服务合同的任何受核准账款，进口保理商只有在债务人正式破产或做出破产的一般声明或承认破产时才履行担保付款的责任，但进口保理商此担保付款在任何情况下不应早于有关销售或服务合同规定的付款到期日后第90天。在进口保理商进行担保付款后，进口保理商将成为唯一能以供应商名义对债务人的破产财产主张权利的人。值得注意的是，原则上在我们操作国内单/双保理时，若买卖双方签署的销售或服务合同中出现禁止转让条款的，该应收账款将不被视为合格应收账款，因此将不被担保保理商核准。

"第27条　争议"（Article 27　Dispute）规定了争议通知的处理程序、通知的效力、保理商的职责、诉诸法律与协商解决，以及担保付款与诉讼费用承担等事项。商业纠纷是指债务人拒绝接受货物或发票或提出抗辩(包括但不限于任何第三方对与应收账款有关的款项主张权利而引起的抗辩)、反索、抵销。该规定指出来商业纠纷的三种情况：一是买方拒绝接受货物；二是买方拒绝接受发票；三是买方提出抗辩、反索或抵销。在实际操作中，一旦争议发生，保理商应尽早发现争议，尽快解决问题；并且保理商要确保信息的及时传递，全力协助解决争议。争议通知时FCI争议处理程序的起点，一般情况下，争议通知由买方保理商提出，但也不排除卖方率先将争议情况告知卖方保理商的情况，因此一旦得知争议发生，买方保理商或卖方保理商应立即向对方发送争议通知，该通知中应包含其所了解的有关账款及争议性质的一切细节与信息。在卖方收到争议通知后，已核准账款将被暂时视为未受核准，第27条中规定，如在争议所涉及发票到期日后90天内收到争议通知，买方保理商不应被要求对买方由于这种争议而拒付的款项进行担保付款。如买方保理商已作出担保付款但在发票到期日后180天内收到争议通知，买方保理商应有权索回由于争议而被买方拒付的金额。卖方保理商将负责解决争议，并持续努力确保争议尽快得到解决，同时，买方保理商应配合并帮助卖方保理商解决争议。从卖方收到争议通知后，协商解决与诉诸法律的争议解决期限分别为180天和3年。若在期限内争议解决没有结果，则买方保理商将不再承担任何风险，然后，如果在上述期限内，买方正式破产或作出破产的一般声明或承认破产，买方保理商将一直承担风险，直至争议得到解决。若争议解决结果完全有利于买方，则买方保理商脱离风险，不承担担保付款责任；若部分有利于卖方，则买方保理商应以争议解决结果为限，承担部分风险；若完全有利于卖方，则买方保理商应视争议涉及的应收账款为受核准账款。若争议解决结果所规定的付款日后的第14天迟于原担保付款的付款日，则买方保理商应在解决结果所规定的付款日后的14天内做担保付款。对于诉讼费用的承担规定，如争议的解决完全有利于卖方，所有相关费用均由买方保理商承担，在任何其他情况下，费用均由卖方保理商承担。

第五节 国际保理电子数据交互平台

在国际保理业务中，往往需要出口保理商与进口保理商共同合作完成一笔交易，为此保理商之间须通过电子交易平台实现业务合作。作为大型的国际保理商组织一般会搭建统一的电子数据交换平台为其成员单位之间进行业务往来，edifactoring.com 是 FCI 成员电子数据交流使用的网站。作为 FCI 最新的电子数据交流系统，edifactoring.com 对所有商用信息和报告使用 XML 标准，用于 FCI 内部成员间开展双保理业务。

edifactoring.com 是一个运营多个联合会服务器的、有集成报告和处理能力的、信息快速辐射和传递的在线系统。作为一个真正的基于网络的系统，它是一个独立的平台并真正支持无限数量的客户即时登陆。edifactoring.com 对联合会会员完全免费并且不需要安装任何应用软件，操作 edifactoring.com 所需要的，只是一个浏览器而已。edifactoring.com 同样支持成员之间的瞬时、频繁的信息交换。它不需要注册，所有传入的信息被计入电脑并使信息的准确率大大提高，所以联合会成员有能力保持和扩大他们的市场份额，而且减少管理的费用使他们变得更具竞争力。

作为 FCI 的内部成员在使用 edifactoring.com 系统时应遵循用户手册（edifactoring.com Rules）的规定：所有 EDI 报文的发送应通过 edifactoring.com 系统来发送，以送达接受者邮箱为准，"报文审计跟踪报告"将记录每条报文的发送确认信息，发送报文方须每个工作日通过查看"报文审计跟踪报告"来确认报文均准时无误的送达接受者邮箱。报文的内容将被视为严格保密的并不可向第三人或其他公共领域公开的信息。用户手册对账款的转让、反转让、确认转让等操作规范都有详细的规定。

利用 edifactoring.com，成员之间确实改善了对客户的服务质量，它的作用不局限于保理商和联合会成员，它还为其他保理商和客户提供了信息来源。随着科技的进步以及互联网的发展，客户对保理商提供服务的电子化需求越来越高，为此保理商已将电子系统建设作为开办保理业务的前提条件，并且在不断优化改进各自的保理系统，通过不断提供电子化水平提升其服务水平以提高竞争力。

第六节　合作保理商的评估与选择

在保理业务运作过程中，特别是国际双保理业务中，由于买卖双方在不同的国家或地区，出于语言、法律环境等因素考虑，以及风险转移的要求，保理商一般会选择另外一家保理商共同合作完成保理服务,这种双保理运作模式在国际保理业务中十分普遍;为出口商提供保理服务的出口保理商会在进口商所在国寻找一家保理商作为进口保理商,为进口商提供坏账担保以及提供账款催收服务,共同完成保理服务。国际双保理业务运作成功绝大部分取决于是否能够选择合适的进口保理商,因此在开办国际双保理业务前须选择良好的进口保理商作为合作伙伴。

基于我国目前国际保理业务以出口为主的发展现状,选择合作保理商主要着重在进口保理商的职能方面。境外的进口保理商有银行和非银行两种选择:我国银行保理商对于银行类进口保理商,通常将其授信额度占用代理行授信额度,并纳入代理行的授信统一管理。对于非银行的保理商的授信,(无论哪一类出口保理商)为其核定授信额度时,它必须具备的基本条件是:

(1) 该机构首先必须具有独立法人资格和营业资质条件。

(2) 该机构财务稳健,资信状况良好。

(3) 已与国内保理商签订了《保理商互保协议》,愿意而且能够提供进口保理业务服务,且进口保理服务质量较好。对于进口保理服务质量评价,可参考FCI年度进口保理服务评比结果。在保理商的选择和额度核定工作中,对进口保理商口碑的考核甚至比财务指标考核还要重要。这既保障了保理商之间沟通的效率,信息传递的有效性以及担保付款的诚信度,同时也是经营实力的体现。

(4) 所在国家或地区政局稳定、经济社会运行平稳。境外保理商所在国家或地区发生金融危机,甚至出现政治动荡或军事冲突,或保理商又进行了重大机构调整,或者出现严重经营风险,或者与其国内保理商发生重大业务纠纷,均会影响到保理商的支付能力和合作意愿,这种情况下应加强对该国政治、经济、社会形势以及合作保理商营运情况的密切关注,必要时可根据形势变化调减授信额度。除了以上四点是进口保理商必须具备的基本条件外,一个好的进口保理商还应具备以下五个特点:

(1) 能够快速而准确地评估买方的信用状况;

(2) 能够快速催收账款,并与买方保持良好关系;

(3) 能够将款项迅速汇出,并提供充分的信息使出口保理商可以很容易地对款项进行分配;

(4) 有足够的资金实力履行义务;

(5) 有能力防止或尽量减少问题和风险。

综合以上的介绍,具体选择符合条件的优质进口保理商的五个步骤如下。

(1) 了解保理商信息。出口保理商应该在开始保理业务前,首先在每个进口商所在国家选择一到两家合作保理商。FCI 在大部分国家都有成员单位。作为 FCI 的成员可通过 FCI 的成员名单获得各国保理商名单和基本信息,并通过进口保理商信息表(Import Factor Information Sheet,简称 IFIS)获得更多的保理商信息。

(2) 实地拜访。虽然需要花费成本,但这是对进口保理商进行深入了解的最好的方式。通过对保理商的拜访,可了解进口保理商如何进行管理。通过与进口保理商的人员沟通可了解该公司的运作是否专业。

(3) 外部评价。参考外部评级机构的评级信息。对于一些银行性质的保理商或大金融财团作为保理商可参考标普、惠誉等权威评级机构的评级。FCI 也会对其成员的保理商进行评价,每年会评选最优出口保理商、进口保理商以及进出口保理商,并对所有成员进行打分排名。此外,还可参考服务质量统计数据等信息。

(4) 财务报表分析。作为合作保理商评价,保理商自身的财务报表分析也是一个很重要的方面,一般应该对保理商的经审计的三年财务报表进行分析。

(5) 同业咨询。经由以上的程序对评估的进口保理商有一定了解后,选择本国以及其他国家与进口保理商有业务往来的同业进行咨询,具体了解整体业务配合中的专业性、服务效率,尤其是协助解决商业纠纷及担保赔付等方面的表现。同业的咨询通常是及时和现实的结果反映,在选择进口保理商的过程中是非常重要的环节。

出口保理商选定了合适的进口保理商开展业务合作前,会与进口保理商签订前述的《保理商互保协议》,规定各方的权利义务。

复习思考题

1. 保理商为何要加入国际保理组织?
2. 你认为国际保理商联合会的准入门槛是高还是低?为何如此设定准入条件?作为中国的保理商之一,你会想在合作之初就跟合作的保理商在《国际保理商互保协议》中增删修订条款吗？如果是，具体是哪些方面？

3. 国际双保理业务在引入中国的国内双保理业务中进行了哪些变形？

4. 开展双保理业务，与开展单保理业务相比规避了哪些风险，又增加了哪些风险？

5. 开展双保理业务，对双方保理商来说，有什么好处？

第十章

保理与其他相关产品的比较[①]

本章概要

比较分析保理与信用证、福费廷、应收账款质押融资、商业发票贴现、信用保险及坏账催收等产品之间的异同。

在现实贸易中使用的结算工具颇多,而各自在融资功能、风险保障、操作程序、收费成本等,与保理有许多相似之处,也各自存在差异,有互为竞争替代的性质,也不乏合作的模式。本书在对保理进行了相对全面的介绍后,也对其他相关产品作一点基础介绍,并与保理进行分析比较。

第一节 保理与信用证的比较

信用证(Letter of Credit L/C)是企业最为熟悉使用的贸易结算工具之一,传统上原本是被应用于国际贸易中;近几年国内银行借鉴国际信用证创新开发了国内信用证产品,也普遍被国内企业使用于国内交易中。既然国内信用证是借鉴于国际信用证,本书就以国际信用证来介绍,并与国际保理比较。

[①] 本章部分内容参考百度文库及百度百科,并结合作者实际业务经验进行整理与编写。

信用证，也称为信用状，是指开证行应申请人的要求并按申请人的指示，向第三者开具的载有一定金额，在一定期限内凭符合规定的单据付款的书面保证文件。按国际商会《跟单信用证统一惯例》2007年修订本《UCP600》第2条对信用证定义为：一项不可撤销的安排，无论其名称或描述如何，该项安排构成开证行对相符交单予以承付的确定承诺。信用证开立后，只要出口商严格按照信用证规定的条款执行，做到单证一致、单单一致，就能及时收到货款。信用证的种类分如下。

（1）不可撤销信用证与（Irrevocable documentary L/C）可撤销信用证（Revocable L/C）。前者是指在信用证有效期内，未经有关当事人即受益人（出口商）、开证人以及有关银行的同意，开证行或开证人不得撤销信用证或修改信用证的内容。此种信用证一经开立通知受益人后，开证行即承担按照规定条件履行付款的义务。除满足规定者外，未经开证行、保兑行（如有的话）及受益人同意，信用证既不得修改，也不得撤销。可撤销信用证（Revocable L/C）是指信用证在开立后、议付前，开证行可以不经受益人的同意，随时通知撤销该信用证。

（2）即期信用证（Sight L/C）与远期信用证（Usance L/C）。即期信用证是指开证行或付款行见受益人提交的合格的装运单据及开立的即期汇票即付货款的信用证。远期信用证是指信用证规定出具远期汇票又规定到期付款，开证行或付款行（人）收到符合信用证的汇票和单据后，将汇票签字承兑，到期付款，受益人收到承兑的汇票后也可以贴现。如果信用证规定贴现费由买方负担，该信用证就是假远期信用证。

（3）其他种类：保兑信用证（Confirmed L/C），可转让（Transferable L/C）与不可转让信用证（Non-transferable L/C），背对背信用证（Back to back L/C），担保信用证（Stand-by L/C），等等。

由于前两大类是比较常见使用的，就概括它们的特性与服务于"采用赊销条件（非预付款/信用证）"的国际保理进行比较。

国际保理与信用证均可以为买卖双方融资，但两者也存在很大的区别，具体表现在以下五个方面。

一、在融资方面

国际保理与信用证均属于短期贸易融资，前者主要为卖方的应收账款融通资金，后者对买卖双方都可以办理常规的融资。

二、在手续办理及负担成本方面

在国际保理业务中,除非另有约定,进口商一般除了应履行付款义务外,并不办理其他任何手续,也不承担任何费用。国际保理有关的所有手续和费用成本则是由出口商与保理商办理并承担。反之,在信用证业务中,进口商首先要办理信用证的开证手续,承担信用证的开证手续费及保证金(如有)。保证金的比例高低不等,不同规模和资信的进口商的负担也有很大不同,国家地区差异也很大(如台湾地区由于信用证使用比例极低,银行又处于完全竞争,一般企业不要缴纳保证金)。我国大陆地区小企业的保证金往往为开证金额的10%—50%,个别甚至高达100%。此外,进口商在申请开证时,还要支付开证金额一定比例的手续费,通常万分之八至千分之二,根据具体业务及客户而定;出口商则要承担催促开证、改证(如需)等一系列单证手续,还要负担信用证的通知、汇票的承兑等项费用。

三、在资金占压方面

保理业务服务的是赊销交易,进口商免交信用证的开证保证金及有关的银行费用,而且利用延期付款,进口商可以避免了资金占压,加快了资金周转,降低了经营成本;当然,这些就必然成为出口商的负担。在信用证业务中,由于开证行在开立信用证时通常收取一定数目的保证金,进口商的资金就被银行占用,影响了资金周转,加重了进口商的负担。单就这层面来看,进口商多数倾向保理,出口商则更愿意选择信用证;但是,市场上决定采用何种贸易结算条件的因素并没如此单一。

四、在担保付款方面

在国际保理业务中,出口商发运货物后,将全部单据(如发票、运输单据等)原件直接寄给进口商,一般提交给保理商的是单据副本,由保理商依据转让的账款向进口商收取货款。如果进口商在发票到期日后一段时间(一般为90天)后仍未付款,由保理商负责担保理赔。但是,担保理赔的基本前提是:转让的应收账款没有发生商业纠纷,否则保理商可以拒绝赔付。在信用证业务中,这是一种单据买卖,有关当事人处理的是单据,而不是与单据相关的货物。理论上,卖方是否交货、质量是否与合同相符,与银行无关,不必负责。因此,在付款的保证上，国际保理对买方比较有利，而信用证对卖方有利。

五、在服务职能方面

保理实际上是一种融合了付款结算、账款管理、风险担保、资金融通和资信调查为一体的综合性服务业务；在信用证业务中，银行的功能主要就是在"相符交单"的情况下的付款或融资。一般而言，国际保理服务的业务内涵是比信用证宽广。

第二节　保理与福费廷的比较

保理和福费廷两者在英文单词和发音都有些近似，但彼此存在的差异却不少。

一、福费廷的含义

包买商向出口商无追索权地购买已经由债务人所在地银行承兑或担保的远期汇票或本票的业务，简称包买票据业务，因为英文单词为 forfaiting，故一般习惯称之"福费廷"业务。应该注意的是，在福费廷业务中，有关的票据必须产生于有真实的贸易背景；包买商买入出口商的票据后，出口商必须放弃对所出售债权凭证的一切权益，包买商也必须放弃对出口商的追索权（亦即无追索权），出口商从而真正把收取货款的所有风险转嫁给包买商，实现真正意义上的卖断。

二、福费廷的基本操作流程

福费廷业务基本上至少涉及四个主要当事人，即出口商、进口商、包买商、远期汇票的承兑或担保银行（通常就是开证行）。基本流程如下。

（1）在与进口商签订合同前，出口商一般会先和在出口地的包买商联系，做好信贷安排。

（2）进、出口商人签订买卖合同，约定使用中长期的信用证付款方式，出口商为索取货款而签发的远期汇票应取得开证行的承兑，由开证行保证履行付款义务。

（3）出口人与包买商签订包买协议，约定由包买商向出口商无追索权地购买已经承兑的票据。

(4) 进口商通过一家包买商同意的进口地银行向出口商开出信用证。

(5) 出口地的信用证通知行向出口商通知信用证。

(6) 出口商收到信用证并经审查无误后,按规定发货、制作单据,将全套货运单据通过正常途径由出口地银行寄到开证行,以得到由开证行承兑的汇票。

(7) 包买商向出口商作无追索权的付款,买入已经开证行承兑的汇票,出口商同时放弃对所出售债权凭证的一切权益。

(8) 开证行付款。包买商在付款到期日向开证行作付款请求,开证行付款后就完成一笔福费廷业务。

三、福费廷对有关当事人的优缺点

1. 出口商

好处如下。

(1) 在履行合同义务后可以即刻从包买商处获得无追索权的贸易融资,卖断了各种风险,有利于加速资金周转,提高经济效益。

(2) 包买商在叙做业务时会先审查开证行的资信。只要认可,就会接受出口商的要求办理业务,手续相对简便。

(3) 福费廷项下的出口商还可以享受提前退税的政策。

不利之处如下。

(1) 出口商有时无法确定进口商一定能够找到一家包买商认可的开证行,所以叙做业务也存在一定的难度。

(2) 出口商必须保证汇票或其他债权凭证清洁有效并已被开证行承兑或担保。不然就无法获得包买商提供无追索权的融资。

(3) 因为业务期限较长但可以免除出口商诸多风险,承担的费用相对较高。

2. 进口商

好处如下。

(1) 赎单手续简单快捷。

(2) 可以获得较长期限的结算条件,可以缓解资金的压力。

不利之处如下。

(1) 承担开证行的一切费用。

(2) 由于汇票或其他债权凭证的特有性质,理论上进口商不能因为贸易纠纷拒绝或拖延付款。

3. 包买商

好处如下:

(1) 只要票据由其同意的银行承兑或担保后即可无追索权地买入票据及其有关的货运单据;手续相对简便迅速。

(2) 如希望在票据尚未到期前即得到资金融通,可将所购买的承兑汇票到二级包买市场上流通转让。

(3) 因为承担了有关收汇的所有风险,在风险收益匹配原则下,可以收取的费用较高。

主要的不利之处如下:

(1) 同样,包买商在福费廷业务中承担了所有的风险,如果未能按时收回款项,对出口商是没有追索权,没有第二还款来源的补救安排。

(2) 虽然操作手续看似简便,但操作业务前必须充分了解进口商所在国的有关法律规定和开证行的资信情况,所以不是所有的中长期付款交易都可叙做福费廷,业务覆盖面相对有限。

四、福费廷的特点

(1) 由于出口商在获得包买商的资金时就会在票据上注明"无追索权"字句,而把收款的权利、风险及责任全部转嫁给了包买商,同时包买商也放弃对出口商的追索权,因此属于真正意义上的买断行为(除非出口上存在欺诈行为)。

(2) 虽然我国近年来操作的业务期限出现个别短期化现象,理论上福费廷业务主要还是服务于中长期贸易,期限一般在18个月(含)以上,一般以3—5年居多,甚至最长的可达10年。

(3) 福费廷更多地服务于资本商品类贸易;但也随着现代技术的不断改进,还有为了顺应市场发展的形势,越来越多的包买商开始对非资本性的商品交易提供服务。

(4) 福费廷除了有初级市场,还有二级市场可以进行交易,包买商买下出口商的债权凭证后就可以在二级市场上流通转让。

五、保理与福费廷的比较

这两种融资结算业务,在一定程度上帮助出口企业解决了资金上的融通问题；由于它们各自的特点不同，同时也存在颇多差异之处。以下从各种不同维度进行简要的比较。

1. 操作标的

保理操作的是基于 O/A(Open account) 及 D/A(Document against acceptance) 等赊销项下产生的"应收账款"；福费廷买入的主要是信用证项下经过银行承兑的"票据"。

2. 贸易背景

就理论上相对而言，保理服务的主要是消费品之类的商品，福费廷则是偏向操作资本性商品（我国保理商承做的行业分布较广，不少涉及资本性商品，如租赁、工程建设等行业）。

3. 结算期限

国际保理一般在 180 天以下，福费廷则主要是 180 天以上。

4. 业务金额

单笔保理的业务金额通常较小，这与服务的贸易商品性质有关；反之，福费廷业务金额就比较大。

5. 服务范围

保理商基本提供坏账风险担保、贸易融资、催收账款及销售分户账管理，而包买商主要是无追索权地买断票据，体现在风险担保和贸易融资方面；所以，保理提供的服务范围较广。

6. 融资功能

保理业务中有不提供贸易融资的品种，福费廷则全部具备了融资功能。

7. 账款出表

当操作无追索权保理时具备应收账款出表功能；福费廷就是无追索权买断，自然具备此功能。

8. 融资额度

视项目而定，保理业务一般是应收账款金额的 80% 左右；福费廷则是 100% 的融资。

9. 有无票据

保理操作的是应收账款，即使出现银行承兑汇票或商票，都只能算是有别于汇款的买方付款形式，所以没有票据的要求；福费廷既然是买断票据，票据的存在就是必要的。

10. 交易当事人资信评估

严格意义上,无论操作有追索或无追索业务,保理商都必须对买卖双方进行资信评估,只是在不同的业务品种侧重程度有所区别,在评估工作有所分工(出口保理商负责评估出口商和进口保理商,进口保理商负责评估进口商并承担风险);对于包买商而言,他买断的是经过开证行承兑的票据,买方的资信已经是由开证行进行评估并承担风险,所以包买商主要是评估开证行的资信。此外,在保理业务中,进口保理商是不承担商业纠纷风险的,所以对保理商和包买商决定是否承做业务,前者考虑地更多是商业信用,后者则是凭借银行(开证行)的信用。

第三节　保理与应收账款质押融资的比较

在《物权法》及《应收账款质押登记办法》实施以前,企业利用自身拥有的应收账款来进行融资的主要渠道是银行的保理业务,这两个办法的出台开启了应收账款质押融资业务的发展之路。根据《应收账款质押登记办法》,应收账款是权利人因提供一定的货物、服务或设施而获得的要求义务人付款的权利,包括现有的和未来的金钱债权及其产生的收益,但不包括因票据或其他有价证券而产生的付款请求权。可以出质的应收账款包括:(1)销售产生的债权,包括销售货物、供应水、电、气、暖、知识产权的许可使用等;(2)出租产生的债权,包括出租动产或不动产;(3)提供服务产生的债权;(4)公路、桥梁、隧道、渡口等不动产收费权;(5)提供贷款或其他信用产生的债权。

一、应收账款办理质押的必备特征

并不是所有应收账款都可以成为质押的标的,用于质押的应收账款必须具备以下条件。

(一) 可转让性

如果买方与卖方在基础贸易合同中明确约定,基于该合同所产生的一切权利是不可以转让的,合同的权利义务只及于合同双方的话,履行这样的合同所产生的应收账款债权就不能作为质押标的。

(二) 特定性

由于应收账款作为普通债权没有物化的书面记载来固定化以作为权利凭

证,所以用于设立质押的应收账款,它的有关要素包括金额、结算期限、支付方式、债务人的相关信息、产生应收账款的基础合同等必须具体明确和固定化,这样质权人对于质物主张质权才有确切明白的依据。

(三) 时效性

主要是指用于设定质押的应收账款债权必须没有超过法律的诉讼时效期。一旦超过诉讼时效,债权人原先拥有的债权将从法律权利转变成为一种自然权利,因此,从保障出资人债权的角度,办理融资在选择用于质押的应收账款时应确保应收账款债权尚未超过诉讼时效。

二、应收账款质押的效力

(一) 享有优先受偿的权利

质押的根本特征在于对设质应收账款的优先受偿权,也就是质权人在向主债务人请求履行还款义务却没有得到清偿的情形下,有权针对设立质押的应收账款进行处分,并优先于应收账款债权人和其他任意第三人分配受偿处分的收益。

(二) 可以制止出质人和设质应收账款债务人损害质权人质权实现的行为

依据最高人民法院关于适用《中华人民共和国担保法》若干问题的解释的第一百零六条的规定:"质权人向出质人、出质债权的债务人行使质权时,出质人、出质债权的债务人拒绝的,质权人可以起诉出质人和出质债权的债务人,也可以单独起诉出质债权的债务人。在质权存续期间,一旦质权人发现出质人有恶意放弃、减免、向第三方转让出质债权情况发生,有权要求当事人立即停止上述不适当行为。在质权人制止出质人、出质债权的债务人损害质权行为无效,或者单纯通过自身要求无法实现质权的情况下,可以向人民法院提起诉讼,主张对当事人损害自身债权的不当行为予以撤销,或者就质权人行使质权有关事项作出裁判。"

(三) 对设质应收账款代位物的追及权

在应收账款付款期限先于主债务清偿期限届至的情况下,质权人可以和出质人协商将应收账款款项用于提前清偿主债务,或者向双方同意的第三者提存。此外,当事人也可以在质押合同中预先约定,届时将上述已收应收账款存入出质人在质权人处开立的特定保证金账户,或者将有关款项直接转化为出质人在质权人处开立的存单,并继续作为主债权的担保。最高人民法院关于适用《中华人民共和国担保法》若干问题的解释第八十五条规定:"债务人或者第三人将其金钱以特户、封金、保证金等形式特定化后,移交债权人占有作为债权的担保,债务人不履行债务时,债权人可以以该金钱优先受偿。"该条规定为当事人将金钱这一特定动产以特定化形式设定质押担保提供了法律依据。

(四)对出质应收账款债权的担保利益的追及权

在出质应收账款债权本身同时附带有一定的抵押、质押或者保证作为担保的情况下,质权人的质权效力可以追及上述担保利益。入质债权清偿期届满后,如债务人不履行其债务,质权人均有权代入质债权人之位而行使入质债权的担保权。基于此,质权人在实现质权时,若出质应收账款债务人不能按期支付应收账款,质权人可以直接起诉出质应收账款债务人及对应的保证人,或者基于设质的应收账款债权而主张对该债权项下有关抵/质押物优先受偿。

(五)在出质人破产时,对已经设立质押的应收账款主张行使别除权

在出质人进入破产程序时,应收账款质权人是否可以就已经设立质押的应收账款主张行使别除权,要求不将该部分财产权利列入破产财产范围。目前我国法律没有明确规定。笔者认为,既然我国担保法及最高人民法院相关司法解释已经承认了债权质押的合法地位,也应当承认质权人对于已经设立质押的应收账款,可以主张别除权。

三、保理与应收账款质押融资的比较

商业银行一般通过保理与应收账款质押两种形式来开展应收账款融资业务,对于一般企业而言就容易将两者混淆为一个业务产品,其实两者存在不少差异之处。

(1)最大的差异是保理业务是建立在应收账款(所有权)"转让"的基础上,应收账款质押,就是在于"质押"两字的内涵。这种性质的差异从以下说明:1)质押是一种从属法律关系,质押成立的前提是必须存在一个其所担保的应由债务人(被融资人)向债权人(融资人)偿还的主债务,严格来说,应收账款本身算是担保品,设定质押,担保取得融资(主债务)。在保理业务中,保理商支付一定的对价(融资)给卖方以取得应收账款(所有权),并通过直接向买方收取货款的方式来收回支付的对价,应收账款本身就是融资(交易)的标的;2)在质押设立后,除非债务人无法偿还主债务,否则债权人不能通过执行质押而享有质押物的任何权益。在保理交易中,保理商支付对价,卖方将应收账款的所有权转让给了保理

商，所以保理商直接取得应收账款项下的权益；3）如果设立质押担保，就算债权人不选择执行质押，他仍然有权向债务人主张关于主债务的权利。在保理交易中，如果保理商办理的是无追索权业务，除了向买方收取应收账款的回款外，不能再对卖方主张任何权利（除非发生商业纠纷或卖方违反保理合同的约定）。

（2）保理是一种综合性的金融服务，应收账款质押主要是融资功能，服务范围比较狭隘。

（3）保理业务中存在双保理的架构（尤其国际保理业务），操作业务不止一家保理商，应收账款质押则一般由融资方单独一家操作。

（4）保理业务有国际保理和国内保理，应收账款质押目前只能办理国内业务。

（5）由于保理提供的服务比应收账款质押多，所以通常收取的费用比较高，操作的手续比较繁琐。

（6）保理实际运作中会经常联系到卖方的交易活动，也会对应收账款进行管理和催收，一般认为它比应收账款质押更具备了提前侦测风险隐患的功能。

第四节　保理与商业发票贴现的比较

一、商业发票贴现业务（Invoice Discounting）的定义

这是指卖方（包括出口商）与银行或保理商之间签订协议，在协议有效期内，卖方将其现在或将来应向债务人收取的应收账款转让给银行或保理商为其办理贴现融资的一种融资业务；并同时为卖方提供应收账款催收、销售分户账管理的综合性金融服务。对于这一定义在现实上的实践与理解，特别补充说明以下四点：

（1）商业发票贴现业务适用于国际、国内贸易产生的各类应收账款，包括国内商业发票贴现和出口商业发票贴现业务。

（2）这项业务有时被简称为发票贴现或商票贴现，必须注意国内银行办理的商票贴现业务，它办理的商票一般是指企业开出的承兑汇票（票据），而非企业因为销售开给客户的发票，一定不要混淆。

（3）严格意义上，发票贴现是保理业务品种之一，从它的定义上就可以很清楚看得出来，所以绝对属于保理商的营业范围，但多数银行把它视为应收账款融

资类产品之一，独立于保理体系之外进行管理。值得一提的是，FCI 在统计全球保理业务总量是计入（出口）商业发票贴现业务的。

（4）定义上虽然提到贴现融资、应收账款催收和销售分户账管理，但实践中由于通常都不会通知买方关于应收账款债权转让的事宜（尤其是出口商业发票贴现），如何进行催收管理的职能，体现在现实的主要就是贴现融资的功能；所以，非常接近有追索权保理＋隐蔽型保理的结合体。

二、保理与商业发票贴现的比较

我们既然认定商业发票贴现属于保理的业务范围内，相同之处就不再赘述，仅就差异的方面进行说明如下：

（1）出口商业发票贴现通常由经营业者单独操作，国际保理业务则一般会涉及出口保理商和进口保理商的合作。

（2）商业发票贴现业务是有追索权的，在实践中一般不通知债务人债权转让；保理则涵盖了有追索权和无追索权业务，涉及债权转让的通知，也有相对应的公开性保理和隐蔽性保理。

（3）商业发票贴现业务操作的手续和负担的成本，对于客户而言，相对保理比较简单和低廉一些。

（4）对于经营业者而言，商业发票贴现业务尽管也设定了回款路径，由于日常不与买方发生接触，对买方的付款情况和实际回款路径难以掌握，整体风险相对保理业务比较大。

（5）商业发票贴现业务通常采取单笔操作，没有全部应收账款转让的要求；在 FCI 国际双保理架构下的业务，GRIF 就明白规定对于同一进口商的账款必须全数转让。

（6）正是因为操作手续比较简便，但操作风险较高，所以对于办理商业发票贴现业务的客户准入条件一般比保理业务要高。

第五节　保理和信用保险的比较

信用保险（Credit Insurance）分为国内信用保险和国际信用保险，后者又分为出口信用保险和进口信用保险。在我国，提供国内信用保险的业者除了中国信用保险公司(以下简称中信保),还有多家保险公司都可以提供服务,目前包括中信保在内的所有国内信用保险都是属于商业营利性质的;至于进口信用保险目前只有中信保一家在个别分公司试点,由于与国内信用保险一样,承保的对象都是境内的企业,目前也是属于商业营利性质业务。反之,出口信用保险目前仍然只有中信保一家提供服务,属于非商业营利性质的业务。

其实在国际上有几家全球商业性质的保险公司,如 Coface、Hermes、Allianz 等,提供的险种全面,通常采取一揽子承保众多买家的方式操作,服务的客户很多是全球性跨国公司。特别值得一提,在欧美的保理商不少背靠这些国际保险集团公司的保险来分散规避自身承担的买方信用风险,就是再保险(Re-insurance)。由于目前这些国际保险公司在我国的营业范围有所限制,我国企业一般比较熟知和使用的是中信保的出口信用保险,此处就将它和保理进行比较。

一、出口信用保险含义

出口信用保险是国家为推动出口贸易,保障出口企业安全收汇而推出的一种由国家财政支持的政策性保险业务,目前我国的出口信用保险由成立于 2001 年 12 月的中国出口信用保险公司承保。出口商可以与中国信保签订保险合约,保险公司在对进口商进行资信调查后,审批一定的信用额度。货物出运后,如由于进口商财务、信用发生问题或因进口方国家风险导致货款无法收回,出口商可向保险公司索赔,由此提高收汇安全性。出口商还可将保单项下的赔款权益向银行申请保单融资。银行通常提供信用额度 80% 左右的融资,以协助出口商资金周转。此外,银行通过保单项下赔款权益的转让办理融资,正逐步改成通过被承保应收账款的转让来操作。

二、信用保险的种类

主要按照保障期限分为两类。第一类是短期信用保险:保障一年期以内,出口商以信用证(L/C)、付款交单(D/P)、承兑交单(D/A)、赊销(O/A)方式从中国出口或转口的收汇风险,包含了承保商业风险和政治风险,这也是本书主要作为比较的险种。第二类是中长期出口信用保险:保障一年期以上,十年期以内的,100 万美元以上的出口(预付款或现金支付比例不低于合同金额的 15%,船舶出口的比例不低于 20%)。

三、出口信用保险的作用

(一) 推动对外贸易发展

出口信用保险由于得到国家在资金上的支持,保险公司有足够能力来承保出口商难以承担的出口信用风险,在出口企业因进口方发生商业风险或政治风险而蒙受损失时,提供资金补偿,维护正常运转。同时,中信保还可通过与国内外合作伙伴建立的信息网络,帮助投保企业评定进口方资信等级,调查进口国国情状况等,提供专业化风险管理服务;这都有助于企业有信心去开展对外贸易。

(二) 协助国内企业"走出去"

国家鼓励企业走出去,但有能力赴海外投资的企业,也不可避免将面临投资地的市场风险、政策风险和汇率风险等诸多潜在风险。出口信用保险种类齐全,加上通常配套银行融资,可以形成一套有效的解决方案,有助于提高本国企业在国际投资市场的竞争力,从而激发国内企业赴海外投资的热情。

(三) 推动出口市场多元化

一方面,保险公司可通过适度调控限额和费率两大支点,引导本国企业开拓新的地区市场;另一方面,也可在风险能够控制的前提下,对某些有积极意义的项目个案进行处理,采取更加灵活的承保条件,如适度降低担保要求、放松付款条件等,推动企业开拓和占领风险较高、但发展潜力巨大的新兴市场,实现出口市场多元化。

(四) 推动国家信用体系建立

市场经济也是信用经济。一个完整的国家信用体系有助于维护市场秩序、降低交易成本,提高资源配置效率,进一步增强市场自我调控能力。国家信用体系建立的基础之一是企业、个人等信用数据的收集与整理,而出口信用保险则可为此发挥直接作用。一方面,由于保险公司在承保前均会对投保企业及与保险标的相关的企业做资信方面的调查备案,并随时更新有关资料,日积月累,必然会形成一个较为完整的兼具时效性的企业资信数据库,为国家信用体系提供最准确和最有效的数据;另一方面,保险公司作为一个国家在出口信用方面的对外窗口,具有与国外同行或著名资信评估机构沟通信息、交流经验的优势,能够为本国信用体系的建立献计献策。

四、出口保理与出口信用保险的比较

两者在提供进口商的资信调查服务、保障出口商的收汇安全与资金融通等方面功能相似,在具体业务实践中则有十个方面的差异。

(一) 营利性质方面

出口保理是一种金融服务,具有盈利性质。出口信用保险则是国家对出口企业的一种政策性扶持,属于非营利性,这是最根本的区别。

(二) 服务内涵方面

出口保理能为出口商提供综合服务,包括坏账担保、催收账款、账目记录管理与账款融资。出口信用保险是一种保险业务,只负责承保和对进口商资信调查,不负责账款的催收,也不直接办理融资,而是出口商凭借保单到银行办理,银行是否给予授信,会存在变数,尤其近几年不少银行的信保保单融资业务发生风险,迫使银行缩紧授信政策。

(三) 服务区域方面

保理商出于安全和盈利的考虑,往往只将保理服务限于政局稳定、经济较发达国家的贸易;加上部分国家地区不存在合作对象(FCI 在非洲及中东大部分国家地区还是缺少会员),所以服务覆盖的国家地区有所局限。出口信用保险的初衷是鼓励出口企业,大胆采用灵活的贸易结算方式,巩固传统市场,拓展新领域,其提供的保障既有商业信用风险,又有国家风险,因此在出口信用保险业务中,进口国在很多情况下是经济不发达且政局动荡的国家,覆盖面很大。

(四) 结算方式方面

出口保理主要操作赊销条件的 O/A 和 D/A,付款期限一般在 180 天内。出口信用保险的承保范围很广,所有支付方式(信用证、托收和赊销)的贸易都可以投保,有短期(1年内)及中长期(1年以上,10年以下)保险,基本可以满足所有的贸易了。

(五) 成本负担方面

操作出口保理,出口商需支付申请费(如有)、保理费、单据处理费和融资的利息费用(如有),一般占贸易额的 0.3%—2%(利息另计),具体根据进口商的资信、付款期限和出口商的谈判地位而定。出口信用保险的费率按照支付方式、信用期限和出口国家风险大小而不同,以信用证方式支付的费率最低,赊销方式费率最高。如果就同样的项目,由于营利性考虑,保障程度不同,服务内涵差异,尤其是政府对出口信用保险扶持力度很大,所以出口商实际支付的出口保险的费用通常比出口保理低。

(六) 在出口商品方面

适合做保理业务的商品,一般是发货数量小、批次多的消费品,如纺织、电子通讯、鞋类、玩具、自行车等，产业相对成熟；出口信用保险承保商品范围很广，除消费品外，还包括大型机电产品、成套设备等资本性货物。

（七）在保障程度方面

没有特殊约定的话，出口保理业务提供的信用风险担保都是100%的收汇保障。出口信用保险由于是一种非盈利性的险种，为了稳健经营以及避免企业道德风险的产生，通常只提供70%—90%的风险保障。

（八）在索赔程序方面

在保理业务中，如果账款逾期90天，且没有发生商业纠纷，出口商就可以获得担保理赔，不必再自行办理申请索赔，手续简便。出口信用保险则要求出口商必须于限期内先申报可能损失，经过保险公司调查才决定是否理赔，手续比较麻烦，调查到理赔时间通常的耗时4—6个月。

（九）在经营者财力方面

保理业务是营利性质，保理商以自身实力提供担保，虽然个别业者属于跨国金融集团，但通常认识下，其抗风险能力无法与有政府财力支持的出口信用保险机构相比。

（十）在适用性方面

注重风险控制、出口盈利率较高、主要经营消费品的企业比较倾向于选择国际保理。在他们看来，做无追索权的国际保理业务后，收回货款有100%的保障，而出口信用保险不能保障全部货款。对于进口地在中东、非洲、东南亚等国家的业务，企业更多会考虑投保出口信用险。对于出口利润较薄的企业来说，他们更倾向于选择费率较低的出口信用保险，国际保理业务较高的费用和比较严格的买方额度审批，往往将很多企业拒之门外。

由以上差异可见，理论上出口商会依据自身实际情况选择所办理的业务种类，而近年来保理与出口信用保险的有机结合（保理商称之为信保保理）更是开拓了彼此应用的空间。

第六节　保理与坏账催收的比较

保理业务中有应收账款催收的功能，但保理的应收账款催收和坏账催收处理是两种完全不同的业务。按照一般的划分标准来看，坏账催收服务算是一种代理服务，与保理业务主要差异有以下五个方面。

（1）保理业务具体操作的是"未到期"的应收账款，等账款到期后进行催收回款（托收账款）；坏账催收操作的标的是"逾期"的应收账款，通常应收账款已经严重逾期至少半年以上，甚至长达数年，卖方自身无力催回账款，遂委托第三方机构催收账款。

（2）保理业务中，卖方已将应收账款的所有权移给保理商，保理商是以债权人身份催收账款；坏账催收则债权仍归卖方公司所有，并未发生转让，催收机构只是以代理人身份催收账款（不良资产打包卖断给资产管理公司，由资产管理公司进行处理的，不是本处讨论的范围）。

（3）如果保理商提供无追索权保理服务，在账款没有发生商业纠纷的情形下，保理商催收账款失败的话，是必须负责对卖方担保赔付；坏账催收无论是否成功，催收机构都无需对卖方负担任何责任。

（4）保理业务承做的应收账款有一定范围的限定，不是所有账款都可以办理的（如因票据或其他有价证券产生的付款请求权、有禁止转让约定等应收账款不能办理保理业务）；坏账催收的账款基本上只要是合法交易行为产生的，不区分账款性质，一般都可以办理催收。

（5）坏账催收除了一些基本收费项目外（主要是摊销人员薪酬和催收过程的一些必要开销费用），主要的收费是依据收回账款金额的一定比例提成作为佣金，提成比例依据个别项目的催收难度而定，差距颇大，很难具体给出所谓"合理"区间，催收机构与债权人通常按照民间所谓二八、三七开。四六、五五开的说法分配，只是何方在前，何者在后的差异。保理业务的收费与坏账催收完全不在一个级别，但这也是应收账款标的性质决定，严格来说，两者收费有高低之别，没有昂贵与便宜之分。

将这两种本质上几乎毫不相关的业务作比较，主要是借以引起更多的思考，原因如下：

坏账催收，或者扩大范围称之为商账催收，在社会专业分工下，这行业也是服务行业的一种，例如全球最大的资信调查公司，即美国邓白氏公司（Dun & Bradstreet, D&B）除了提供资信调查，也提供商账追讨这样的服务。在业务实践中，保理商其实是可以多与这类型公司在某些领域进行合作的。但是，保理业务的监管机关明文禁止账款催收、管理领域的合作，例如《商业银行保理业务暂行管理办法》第二十五条规定商业银行应当直接开展保理业务，不得将应收账款的催收、管理等业务外包给第三方机构。推测监管当局一方面是要求保理商专业经营,另一方面是避免保理商委托的第三方机构使用了不合适的方法进行催收账款,对社会和保理行业造成不良影响。

专业的应收账款管理与催收,这样"非融资"特性的保理功能是商业保理公司标榜与目前银行保理商非常重大区别的一点,这项立论是值得肯定的。但是,近几年大量的商业保理公司成立,资质良莠不齐,难免鱼龙混杂,也不排除个别保理公司打着应收账款管理催收之名,以游走法律边缘、甚至非法手段进行坏账催收(商账追讨)的业务,造成"讨债"公司的形象;这是保理行业(无论银行或商业保理公司)应该共同注意的,以维护行业的形象,有力持续健康发展。

复习思考题

1. 分别从出口商、进口商和整个交易本身来分析比较国际保理与信用证所负担的成本的高低。

2. 福费廷业务包买的债权凭证有二级市场可以进行交易,你认为保理业务存在二级市场吗?

3. 从经营机构的角度来看,分析保理和应收账款质押融资,哪一种业务的风险比较高?

4. 就我国现状来看,出口商业发票贴现的业务量大幅超出出口双保理业务,你认为主要的原因有哪些?

5. 如果你作为出口商在选择出口保理和出口信用保险时,会从哪些维度进行分析比较(按考量的维度的重要性进行排序)。

6. 假设保理商可以兼营针对非保理客户的坏账催收业务,作为保理商的经营决策者,你会对外开展这项业务吗?为什么?

第十一章

我国保理发展现状与未来趋势

本章概要

1. 多角度概述我国保理发展现状并归纳其特点。
2. 探析我国保理的现存问题并预测未来发展趋势。

第一节　我国保理现状的特点

一、银行保理和商业保理发展的分歧

2014年,受国际政治经济复杂多变局势的制约,国内宏观经济整体下行压力加大的影响,以及调整产业结构进行经济发展模式转型,必须付出必要的代价的大背景下,我国GDP增长率出现了7.4%的1990年以来的历史新低。这一方面是种"新常态",完全不必过于惊慌,不过在现实中确实也对我国保理行业的发展产生了重大的影响。

在过去一二十年,虽然国际上曾发生几次全球性或区域性的金融危机,但我国硕大的经济体量和飙升的发展速度,一次又一次地吸收解决了问题,或者"掩盖"了问题。当2014年由于宏观经济下行,国际国内市场需求总体不足,我国各

行业产能过剩问题较为突出，企业应收账款规模持续上升，回收周期不断延长，应收账款拖欠和坏账风险明显加大，企业周转资金紧张状况进一步加剧；这些因素会进一步加大我国保理业务的市场需求，但是信贷违约和欺诈骗贷事件频发，企业倒闭、老板跑路几乎天天见报的年代，遭到前所未有的打击的保理商就无法继续淡定了——尤其是银行保理商。

根据FAC在2014年上半年统计的数据显示，银行保理的业务量同比下降约一成，这是我国（以银行为代表）保理业务自有统计数据以来首次出现衰退的情形。观察银行保理商在2014年下半年陆续出台的指导政策和举措，除了个别的几家外，几乎都是谨慎保守对待保理业务发展，甚至也有全线退缩或暂停业务的情形。

相对于银行保理，2012年以来，商务部主导的商业保理试点逐渐在各地铺开，商业保理公司在我国保理市场异军突起。2013年，商业保理公司有300家左右，业务总量超过200亿元人民币；到了2014年，商业保理公司总数估计超过了1 000家。一方面，新设商业保理公司在公司设立后有发展业务的冲劲儿，另一方面，银行保理商退缩的市场，自然成为商业保理公司捡拾的目标，与银行保理在某些方面形成了此消彼长的局面。

二、监管机关的政策导向

银监会于2013年7月和2014年4月，分别发布了《中国银监会关于加强银行保理融资业务管理的通知》（银监发[2013]35号）和《商业银行保理业务管理暂行办法》（银监会令2014年第5号），目的是为了规范商业银行保理业务经营行为，加强保理业务审慎经营管理，促进保理业务健康发展；2014年间，部分省市的银监局还开展了对银行保理业务的专项检查工作。这些政策的出台和检查工作的开展，有加强防范市场风险的背景，同时也为了规范银行保理业务长期以来的简单粗放或脱离本质的经营模式。银行对政策的现实理解，在2014年的背景下，总的来说，管理与规范才是主要的指导思想。

2012年6月，商务部批准上海、天津两市商业保理试点办法，为商业保理行业发展指明了方向。同年11月26日，首个全国性商业保理行业自律组织——中国服务贸易协会商业保理专业委员会（CFEC）在民政部获准登记，并于2013年3月举办了成立大会和首届商业保理行业峰会，标志着我国商业保理行业揭开了新的篇章。

2013年,各级政府主管部门纷纷对商业保理业的发展颁布新规。2013年8月15日,商务部办公厅为进一步加强商业保理业的管理,促进行业健康发展,发布了《关于做好商业保理行业管理工作的通知》(商办秩函[2013]718号),就行业统计、报告重大事项以及实施监督检查等事项做出了通知,为主管部门规范和监督商业保理业健康发展奠定了初步的基础。

自2012年以来,除正式批准的两个试点地区之外,重庆、苏州、广州、深圳、北京、浙江、河南、辽宁、上海自贸区、泉州、厦门、青海西宁等地区陆续批准成立了商业保理试点企业,地区间管理手段和措施差异虽然不小,但总体上是在进行规范的同时,以鼓励行业发展为主轴。此外,除了CFEC组织,各地商务系统也纷纷牵头组织成立地方性的行业组织,尤其在进入2015年初,趋势更加的明显,为支持商业保理发展造势出力。

对于作为监管部门的银监会和商务部,规范保理行业的经营行为,确保行业健康地发展,是一致的政策目标。但是,由于两个监管机关的主要指导思想上的差异,(银监会重风险,商务部重发展),出台的政策对经营业者(银行保理商、商业保理公司)的业务发展肯定产生不同的指导效应;2014年银行保理业务量的滑坡,除了市场风险因素造成银行主动收缩战线外,银监会5号令也绝对发挥了不小的影响力。

三、保理业务的组成结构

尽管2014年银行保理业务量预期呈现衰退的情形,商业保理业务量则会大幅的增长,但因为差距确实太大,对整体结构的影响基本可以忽略。在2014年数据公布前,暂时以2013年FAC统计数据作为分析的基础,得出五个方面的结论如下。

(一)中资银行占据绝对优势

2013年共有20余家银行开展了保理业务,涵盖了国有商业银行、政策性银行、股份制商业银行、城市商业银行及外资银行,保理业务总量为3.17万亿元人民币,较上年增长了12.01%。仅从银行同业市场份额分析,在国际保理业务中,中资银行占比90.10%;在国内保理业务中,中资银行占比99.77%,垄断市场。中国企业对保理业务的需求90%以上是寄托于融资,凭借融资规模和渠道优势,中资银行占据的优势地位完全是理所当然的。

(二)国内保理与国际保理

2013年银行类保理商办理保理总量3.17万亿元人民币,其中国际保理

1 140.94 亿美元,占比 22.08%,国内保理 2.47 万亿,占比 77.92%,国内保理在保理总量中举足轻重。

(三) 国际保理的结构

2013 年国际保理业务量 1 140.94 亿美元,同比增长 21.41%。其中,进口保理 50.59 亿美元,占国际保理业务量的 4.43%。其中承保(买方信用风险)的进口保理 47.62 亿美元,不承保的进口保理 2.97 亿美元。进口保理如此微弱的占比与我国目前的进出口额配比极不相称;积极地看待进口保理存在很大的开展空间。

出口保理业务量 1 090.35 亿美元,占比 95.57%。其中,无追索权出口保理 140.00 亿美元,占比 12.27%,其他出口保理 950.35 亿美元,占比 83.30%。

国际保理业务中仍以出口保理为主,这与银行对买方的信用风险控制和经济资本占用的成本核算相关。银行尚未建立起适应保理机制的买方风险控制体系,导致买方额度核准率偏低,进口保理业务难以推广。

(四) 国内保理的结构

2013 年国内保理业务量 24 757.07 亿元,同比增幅 10.27%。在国内保理中,买方保理 2 880.11 亿元,占比约 11.63%,卖方保理 21 876.96 亿元,占比 88.37%,其中无追索权卖方保理 3 031.28 亿元,占比 12.24%,其他保理 18 845.68,占比 76.12%。综上可见,国内保理业务中主要是卖方保理,而卖方保理中也主要是有追索权保理,且基本上是单保理。这反映我国企业信息不透明,信息共享机制不完整。必须提示的是,如果考虑将带有卖方回购安排的无追索权保理业务剔除的话,真正意义的无追索权保理的占比应该是非常小。

(五) 保理客户行业的特色

由于暂且没有全国的统计信息,无从分析各个行业使用保理业务的占比。但是,从与实务界的交流中可以得出一个中国保理业务所服务的行业特色;那就是,只要行业有融资的需求,保理业务就有操作的可能。所以,一些传统意义上不太适合操作保理的行业,如租赁和工程行业,为了满足客户融资的需求,在创新意识的引导下,不少保理商都大力投入开展业务,操作所谓租赁保理、工程保理。其他还有船舶保理、地产保理、物业保理、学费保理、收费权保理等,或许他日出现以打工族为卖方客户的工资保理也未尝不可能。

四、银行保理与商业保理的竞争与合作格局

商业保理作为我国保理市场的重要补充力量与多元化竞争的活跃要素,其

发展能够更加充分满足市场的差异化需求。尽管商业保理公司家数众多,但银行与商业保理公司的关系仍是:合作大于竞争(更准确地,其实几乎不存在竞争)。理由很简单:两者目标客户不同——银行以大中型客户为主,而商业保理公司更侧重于中小企业,特别是小微企业。银行与商业保理公司可以发挥各自优势,取长补短,例如以"再保理"的形式合作,即商业保理公司将受让的基础交易中卖方的应收账款再次转让给银行,由银行为商业保理公司提供融资、应收账款管理等综合金融服务。通过开展再保理业务合作,银行可以扩大客户基础,商业保理公司可以获得融资资金来源,解决资金瓶颈问题。

如果采用再保理形式开展业务合作,银行通常要对商业保理公司的情况进行全面了解和评估,并核定专项授信额度。我们建议应从以下六个方面对商业保理公司开展调查。

（1）概况:股东状况、股权结构、组织架构、财务状况等。

（2）人员:管理层、专业人才队伍、技术实力等。

（3）产品、服务:服务客户的保理产品类型,侧重的服务领域等。

（4）客户:主要专注服务的行业领域和专属的客户群,客户的准入标准、KYC能力等。

（5）风险管理:风险管理政策,对融资业务贷前、贷中、贷后的全流程风险控制能力等。

（6）IT系统:业务操作IT后台系统的维护与建设情况等。

五、业务模式的维度的创新与尝试

金融创新日新月异的时代,金融机构竞争加剧,银行保理与商业保理两类市场主体都在不断尝试创新,当然都是以基础保理业务为内核,但是外延在不断扩大,创新模式包括商业模式、资金渠道、产品组合、资本节约等。

比如,对于银行保理商来说,随着自贸区的兴起,大批租赁公司、商业保理公司的成立,银行进行了租赁保理及与保理公司合作保理的业务尝试;利率市场化冲击下,银行业务转型,许多大银行开始尝试信贷资产证券化,其中包括保理信贷资产证券化、企业应收账款证券化等尝试。

再如,对于商业保理公司来说,牵手互联网P2P模式成为一大亮点,盘活应收账款转让渠道与资金来源;还有通过保理系统搭建,管理小而杂的如机票代理等行业的应收账款,取得较高收益率,开拓了银行保理商往往不关注或不喜欢开发的市场。

六、从业人员的专业能力

目前，我国商业保理企业中，业务发展规模差别较大。规模较大的商业保理企业，2013 年商业保理业务量在 20 亿元人民币以上，最高的甚至可以超过 60 亿元人民币。为数不少的商业保理企业业务才刚刚开始，业务规模很小，有的几近为零。

与此同时，从业人员的素质也是良莠不齐。由于保理业务涉及行业面广，有贸易、金融、法律、计算机技术等多个业务领域，尤其是国际保理业务，更是涉及国际贸易，具有国际结算与融资功能，因此要求从事保理业务的人员不仅具备保理业务的专业知识，还要具有熟练的英语应用能力、丰富的金融知识、法律知识，熟悉相关政策法规乃至国际惯例、国际贸易交易规则等。因此，商业保理行业从业人员素质、专业水平差距较大，多数人员无保理业务相关基础，开展此项业务的时间也不长，加之目前业务量少，从业人员实务操作、锻炼机会也少。这些不利因素直接影响了商业保理业务的推广、应用，继而使业务量增长缓慢。

第二节　我国保理发展存在的主要问题

一、对保理业务的认知存在偏差

企业也好，保理商也罢，对于保理这项金融或类金融产品已经有了初步认识，但是应该说，迫于实际情况需求或认知程度不同，许多人存在对保理业务的误区或认识偏差，比如把保理简单当做融资工具，在融资贸易而非贸易融资的某些畸形状态下，保理也被包装成了融资产品，或是流动资金贷款的简单替代品。这样抛弃了应收账款自偿性的本源，以及保理风控所应把控点的核心。

大多银行多年来的粗犷式保理经营，也导致了银行还是按照原有传统风控理念与措施来控制保理风险，并没有将贸易背景、履约、回款情况、交易对手的信用风险状况、应收账款瑕疵与否、保理流程设定的影响等方面放在审批中应有的重要位置进行标准化的考量。结果也就导致大多银行将保理服务对象更多锁定在大中型客户，而作为更需要保理服务的中小企业反而得不到支持，从而限制了保理的广泛推广与运用。

二、一些法律问题仍待解决

世界不少国家和地区有关于保理业务的专门法律规定,如《俄罗斯联邦民法典》《澳门商法典》等都有对保理的专门条款规定,美国个别州也有专门的保理商法。此外,英美法系中也有不少保理方面的判例。但是,目前我国保理业务的法律基础主要是通过《合同法》《民法通则》中的相关债权让与条款规范。然而,从实践来看,相关法律规定针对性不强,不够清晰,一旦发生合同纠纷的仲裁、诉讼时,均存在较大操作难度和不确定性。

比如,应收账款转让与质押的法律效力不明。应收账款转让与质押是基于不同法律基础的行为,其法律效力也不同。开展保理或应收账款融资业务时,都会经常使用转让和质押两种方式(传统的保理业务应是以应收账款转让为基础的)。在这种情况下,同一笔应收账款是否可同时存在质押和转让,质押和转让何者权利优先,发生重复转让、质押、先质后转、先转后质时如何实现权利等问题,成为长期困扰业界的难题。此外,应收账款转让生效前提还要以通知为要件,通知到何种程度视为有效,在实务中也存在争议。

再如,2014年11月天津市高级人民法院印发了《天津市高级人民法院关于审理保理合同纠纷案件若干问题的审判委员会纪要(一)》(附录十四)的通知。会议纪要形成的背景主要是天津市作为第一批商业保理试点的城市,保理业务得到快速发展,与此同时各类保理纠纷不断出现,诉讼至法院的保理合同纠纷案件数量呈现不断上升的趋势。由于保理合同属于无名合同,有关保理问题的法律行政法规和司法解释明显欠缺,审判实践中存在许多亟待研究和解决的难题。例如:案由、管辖和当事人的诉讼地位问题,保理法律关系认定问题;保理合同效力问题,应收账款质押和转让的冲突问题等。

又如,2015年8月天津市高级人民法院印发了《天津市高级人民法院关于审理保理合同纠纷案件若干问题的审判委员会纪要(二)》(附录十五)的通知,作为纪要一的有力补充,就债权转让通知的效力与形式;债务人对应收账款进行确认的效力;基础合同中债权禁止转让的约定及基础合同变更对保理商的影响;债务人的抗辩权和抵销权;以保理专户中保理回款进行质押担保的特征;保理商的权利救济方式;破产抵销权的行使等重要实务问题进行了司法解读。

作为我国商业保理的发源地,有保理之都称号的天津市,在积累了众多的保理实践经验后,上述审判纪要的出台对丰富我国保理合同纠纷审判实际意义重大,甚至对其他地区的相关规则的确定也有积极意义,保理实践中一些不明确的问题应该会逐渐得到明确司法的解释或参考的判例。

三、征信体系仍需完善

目前,我国的企业征信数据和资料都处于半公开状态,如为非上市企业,银行、保理公司往往难以取得客户交易对手的全面财务与经营信息,仅靠海关、税务或工商等平台查到的数据往往是佐证的片段,而且也不是向所有银行、保理公司开放查询,这对保理业务服务的客户覆盖面和业务创新度都产生一定程度的负面影响。

商业信用是未来发展的必然趋势,我国应积极借鉴发达国家的成功经验,尽快建立企业全面信用信息体系,为相关的信用立法做铺垫,进一步推动保理业务在我国的发展。

第三节 我国保理发展的未来趋势

一、中短期内银行保理与商业保理达到一个新的平衡

中国的保理产业进入一个稳定增长、结构调整的时代。保理业务体量已经非常巨大,对整个社会的作用举足轻重,当然对于中小企业的扶持作用还是没达到预期的明显程度,有待提升。

银行保理开发比较深度及成熟,只是有待更多的回归本源,注重实质,推进一些保理宏观问题的改善,以保证业务在有利法律及社会环境中开展,以防止做偏做窄,夸大业务风险。此外,银行保理的内容归口管理部门也在逐步调整,各家银行逐渐将国内和国际保理扎口在统一部门管理。

商业保理公司数量众多,可以预见的未来会经过兼并调整重组等,真正的发掘出属于自己的细分市场,以寻求与银行保理商的优势互补,相互支持,取长补短,共同合作。比如,商业保理善于归集小而杂的交易,积少成多,合理调整结构,从而以此为与银行合作契机,利用银行强大的金融资源及授信资源。

所以,各个保理市场主体经过一番调整,必然达到一个新的平衡。另外,不排除商业银行或银行股东或金融公司等设立的金融保理公司在市场中出现,给

我国的金融服务体系带来新的活力。金融保理公司或专门保理银行在欧美已比较成熟。

二、保理产品及模式继续深化细化

（一）本外币、离在岸保理一体化

人民币跨境结算，中国企业走出去，上海、广州、福建、天津等自由贸易区成立等，都在发射着中国国际经贸及金融的深化变革的信号。这些对于保理业务来说是非常巨大的契机与潮流。对于跨境的国际保理，无疑细分的业务模式会随着这些趋势，随着客户，随着金融政策予以个性化的变形。而且，对于国际及国内保理的内外贸闭环操作也提出了不小的需求，从而更好地衔接企业内外贸金融服务综合解决方案的需求，如跨境供应链保理、内外联动保理等会逐步崭露头角。

（二）基础产品做深做透

1. 国内双保理及系统内双保理

目前国际保理大家已经不陌生，而且最开始各家就是从基础的国际双保理开始学起。但是，对于国际双保理应用在系统内双保理及国内双保理的运用还未大规模开展。当然，这有中国保理商习惯于完全的抓住卖方或者买方一头，没有过多开始合作真正无追索权保理，一人管好卖方，一人管好买方信用风险的局面；另一方面，GRIF 直接搬到国内双保理中予以约束业务还有些水土不服之处。还有就是保理中的账款管理、催款、买方确认来通过合作保理商完成的需求也未得以正确有效的释放。种种原因导致了双保理的意愿或业务开展情况有所欠缺，但也带来了可以大力发展的机会。

2. 信保保理

目前中国保理商与信保公司合作，更多是应用在出口信保保理中。经过多年经验积累，保理商感受是信保的理赔还是与进口保理商的理赔有不同之处，买方的信用风险的承担受制于保理免赔条款等现实因素，还是无法得以有效保障，所以各家保理商进行信保融资还是相对谨慎的。

但还是看到一些银行保理商，对于进口信保保理，国内信保保理做了有益的尝试，并取得一定操作成果，当然这条路还是曲折的，项目还是需要谨慎并有所选择的。毕竟产品本身就有其复杂性和不确定性。

3. 融资租赁保理

随着目前租赁公司及保理公司增多，很多保理商看到了应收租金的保理业务的契机,并做出很多大胆有益的尝试。租赁保理有着其融资期限相对较长,租赁公司可作为境外资金渠道等特点,的确对于一般保理业务是个有特色的补充。

当然,租赁保理的确个性化鲜明,对于贸易背景的把控,租赁物价值的评估,租金回收风险的把控等,都有着自身特有的专业性,需要保理商深刻的理解与调查。

4. 保理资产证券化业务

应收账款债权及保理业务相关付款请求、收益权等,本身非常适合资产证券化,是较好的证券化标的,商业银行和保理公司近期对于保理业务相关的资产证券化做了非常有益的尝试,并取得了非常好的成果。保理资产证券化尚处于初级阶段,未来的道路充满期待与惊喜,会撑起我国资产证券化业务中的一片小天空。

三、保理系统及大数据等会带来保理业务管理与营销的深刻变革

电子商务的蓬勃发展、大数据时代颠覆性的统计分析能力、更为强大的物流跟踪技术,都将对传统贸易融资的经营方式带来巨大的影响。

对于保理而言,科技创新带来的将是从客户搜寻、业务信息获取、信用额度审核、风险管理视角、网络信息搜集、客户营销、业务对接、资产转卖等多方面的巨大变革。比如:

第一,保理业务拓展通常相对成本较高,信用风险额度的审核、应收账款转让等通常需要客户的商业对手合作,业务流程相对较长,有时难以满足客户资金融通的时效需求。当前,随着金融市场竞争的加剧和企业需求日趋个性化,建立高效的客户关系管理系统,可以使银行更好地了解客户需求,评价客户价值,从而为客户提供个性化的服务,巩固客户忠诚度。花大力气去积累有关客户的信息,经过组织、分析并理解后,用来构建有关客户风险识别,进而指导市场、销售、客户服务等各个环节。并且,定期从海关数据平台、第三方支付平台、政府平台等采集数据进行处理、分析,可以挖掘保理业务潜在客户群体,辅之以适时的市场营销和业务拓展,将极大地提高保理业务市场拓展的准确性、有效性。

第二,随着客户信息系统的完善,操作保理业务时,可以通过从系统中录入客户额度申请的相关数据,由系统根据进口客户的信息直接得出初步的信用风险额度,保理商据此提出正式申请,提高保理业务办理效率。

第三,保理业务系统是动态时时反应保理业务状况的系统,因此其对于客户

信用风险的把控,应收账款时时监测管理,会有效降低保理业务风险,及时发现与防控风险。

第四,保理系统通过与外部客户端接口,可以实现业务系统线上操作与对接,实现无纸化办理保理业务,提高办理效率,另外,高效强大的平台搭建好后,如果实现企业及保理商间的一定联系,那么保理商间业务合作,及相互资产的买卖或转卖,将在这个共同编织的网络中高效进行。

复习思考题

1. 保理业务未来短期和中长期的趋势有哪些?对于中国社会经济与金融会产生哪些影响?

2. 保理业务所持续发展的动力在何处?何种业务形态才能立足于不败的竞争优势?

3. 你认为金融保理会在我国最终形成并像国际一些保理发达地区一样放开吗?

4. 业界有观点认为中国目前保理公司家数过多,势必会进行兼并整合,你赞同吗?你认为未来保理公司会大致分为哪些类型?

5. 许多集团公司都投资下设保理公司,服务于集团业务,你认为这样的好处是什么?这类保理公司应该拓展集团外的业务吗?

附　录

附录一：商务部关于商业保理试点有关工作的通知

商资函[2012]419号

天津市、上海市商务委：

根据《商务部财政部人民银行银监会保监会关于推动信用销售健康发展的意见》(商秩发[2009]88号)、《商务部关于进一步推进商务领域信用建设的意见》(商秩发[2009]234号)等文件精神，为积极探索优化利用外资的新方式，促进信用销售，发展信用服务业，同意在天津滨海新区、上海浦东新区开展商业保理试点，探索商业保理发展途径，更好地发挥商业保理在扩大出口、促进流通等方面的积极作用，支持中小商贸企业发展，现就开展商业保理试点工作有关事项通知如下。

一、试点内容

设立商业保理公司，为企业提供贸易融资、销售分户账管理、客户资信调查与评估、应收账款管理与催收、信用风险担保等服务。

二、试点工作要求

（一）建立工作机制。试点地区商务主管部门为商业保理行业主管部门。主管部门应分别会同天津市、上海市人民政府相关部门和滨海新区、浦东新区人民政府加强沟通协调，建立工作机制。

（二）加强准入管理。商业保理公司的投资者应具备开展保理业务相应的资产规模和资金实力，不得以借贷资金和他人委托资金投资，有健全的公司治理结构和完善的风险内控制度，近期没有违规处罚记录。

申请设立商业保理公司，应当具有与其业务规模相适应的注册资本，拥有具有保理业务运营管理经验且无不良信用记录的高管人员。应建立开展保理业务相应的管理制度，健全相关业务流程和操作规范，定期将业务开展情况报主管部门。

（三）规范经营行为。开展商业保理原则上应设立独立的公司，不混业经营，不得从事吸收存款、发放贷款等金融活动，禁止专门从事或受托开展催收业务，禁止从事讨债业务。鼓励各类商业保理公司根据《国务院关于进一步支持小型微型企业健康发展的意见》（国发[2012]14号）精神，面向中小微型企业提供服务，积极开展国际和国内保理业务。

（四）健全监管制度。试点地区商务主管部门要健全工作机制，牵头制订商业保理管理办法和指导性文件，建立日常监管机制，指导商业保理企业积极开展行业自律，并定期将试点情况报商务部。

三、试点工作安排

请试点地区商务主管部门根据上述要求制定试点实施方案，于15个工作日内书面报商务部，由商务部组织评审后正式施行。试点工作中遇到相关问题，请及时与商务部（外资司、市场秩序司）联系。

商务部

二〇一二年六月二十七日

附录二：国际统一私法协会《国际保理公约》

UNIDROIT Convention on International Factoring
(Ottawa, 28 May 1988)

THE STATES PARTIES TO THIS CONVENTION,

CONSCIOUS of the fact that international factoring has a significant role to play in the development of international trade,

RECOGNISING therefore the importance of adopting uniform rules to provide a legal framework that will facilitate international factoring, while maintaining a fair balance of interests between the different parties involved in factoring transactions,

HAVE AGREED as follows:

CHAPTER I — SPHERE OF APPLICATION AND GENERAL PROVISIONS

Article 1

1. — This Convention governs factoring contracts and assignments of receivables as described in this Chapter.

2. — For the purposes of this Convention, "factoring contract" means a contract concluded between one party (the supplier) and another party (the factor) pursuant to which:

(a) the supplier may or will assign to the factor receivables arising from contracts of sale of goods made between the supplier and its customers (debtors) other than those for the sale of goods bought primarily for their personal, family or household use;

(b) the factor is to perform at least two of the following functions:

— finance for the supplier, including loans and advance payments;

— maintenance of accounts (ledgering) relating to the receivables;

— collection of receivables;

— protection against default in payment by debtors;

(c) notice of the assignment of the receivables is to be given to debtors.

3. — In this Convention references to "goods" and "sale of goods" shall include services and the supply of services.

4. — For the purposes of this Convention:

(a) a notice in writing need not be signed but must identify the person by whom or in whose name it is given;

(b) "notice in writing" includes, but is not limited to, telegrams, telex and any other telecommunication capable of being reproduced in tangible form;

(c) a notice in writing is given when it is received by the addressee.

Article 2

1. — This Convention applies whenever the receivables assigned pursuant to a factoring contract arise from a contract of sale of goods between a supplier and a debtor whose places of business are in different States and:

(a) those States and the State in which the factor has its place of business are Contracting States; or

(b) both the contract of sale of goods and the factoring contract are governed by the law of a Contracting State.

2. — A reference in this Convention to a party's place of business shall, if it has more than one place of business, mean the place of business which has the closest relationship to the relevant contract and its performance, having regard to the circumstances known to or contemplated by the parties at any time before or at the conclusion of that contract.

Article 3

1. — The application of this Convention may be excluded:

(a) by the parties to the factoring contract; or

(b) by the parties to the contract of sale of goods, as regards receivables arising at or after the time when the factor has been given notice in writing of such exclusion.

2. — Where the application of this Convention is excluded in accordance

with the previous paragraph, such exclusion may be made only as regards the Convention as a whole.

Article 4

1. — In the interpretation of this Convention, regard is to be had to its object and purpose as set forth in the preamble, to its international character and to the need to promote uniformity in its application and the observance of good faith in international trade.

2. — Questions concerning matters governed by this Convention which are not expressly settled in it are to be settled in conformity with the general principles on which it is based or, in the absence of such principles, in conformity with the law applicable by virtue of the rules of private international law.

CHAPTER II — RIGHTS AND DUTIES OF THE PARTIES

Article 5

As between the parties to the factoring contract:

(a) a provision in the factoring contract for the assignment of existing or future receivables shall not be rendered invalid by the fact that the contract does not specify them individually, if at the time of conclusion of the contract or when they come into existence they can be identified to the contract;

(b) a provision in the factoring contract by which future receivables are assigned operates to transfer the receivables to the factor when they come into existence without the need for any new act of transfer.

Article 6

1. — The assignment of a receivable by the supplier to the factor shall be effective notwithstanding any agreement between the supplier and the debtor prohibiting such assignment.

2. — However, such assignment shall not be effective against the debtor when, at the time of conclusion of the contract of sale of goods, it has its place of business in a Contracting State which has made a declaration under Article 18 of this Convention.

3. — Nothing in paragraph 1 shall affect any obligation of good faith owed by the supplier to the debtor or any liability of the supplier to the debtor in respect of an assignment made in breach of the terms of the contract of sale of goods.

Article 7

A factoring contract may validly provide as between the parties thereto for the transfer, with or without a new act of transfer, of all or any of the supplier's rights deriving from the contract of sale of goods, including the benefit of any provision in the contract of sale of goods reserving to the supplier title to the goods or creating any security interest.

Article 8

1. — The debtor is under a duty to pay the factor if, and only if, the debtor does not have knowledge of any other person's superior right to payment and notice in writing of the assignment:

(a) is given to the debtor by the supplier or by the factor with the supplier's authority;

(b) reasonably identifies the receivables which have been assigned and the factor to whom or for whose account the debtor is required to make payment; and

(c) relates to receivables arising under a contract of sale of goods made at or before the time the notice is given.

2. — Irrespective of any other ground on which payment by the debtor to the factor discharges the debtor from liability, payment shall be effective for this purpose if made in accordance with the previous paragraph.

Article 9

1. — In a claim by the factor against the debtor for payment of a receivable arising under a contract of sale of goods the debtor may set up against the factor all defences arising under that contract of which the debtor could have availed itself if such claim had been made by the supplier.

2. — The debtor may also assert against the factor any right of set-off in respect of claims existing against the supplier in whose favour the receivable

arose and available to the debtor at the time a notice in writing of assignment conforming to Article 8(1) was given to the debtor.

Article 10

1. — Without prejudice to the debtor's rights under Article 9, non-performance or defective or late performance of the contract of sale of goods shall not by itself entitle the debtor to recover a sum paid by the debtor to the factor if the debtor has a right to recover that sum from the supplier.

2. — The debtor who has such a right to recover from the supplier a sum paid to the factor in respect of a receivable shall nevertheless be entitled to recover that sum from the factor to the extent that:

(a) the factor has not discharged an obligation to make payment to the supplier in respect of that receivable; or

(b) the factor made such payment at a time when it knew of the supplier's non-performance or defective or late performance as regards the goods to which the debtor's payment relates.

CHAPTER III — SUBSEQUENT ASSIGNMENTS

Article 11

1. — Where a receivable is assigned by a supplier to a factor pursuant to a factoring contract governed by this Convention:

(a) the rules set out in Articles 5 to 10 shall, subject to sub-paragraph (b) of this paragraph, apply to any subsequent assignment of the receivable by the factor or by a subsequent assignee;

(b) the provisions of Articles 8 to 10 shall apply as if the subsequent assignee were the factor.

2. — For the purposes of this Convention, notice to the debtor of the subsequent assignment also constitutes notice of the assignment to the factor.

Article 12

This Convention shall not apply to a subsequent assignment which is prohibited by the terms of the factoring contract.

CHAPTER IV — FINAL PROVISIONS

Article 13

1. — This Convention is open for signature at the concluding meeting of the Diplomatic Conference for the Adoption of the Draft Unidroit Conventions on International Factoring and International Financial Leasing and will remain open for signature by all States at Ottawa until 31 December 1990.

2. — This Convention is subject to ratification, acceptance or approval by States which have signed it.

3. — This Convention is open for accession by all States which are not signatory States as from the date it is open for signature.

4. — Ratification, acceptance, approval or accession is effected by the deposit of a formal instrument to that effect with the depositary.

Article 14

1. — This Convention enters into force on the first day of the month following the expiration of six months after the date of deposit of the third instrument of ratification, acceptance, approval or accession.

2. — For each State that ratifies, accepts, approves, or accedes to this Convention after the deposit of the third instrument of ratification, acceptance, approval or accession, this Convention enters into force in respect of that State on the first day of the month following the expiration of six months after the date of the deposit of its instrument of ratification, acceptance, approval or accession.

Article 15

This Convention does not prevail over any treaty which has already been or may be entered into.

Article 16

1. — If a Contracting State has two or more territorial units in which different systems of law are applicable in relation to the matters dealt with in this convention, it may, at the time of signature, ratification, acceptance, approval or accession, declare that this Convention is to extend to all its

territorial units or only to one or more of them, and may substitute its declaration by another declaration at any time.

2. — These declarations are to be notified to the depositary and are to state expressly the territorial units to which the Convention extends.

3. — If, by virtue of a declaration under this article, this Convention extends to one or more but not all of the territorial units of a Contracting State, and if the place of business of a party is located in that State, this place of business, for the purposes of this Convention, is considered not to be in a Contracting State, unless it is in a territorial unit to which the Convention extends.

4. — If a Contracting State makes no declaration under paragraph 1, the Convention is to extend to all territorial units of that State.

Article 17

1. — Two or more Contracting States which have the same or closely related legal rules on matters governed by this Convention may at any time declare that the Convention is not to apply where the supplier, the factor and the debtor have their places of business in those States. Such declarations may be made jointly or by reciprocal unilateral declarations.

2. — A Contracting State which has the same or closely related legal rules on matters governed by this Convention as one or more non-Contracting States may at any time declare that the Convention is not to apply where the supplier, the factor and the debtor have their places of business in those States.

3. — If a State which is the object of a declaration under the previous paragraph subsequently becomes a Contracting State, the declaration made will, as from the date on which the Convention enters into force in respect of the new Contracting State, have the effect of a declaration made under paragraph 1, provided that the new Contracting State joins in such declaration or makes a reciprocal unilateral declaration.

Article 18

A Contracting State may at any time make a declaration in accordance with Article 6(2) that an assignment under Article 6(1) shall not be effective against the debtor when, at the time of conclusion of the contract of sale of goods, it has its place of business in that State.

Article 19

1. — Declarations made under this Convention at the time of signature are subject to confirmation upon ratification, acceptance or approval.

2. — Declarations and confirmations of declarations are to be in writing and to be formally notified to the depositary.

3. — A declaration takes effect simultaneously with the entry into force of this Convention in respect of the State concerned. However, a declaration of which the depositary receives formal notification after such entry into force takes effect on the first day of the month following the expiration of six months after the date of its receipt by the depositary. Reciprocal unilateral declarations under Article 17 take effect on the first day of the month following the expiration of six months after the receipt of the latest declaration by the depositary.

4. — Any State which makes a declaration under this Convention may withdraw it at any time by a formal notification in writing addressed to the depositary. Such withdrawal is to take effect on the first day of the month following the expiration of six months after the date of the receipt of the notification by the depositary.

5. — A withdrawal of a declaration made under Article 17 renders inoperative in relation to the withdrawing State, as from the date on which the withdrawal takes effect, any joint or reciprocal unilateral declaration made by another State under that article.

Article 20

No reservations are permitted except those expressly authorised in this Convention.

Article 21

This Convention applies when receivables assigned pursuant to a factoring contract arise from a contract of sale of goods concluded on or after the date on which the Convention enters into force in respect of the Contracting States referred to in Article 2(1)(a), or the Contracting State or States referred to in paragraph 1(b) of that article, provided that:

(a) the factoring contract is concluded on or after that date; or

(b) the parties to the factoring contract have agreed that the Convention shall apply.

Article 22

1. — This Convention may be denounced by any Contracting State at any time after the date on which it enters into force for that State.

2. — Denunciation is effected by the deposit of an instrument to that effect with the depositary.

3. — A denunciation takes effect on the first day of the month following the expiration of six months after the deposit of the instrument of denunciation with the depositary. Where a longer period for the denunciation to take effect is specified in the instrument of denunciation it takes effect upon the expiration of such longer period after its deposit with the depositary.

Article 23

1. — This Convention shall be deposited with the Government of Canada.

2. — The Government of Canada shall:

(a) inform all States which have signed or acceded to this Convention and the President of the International Institute for the Unification of Private Law (Unidroit) of:

(i) each new signature or deposit of an instrument of ratification, acceptance, approval or accession, together with the date thereof;

(ii) each declaration made under Articles 16, 17 and 18;

(iii) the withdrawal of any declaration made under Article 19(4);

(iv) the date of entry into force of this Convention;

(v) the deposit of an instrument of denunciation of this Convention together with the date of its deposit and the date on which it takes effect;

(b) transmit certified true copies of this Convention to all signatory States, to all States acceding to the Convention and to the President of the International Institute for the Unification of Private Law (Unidroit). IN WITNESS

WHEREOF the undersigned plenipotentiaries, being duly authorised by their respective Governments, have signed this Convention. DONE at Ottawa, this twenty-eighth day of May, one thousand nine hundred and eighty-eight, in a single original, of which the English and French texts are equally authentic.

附录三：国际保理商联合会《国际保理通用规则》

FCI GENERAL RULES FOR INTERNATIONAL FACTORING
(Printed July 2013)

TABLE OF CONTENTS

SECTION I GENERAL PROVISIONS

Article 1	Factoring contracts and receivables
Article 2	Parties taking part in two-factor international factoring
Article 3	Receivables included
Article 4	Common language
Article 5	Time limits
Article 6	Writing
Article 7	Deviating agreements
Article 8	Numbering system
Article 9	Commission/Remuneration
Article 10	Settlement of Disagreements between Export Factor and Import Factor
Article 11	Good faith and mutual assistance

SECTION II ASSIGNMENT OF RECEIVABLES

Article 12	Assignment
Article 13	Validity of assignment
Article 14	Documentation relating to receivables
Article 15	Reassignment of receivables

SECTION III CREDIT RISK

Article 16	Definition of credit risk
Article 17	Approvals and requests for approvals
Article 18	Reduction or cancellation
Article 19	Obligation of Export Factor to assign

SECTION IV COLLECTION OF RECEIVABLES

Article 20　Rights of the Import Factor

Article 21　Collection

Article 22　Unapproved receivables

SECTION V TRANSFER OF FUNDS

Article 23　Transfer of payments

Article 24　Payment under Approval (PUA for short)

Article 25　Prohibitions against assignments

Article 26　Late payments

SECTION VI DISPUTES

Article 27　Disputes

SECTION VII REPRESENTATIONS, WARRANTIES AND UNDERTAKINGS

Article 28　Representations, warranties and undertakings

SECTION VIII MISCELLANEOUS

Article 29　Communication and electronic data interchange (EDI)

Article 30　Accounts and reports

Article 31　Indemnification

Article 32　Breaches of provisions of these Rules

SECTION I General provisions

Article 1　Factoring contracts and receivables

A factoring contract means a contract pursuant to which a supplier may or will assign accounts receivable (referred to in these Rules as "receivables" which expression, where the context allows, also includes parts of receivables) to a factor, whether or not for the purpose of finance, for at least one of the following functions:

— Receivables ledgering

— Collection of receivables

— Protection against bad debts

Article 2　Parties taking part in two-factor international factoring

The parties taking part in two-factor international factoring transactions are:

(i) the supplier (also commonly referred to as client or seller), the party who invoices for the supply of goods or the rendering of services;

(ii) the debtor (also commonly referred to as buyer or customer), the party who is liable for payment of the receivables from the supply of goods or rendering of services;

(iii) the Export Factor, the party to which the supplier assigns his receivables in accordance with the factoring contract;

(iv) the Import Factor, the party to which the receivables are assigned by the Export Factor in accordance with these Rules.

Article 3 Receivables included

These Rules shall cover only receivables arising from sales on credit terms of goods and/or services provided by any supplier who has an agreement with an Export Factor to or for debtors located in any country in which an Import Factor provides factoring services. Excluded are sales based on letters of credit (other than standby letters of credit), or cash against documents or any kind of sales for cash.

Article 4 Common language

The language for communication between Import Factor and Export Factor is English. When information in another language is provided an English translation must be attached.

Article 5 Time limits

Except as otherwise specified the time limits set forth in these Rules shall be understood as calendar days. Where a time limit expires on a non-working day or any declared public holiday of the Export Factor or the Import Factor, the period of time in question is extended until the first following working day of the factor concerned.

Article 6 Writing

"Writing" means any method by which a communication may be recorded in a permanent form so that it may be re-produced and used at any time after its creation. Where a writing is to be signed, that requirement is met if, by agreement between the parties to the writing, the writing identifies the originator of the writing and indicates his approval of the communication contained in the writing.

(N. B.: Article 6 amended June 2006)

Article 7   Deviating agreements

An agreement in writing made between an Export Factor and an Import Factor (and signed by both of them), which conflicts with, differs from or extends beyond the terms of these Rules, shall take precedence over and supersede any other or contrary condition, stipulation or provision in these Rules relating to the subject matter of that agreement but in all other respects shall be subject to and dealt with as part of these Rules.

(N. B.: Article 7 amended June 2004.)

Article 8   Numbering system

In order to identify exactly all suppliers, debtors, Import Factors and Export Factors, an appropriate numbering system must be agreed upon between Export Factor and Import Factor.

Article 9   Commission / Remuneration

(i) The Import Factor shall be entitled to commissions and/or charges for his services on the basis of the structure and terms of payment as promulgated by the FCI Council from time to time.

(ii) The agreed commissions and/or charges must be paid in accordance with those terms of payment in the agreed currencies. A party delaying payment shall incur interest and the equivalent of any exchange losses resulting from the delay in accordance with Article 26.

(iii) In case of a reassignment of a receivable the Import Factor has nevertheless the right to the commission or charges.

Article 10   Settlement of disagreements between Export Factor and Import Factor

(i) All disagreements arising between an Export Factor and an Import Factor in connection with any international factoring transactions shall be settled under the Rules of Arbitration provided that both are members of FCI at the time of the inception of the transaction.

(ii) Furthermore any such disagreement may be so settled if only one of the parties is a member of FCI at the time of request for arbitration provided that the other party accepts or has accepted such arbitration.

(iii) The award shall be final and binding.

Article 11 Good faith and mutual assistance

Under these Rules all duties shall be performed and all rights exercised in good faith. Each of the Export Factor and Import Factor shall act in every way to help the other's interest and each of them undertakes to the best of his ability to assist the other at all times in obtaining any document that may assist the other to carry out his duties and/or to protect his interests. Each of the Import Factor and the Export Factor undertakes that each will inform the other immediately of any fact or matter which comes to his attention and which may adversely affect the collection of any receivable or the creditworthiness of any debtor.

SECTION II Assignment of receivables

Article 12 Assignment

(i) The assignment of a receivable implies and constitutes the transfer of all rights and interest in and title to such receivable by any means. For the purpose of this definition the granting of a security right over a receivable is deemed to be its transfer.

(ii) By reason of the assignment to the Import Factor of full ownership of each receivable, the Import Factor shall have the right of bringing suit and otherwise enforcing collection either in his own name or jointly with that of the Export Factor and/or that of the supplier and the right to endorse debtor's remittances for the collection in the Export Factor's name or in the name of such supplier and the Import Factor shall have the benefit of all rights of lien, stoppage in transit and all other rights of the unpaid supplier to goods which may be rejected or returned by debtors.

(iii) All assignments of receivables must be in writing.

(N. B.: New Paragraph (ii) added, previous (ii) becomes (iii) June 2009.)

Article 13 Validity of assignment

(i) The Import Factor is obliged, as regards the law of the debtor's country, to inform the Export Factor of:

(a) the wording and formalities of the notice of assignment; and

(b) any elements in an assignment that are necessary to safeguard the Export Factor against claims of third parties. The Import Factor warrants the effectiveness of his advice.

(ii) The Export Factor, whilst relying on the Import Factor's advice under paragraph (i) of this Article as regards the law of the debtor's country, shall be responsible for the effectiveness of the assignment to him by the supplier and of his assignment to the Import Factor including their effectiveness against the claims of third parties and in the insolvency of the supplier.

(iii) If the Export Factor requests a particular assignment, enforceable against third parties, the Import Factor is obliged to act accordingly as far as he is able to do so in accordance with the applicable law, at the expense of the Export Factor.

(iv) Whenever the assignment of a receivable needs special documentation or a confirmation in writing in order to be valid and enforceable, at the request of the Import Factor the Export Factor must provide such documentation and/or confirmation in the prescribed way.

(v) If the Export Factor shall fail to provide such documentation or confirmation in relation to that receivable within 30 days of the receipt of the Import Factor's request, then the Import Factor may reassign such receivable.

(N. B.: Paragraphs (i) and (ii) amended June 2004.)

Article 14   Documentation relating to receivables

(i) The Import Factor must receive details of invoices and credit notes relating to any receivable assigned to him without undue delay and in the case of invoices in any event before the due date of the receivable. For the purpose of the GRIF, the "due date" of any receivable shall mean the date specified for payment of the receivable as stated in the contract of sale, provided, however, that if such contract specifies payments in instalments then, unless otherwise dictated by the contract, each instalment shall be treated as having a separate due date.

(ii) The Import Factor may require that the original documents evidencing title, including the negotiable shipping documents and/or insurance certificate, are forwarded through him.

(iii) At the request of the Import Factor and if then needed for the collection of a receivable the Export Factor must promptly provide any or all of the following as proof and in any event within the following time periods:

(a) 10 days from the receipt of the request, an exact copy of the invoice issued to the debtor;

(b) 30 days from the receipt of that request:

(1) evidence of shipment;

(2) evidence of fulfilment of the contract of sale and/or services where applicable;

(3) any other documents which have been requested before shipment.

(iv) If the Export Factor:

(a) does not provide the documents referred to in Article 14 (iii); or

(b) fails to provide a reason for that delay and a request for further time, both acceptable to the Import Factor; within the prescribed time limits, then the Import Factor shall be entitled to reassign the relevant receivable.

(v) The time limit for the Import Factor to be entitled to request these documents from the Export Factor shall be 270 days after due date of the receivable.

(N. B.: Paragraph (iv) added June 2004 — previous (iv) moved to Paragraph (v); Paragraph (i) amended June 2005, June 2006 and June 2010.)

Article 15   Reassignment of receivables

(i) Any reassignment of a receivable under Article 13 (v) or Article 14 (iv) must be made by the Import Factor no later than the 60th day after his first request for the relevant documents, or, if later, the 30th day after the end of any extended time granted by the Import Factor under Article 14 (iv).

(ii) In the event of any reassignment of a receivable permitted to the Import Factor under this article or under paragraph (vii) of Article 27, except as provided in paragraph (iv) of this Article, the Import Factor shall be relieved of all obligations in respect of the reassigned receivable and may recover from the Export Factor any amount paid by the Import Factor in respect of it.

(iii) Every such reassignment must be in writing.

(iv) If any payment shall be received by the Import Factor from the debtor in respect of any receivable so reassigned before notice of that reassignment shall have been received by the debtor then the Import Factor shall hold that payment for the benefit of, and remit it to, the Export Factor promptly.

(N. B. : Paragraph (i) amended June 2004 and again September 2008. In June 2010 Paragraph (ii) amended and Paragraph (iv) added.)

SECTION III Credit Risk

Article 16 Definition of credit risk

(i) The credit risk is the risk that the debtor will fail to pay a receivable in full within 90 days of its due date otherwise than by reason of a dispute.

(ii) The assumption by the Import Factor of the credit risk on receivables assigned to him is conditional upon his written approval covering such receivables.

Article 17 Approvals and requests for approvals

(i) Requests of the Export Factor to the Import Factor for the assumption of the credit risk, which may be for the approval of individual orders or of credit lines, must be in writing and must contain all the necessary information to enable the Import Factor to appraise the credit risk and the normal payments terms.

(ii) If the Import Factor cannot confirm the exact identification of the debtor as submitted to him he may amend these details in his reply. Any approval shall apply only to the exact identity of the debtor given by the Import Factor in that approval.

(iii) The Import Factor must, without delay and, in any event, not later than 10 days from receipt of the request, advise the Export Factor of his decision in writing. If, within the said period, the Import Factor cannot make a decision he must, at the earliest, and before the expiry of the period so advise the Export Factor.

(iv) The approval shall apply up to the amount approved to the following receivables owed by the debtor:

(a) those on the Import Factor's records on the date of approval;

(b) those arising from shipments made up to 30 days before the date of request for approval; and shall be conditional in each case, upon the receipt by the Import Factor of the invoice details and the documents as stipulated in Article 14.

(v) (a) Approval in full or in part of an individual order binds the Import Factor to assume the approved credit risk provided that the shipment of the goods is made not later than the date of shipment, if any, stated in the request for the assumption of credit risk or any earlier expiry date indicated by the Import Factor in the approval.

(b) The approval of a credit line binds the Import Factor to assume credit risk on those receivables up to the approved amount for shipments made before cancellation or expiry date of the line.

(c) The word "goods" includes "services" and the expression "shipments made" includes "services performed".

(d) Shipment in relation to goods occurs when they are placed in transit to the debtor or his designee, whether by common carrier or the debtor's or supplier's own transport and in relation to services when they are completed.

(vi) A credit line is a revolving approval of receivables on a debtor's account with one supplier up to the amount of the credit line. Revolving means that, while the credit line remains in force, receivables in excess of the line will succeed amounts within the line which are paid by the debtor or the Import Factor or credited to the debtor. The succession of such receivables shall take place in the order in which they are due for payment and shall be limited at any time to the amount then so paid or credited. Where 2 or more receivables are due for payment on the same date then their succession shall take place in accordance with the order of their respective invoice numbers.

(vii) All approvals are given on the basis that each account receivable is in conformity with the terms of payment (with a permissible occasional variation of 100% or 45 days whichever period is shorter) contained in the pertinent information upon which such approval was granted. However, no such variation, which extends the credit beyond any credit period specified as a maximum by the Import Factor in the approval, shall be permitted.

(viii) The approval shall be given in the same currency as the request. However, the credit line covers receivables represented by invoices expressed not only in that currency, but also in other currencies; but in all cases the risk to the Import Factor shall not at any time exceed the amount of the original approval.

(ix) There shall be only one credit line for each supplier on each debtor and any new credit line shall cancel and replace all previous credit lines for the same supplier on the same debtor in whatever currency denominated.

(x) If it is known to the Import Factor that it is the practice of the debtor to prohibit assignments of receivables owing by him then the Import Factor shall so inform the Export Factor in giving his approval or as soon as it is known to the Import Factor if later.

(N. B.: Paragraphs (iv) (v) and (vi) amended October 2007. Paragraphs (i) (v) and (vii) amended September 2008. Paragraph (v) amended June 2009, June 2010 and again June 2012.)

Article 18　Reduction or cancellation

(i) For good reason the Import Factor shall have the right to reduce or cancel the individual order approval or the credit line. Such cancellation or reduction must take place in writing or by telephone (to be confirmed in writing). Upon receipt of such notice of cancellation or reduction the Export Factor shall immediately notify the supplier and such cancellation or reduction shall be effective as to shipments made and/or services performed after the supplier's receipt of such notice. On or after the sending of any such notice of cancellation or reduction to the Export Factor, the Import Factor shall have the right to send such notice also direct to the supplier, but he shall inform the Export Factor of such an action.

The Export Factor shall cooperate, and shall ensure that the supplier shall cooperate, with the Import Factor to stop any goods in transit and thus minimise the Import Factor's loss.

The Export Factor undertakes to give the Import Factor all assistance possible in such circumstances.

(ii) On the effective date of the termination of the contract between supplier and Export Factor all order approvals and credit lines are immediately cancelled without notice, but shall remain valid for any receivable relating to a shipment made and services performed before the date of termination provided that the receivable is assigned to the Import Factor within 30 days of that date.

(iii) When the cancellation of the credit line is effective or the credit line has expired then:

(a) the right of succession ceases and thereafter, except as provided in sub-paragraphs (b) and (c) of this paragraph, any payment or credit (other than a payment or credit in connection with a transaction excluded in Article 3 or transactions otherwise excluded before the first assignment of a receivable in respect to that debtor) may be applied by the Import Factor in satisfaction of approved receivables in priority to unapproved receivables;

(b) if any such credit relates to an unapproved receivable and the Export Factor establishes to the satisfaction of the Import Factor that the credit arose solely from the failure to ship or a stoppage in transit, the credit shall be applied to such unapproved receivable; and

(c) any monies subsequently received by the Import Factor resulting from a general distribution from the estate of the debtor in respect of receivables assigned by the Export Factor shall be shared between the Import Factor and the Export Factor in proportion to their respective interests in the amount owing by the debtor as at the date of the distribution.

(N. B.: Paragraph (iii) (b) and (c) amended June 2003. Paragraph (ii) amended June 2006. Paragraphs (i) and (ii) amended October 2007 and again September 2008 and again June 2009. Paragraph (iii) (a) and (c) amended June 2012.)

Article 19　Obligation of Export Factor to assign

(i) Subject to the provisions of paragraph (ii) and (iii) of this Article the

Export Factor may, but is not obliged to, offer to the Import Factor all receivables, owing by debtors in any one country and relating to one supplier, which have been assigned to the Export Factor.

(ii) The Export Factor shall inform the Import Factor whether or not the Export Factor's agreement is to include the whole turnover on credit terms to the debtor's country.

(iii) When the Import Factor has approved a credit line on a debtor and a receivable owing by that debtor has been assigned to the Import Factor, then all subsequent receivables of that supplier in respect of that debtor must be assigned to the Import Factor, even when the receivables are only partly approved or not approved at all.

(iv) When the Import Factor decides to cancel a credit line, the obligation for the Export Factor continues to exist until all approved receivables have been paid or otherwise provided for; in other words, until the Import Factor is "out of risk". However, after cancellation of the contract between the Export Factor and the supplier, further assignments of receivables cannot be expected.

(N. B.: Paragraph (i) amended, old Paragraph (iii) deleted, Paragraphs (iv) & (v) become (iii) & (iv) June 2006. Paragraph (ii) amended October 2007.)

SECTION IV Collection of receivables

Article 20 Rights of the Import Factor

(i) If any cash, cheque, draft, note or other instrument in payment of any receivables assigned to the Import Factor is received by the Export Factor or any of his suppliers, the Export Factor must immediately inform the Import Factor of such receipt. It shall be held in trust by the Export Factor or such supplier on behalf of the Import Factor and shall, if so requested by the Import Factor, be duly endorsed and delivered promptly to him.

(ii) If the sales contract contains a prohibition of assignment the Import Factor shall have the same rights as set forth in paragraph (ii) of Article 12 as agent for the Export Factor and/or the supplier.

(iii) If the Import Factor:

(a) is unable to obtain judgement in respect of any receivable assigned to him in the courts, any arbitration panel or other tribunal of competent jurisdiction of the debtor's country (collectively, a "Tribunal") by reason only of:

(1) clear and convincing language relating to jurisdiction or alternate dispute resolution in the contract of sale between the supplier and the debtor which gave rise to that receivable; or

(2) denial of jurisdiction to proceed in the debtor's country by any such Tribunal; and

(b) informs the Export Factor of that inability within 365 days of the due date of the invoice representing that receivable; then the Import Factor may immediately reassign that receivable and recover from the Export Factor any amount paid in respect of it under paragraph (ii) of Article 24.

(iv) If, within 3 years from the date of any reassignment referred to in paragraph (iii) of this article, the Export Factor or the supplier shall have obtained a judgement or award by any Tribunal in relation to the reassigned receivable against the debtor enforceable in the debtor's country, then, to the extent that the receivable had been approved, the Import Factor shall:

(a) accept an assignment of all the rights against the debtor under that judgement and again accept the receivable as approved; and

(b) make a Payment under Approval, as defined in Article 24 and hereinafter referred to as a PUA within 14 days of the date on which payment is to be made by the debtor according to the judgement provided that the assignment required under paragraph (iv) (a) of this Article has been made effectively by the Export Factor within that period.

All costs in relation to the obtaining of judgement under this Article shall be the responsibility of the Export Factor.

(N. B.: Old Paragraph (i) deleted June 2009. Paragraph (ii) became (iii) and amended June 2004 and June 2009. Paragraph (iv) added June 2009. Paragraph (iv) (b) amended June 2013.)

Article 21 Collection

(i) The responsibility for collection of all receivables assigned to the

Import Factor rests with him and he shall use his best endeavours promptly to collect all such receivables whether approved or unapproved.

(ii) Except as provided in Article 27 when the total amount of receivables owing by a debtor at any one time is approved in part:

(a) the Import Factor shall be entitled to take legal proceedings for the recovery of all such receivables without obtaining the prior consent of the Export Factor but the Import Factor shall inform the Export Factor of such action;

(b) if the Export Factor notifies the Import Factor of his disagreement with such legal proceedings, which are then accordingly terminated, the Import Factor shall be entitled to reassign all receivables then owing by the debtor and to be reimbursed by the Export Factor with the amount of all costs and expenses incurred by the Import Factor in such proceedings and the provisions of paragraphs (ii) and (iii) of Article 15 will apply to that reassignment; and

(c) except as provided in paragraph (ii) (b) of this Article the costs and expenses of such legal proceedings shall be borne by the Import Factor and the Export Factor in proportion to the respective amounts of the approved and unapproved parts of the outstanding receivables.

Article 22　Unapproved receivables

(i) When all receivables owing by a debtor at any one time are wholly unapproved:

(a) the Import Factor shall obtain the consent of the Export Factor before incurring legal and other costs and expenses (other than the Import Factor's own and administrative costs and expenses) relating to their collection;

(b) such legal and other costs and expenses shall be the responsibility of the Export Factor and the Import Factor shall not be responsible for any loss and/or costs which are attributable to any delay in the giving of such consent by the Export Factor;

(c) If the Export Factor does not answer the Import Factor's request for consent within 30 days, the Import Factor is entitled to reassign the receivables then or any time thereafter;

(d) The Import Factor shall be entitled on demand to a deposit from the Export Factor to cover fully or partly the amount of the estimated costs to be incurred in the collection of such receivables.

SECTION V Transfer of funds

Article 23 Transfer of payments

(i) When any payment is made by the debtor to the Import Factor in respect of any receivable assigned to him he shall pay in the currency of the invoice the equivalent of the net amount received in his bank to the Export Factor immediately after the value date or the date of the Import Factor's receipt of the bank's notification of the amount received whichever is later except to the extent of any previous PUA.

(ii) All payments, irrespective of the amount, shall be transferred daily via SWIFT or a similar system.

(iii) Not later than the day of the transfer the Import Factor shall provide a report showing the allocation of the amount transferred.

(iv) The Export Factor shall repay to the Import Factor on his demand:

(a) any payment made by him to the Export Factor if the debtor's payment to the Import Factor was made by a payment instrument subsequently dishonoured (cheque or equivalent) provided that:

(1) the Import Factor notified the Export Factor of this possibility with the payment advice (payment under reserve); and

(2) the Import Factor's demand has been made within 10 banking days in the Import Factor's country from the date of his transfer of the funds to the Export Factor; or

(3) such dishonour was the result of a stopped payment order issued by the debtor owing to a dispute raised later than the issuance of the payment instrument, in which case the procedures and time limits are as provided in Article 27 and for that purpose the payment by the Import Factor to the Export Factor shall be treated as if it were a PUA (as defined in Article 24 (ii) hereof).

(4) repayments demanded by the Import Factor will not affect his other obligations;

(b) without any time limit, any payment made by the Import Factor to the Export Factor in respect of any unapproved receivable or unapproved part of a receivable to the extent that payment by the debtor or any guarantor of the receivable is subsequently recalled under the law of the country of the payer and such recall is either paid or settled by the Import Factor provided that any such settlement is effected in good faith.

(N. B. : Paragraph (iv) (a) adjusted and Paragraph (iv) (b) added October 2002. Paragraph (iv) (a) adjusted again October 2007. Paragraphs (i) and (iv) (a) (3) adjusted again June 2013.)

Article 24　Payment under Approval

Except as provided in Articles 25, 27 and 32:

(i) The Import Factor shall bear the risk of loss arising from the failure of the debtor to pay in full any approved receivable on the due date in accordance with the terms of the relevant contract of sale or service; and

(ii) To the extent that any such receivable shall not be paid by or on behalf of the debtor by the 90th day after the due date as described above, the Import Factor shall on such 90th day make a Payment under Approval to the Export Factor; described herein as PUA.

(iii) For the purpose of paragraphs (i) and (ii) of this Article, payment by the debtor shall mean payment to any one of the Import Factor, the Export Factor, the supplier or the supplier's insolvent estate.

(iv) In the event of payment to the supplier or the supplier's insolvent estate the Import Factor shall co-operate with and assist in the debtor's country the Export Factor to mitigate any potential or actual loss to the Export Factor.

(v) If an approved receivable is expressed in a currency other than that of the corresponding credit line, in order to determine the approved amount that receivable shall be converted to the currency of the credit line at the rate of exchange (mid rate) quoted by XE. com (and used in edifactoring. com) at the date on which the PUA is due. In all cases the risk of the Import Factor shall not exceed at any time the amount of the original approval.

(N. B. : Heading and Paragraph (v) adjusted September 2008. Heading and paragraphs (ii) and (v) adjusted June 2013.)

Article 25 Prohibitions against assignments

(i) In respect of any approved receivable arising from a contract of sale or for services which includes a prohibition of its assignment the Import Factor's obligation for a PUA shall arise on the official insolvency of the debtor or when the debtor makes a general declaration or admission of his insolvency, but, in any event, not earlier than the 90th day after the due date as described in paragraph (i) of Article 24.

(ii) After any PUA in respect of any receivable referred to in paragraph (i) of this article the Import Factor shall have the sole right to claim in the insolvent estate of the debtor in the name of the supplier.

(iii) The Export Factor shall obtain from the supplier and deliver to the Import Factor any document that may be required by him for the purpose of making any claim as described in paragraph (ii) of this Article.

(iv) The provisions of this article shall apply, in spite of anything to the contrary elsewhere in these rules.

(N. B. : Paragraph (iv) added June 2003. Paragraph (i) amended June 2004. Paragraphs (i) and (ii) amended June 2013.)

Article 26 Late payments

(i) If the Import Factor or the Export Factor fails to make payment of any amount when it is due to be paid to the other he shall pay interest to that other.

(ii) Except as provided in paragraph (iii) of this Article, if the Import Factor does not initiate a payment to the Export Factor according to the requirements of Article 23 or Article 24, the Import Factor shall:

(a) be liable to pay to the Export Factor interest calculated for each day from the date on which such payment shall be due until actual payment at twice the 3 - months-LIBOR as quoted on such due date in the relevant currency, provided that the aggregated accrued amount of interest exceeds EUR 50; and

(b) reimburse the Export Factor with the equivalent of any currency exchange loss suffered by him and caused by the delay in payment.

If there shall be no LIBOR quotation for the relevant currency, twice the lowest lending rate for such currency available to the Export Factor on such date shall apply.

(iii) If as a result of circumstances beyond his control the Import Factor is unable to make any such payment when due:

(a) he shall give immediate notice of that fact to the Export Factor;

(b) he shall pay to the Export Factor interest at a rate equivalent to the lowest lending offer rate available to the Export Factor in the relevant currency calculated for each day from the day when his payment shall be due until actual payment, provided the aggregated accrued amount of interests exceeds EUR 50.

(iv) Any late payment by the Export Factor to the Import Factor will be subject to the provisions of paragraph (ii) and (iii) of this article.

(N. B. : Paragraph (iv) added October 2007.)

SECTION VI Disputes

Article 27 Disputes

(i) A dispute occurs whenever a debtor fails to accept the goods or the invoice or raises a defence, counterclaim or set-off including (but not limited to) any defence arising from a claim to the proceeds of the receivable by any third party. However, where there is a conflict between the provisions of this Article and those of Article 25 the latter shall prevail.

(ii) Upon being notified of a dispute the Import Factor or the Export Factor shall immediately send to the other a dispute notice containing all details and information known to him regarding the receivable and the nature of such dispute. In either case the Export Factor shall provide the Import Factor with further information regarding the dispute within 60 days of the receipt by the Export Factor or his sending it as the case may be.

(iii) Upon receipt of such dispute notice the approval of that receivable shall be deemed to be suspended.

If a dispute is raised by the debtor and the dispute notice is received within

90 days after the due date of the receivable to which the dispute relates, the Import Factor shall not be required to make PUA of the amount withheld by the debtor by reason of such dispute.

If a dispute is raised by the debtor and the dispute notice is received after PUA, but within 180 days of the due date of the receivable, the Import Factor shall be entitled to reimbursement of the amount withheld by the debtor by reason of such dispute.

(iv) (a) The Export Factor shall be responsible for the settlement of the dispute and shall act continuously to ensure that it is settled as quickly as possible. The Import Factor shall co-operate with and assist the Export Factor, if so required, in the settlement of the dispute including the taking of legal proceedings.

(b) If the Import Factor declines to take such proceedings or if the Export Factor requires a reassignment of the disputed receivables so that proceedings may be taken in his or the supplier's name, then, in either case, the Export Factor is entitled to such reassignment.

(c) Whether or not any such reassignment has been made the Import Factor shall again accept as approved, within the time limits specified in paragraph (v) of this Article, such disputed receivable to the extent that the dispute is settled in favour of the supplier (including an admission by the person responsible for the administration of the debtor's insolvent estate) provided that:

(1) the Export Factor has complied with his obligations under paragraph (iv) (a) of this Article;

(2) the Import Factor has been kept fully informed about the status of negotiations or proceedings at regular intervals; and

(3) the settlement provides for payment by the debtor to be made within 30 days of the date of the settlement, if amicable, or the date of the coming into effect of the judgement in the case of a legal settlement, provided, however, that such 30 day period shall not apply in the case of the admission of the debt by the person responsible for the administration of the debtor's insolvent

estate.

(d) For the purpose of this Article, "legal settlement" means a dispute settled by way of a decision of a court or other tribunal of competent jurisdiction (which, for the avoidance of doubt, shall include arbitration) provided such legal proceedings have been formally commenced by proper service of legal process or demand for arbitration prior to the term set for an amicable settlement; and "amicable settlement" means any settlement which is not a legal settlement.

(v) The time limits referred to in paragraph (iv) (c) above, for the Import Factor to accept again as approved a disputed receivable, are as follows:

(a) in the case of an amicable settlement, 180 days; and

(b) in the case of a legal settlement, 3 years; in each case after the receipt of the dispute notice in accordance with paragraph (ii) of this Article. If, however, during such periods, the debtor becomes officially insolvent or makes a general declaration or admission of his insolvency, the Import Factor shall remain at risk until the dispute has been settled.

(vi) In the case of a disputed receivable which the Import Factor has accepted again as approved in accordance with paragraph (iv) of this Article:

(a) if the receivable has been reassigned to the Export Factor the Import Factor shall have the right to an immediate assignment to him of all the Export Factor's or (as the case may be) the supplier's rights under the settlement;

(b) in every such case any PUA, which is to be made in accordance with Article 24, shall be made within 14 days of the date on which payment is to be made by the debtor according to the settlement provided that:

(1) any assignment required by the Import Factor under paragraph (vi) (a) of this Article has been made effectively by the Export Factor within that period; and

(2) the end of that period of 14 days is later than the original due date for the PUA.

(vii) If the Export Factor does not comply with all his obligations under this Article and such non-compliance substantially affects the risk position of the Import Factor, then the Import Factor shall have the right to reassign to the Export Factor the disputed receivable and the Export Factor shall promptly reimburse the Import Factor with the amount of the PUA; such payment shall include interest from date of PUA to date of reimbursement as calculated in accordance with paragraph (iii) (b) of Article 26.

(viii) If the dispute is resolved in full in favour of the supplier, all related costs shall be the responsibility of the Import Factor. In all other cases the costs will be the responsibility of the Export Factor.

(N.B.: Paragraph (iv) (b) amended June 2004. Paragraph (iv) (c) (3) amended June 2009. Paragraph (vii) amended June 2010. Paragraphs (iii) (vi) (b) and (vii) amended June 2013.)

SECTION VII Representations, warranties and undertakings

Article 28 Representations, warranties and undertakings

(i) The Export Factor warrants and represents for himself and on behalf of his supplier:

(a) that each receivable represents an actual and bona fide sale and shipment of goods or provision of service made in the regular course of business and in conformity with the description of the supplier's business and terms of payment;

(b) that the debtor is liable for the payment of the amount stated in each invoice in accordance with the terms without defence or claim;

(c) that the original invoice bears notice that the receivable to which it relates has been assigned and is payable only to the Import Factor as its owner or that such notice has been given otherwise in writing before the due date of the receivable, any such notice of assignment being in the form prescribed by the Import Factor.

(d) that each one at the time of his assignment has the unconditional right to assign and transfer all rights and interest in and title to each receivable (including any interest and other costs relating to it which are recoverable from the debtor) free from claims of third parties;

(e) that he is factoring all the receivables arising from sales as defined in

Article 3 of any one supplier to any one debtor for which the Import Factor has given approval; and

(f) that all such duties, forwarder's fees, storage and shipping charges and insurance and other expenses as are the responsibility of the supplier under the contract of sale or service have been fully discharged.

(ii) The Export Factor undertakes for himself and on behalf of his supplier:

(a) that he will inform the Import Factor of any payment received by the supplier or the Export Factor concerning any assigned receivable; and

(b) that as long as the Import Factor is on risk the Export Factor will inform the Import Factor in general or, if requested, in detail about any excluded transactions as defined in Article 3.

(iii) In addition to the provisions of Article 32, in the event of a breach of the warranty given in paragraph (i) (e) or the undertaking given in paragraph (ii) (b) of this Article the Import Factor shall be entitled to recover from the Export Factor:

(a) the commission and/or charges as agreed for that supplier on the receivables withheld; and

(b) compensation for other damages, if any.

SECTION VIII Miscellaneous

Article 29 Communication and electronic data interchange (EDI)

(i) Any written message as well as any document referred to in these Rules, which has an equivalent in the current EDI Standard can or, if so required by the Constitution and/or the Rules between the Members whenever either of them is applicable, must be replaced by the appropriate EDI-message.

(ii) The use of EDI is governed by the edifactoring.com Rules.

(iii) The originator of a communication shall assume full responsibility for the damages and losses, if any, caused to the receiver by any errors and/or omissions in such communication.

(iv) Neither the Export Factor nor the Import Factor shall disclose any confidential information given to them to any third party without the written consent of the other unless required by law.

(N. B.: Paragraph (iv) added June 2013.)

Article 30　Accounts and reports

(i) The Import Factor is responsible for keeping detailed and correct debtor ledgers and for keeping the Export Factor informed about the accounts showing on such ledgers.

(ii) The Export Factor shall be entitled to rely upon all information and reports submitted by the Import Factor provided that such reliance is reasonable and in good faith.

(iii) If for any valid reason the Import Factor or the Export Factor will not be able to make use of the EDI then the Import Factor shall account and report at least once a month to the Export Factor with respect to all transactions and each such monthly account and report shall be deemed approved and accepted by the Export Factor except to the extent that written exceptions are taken by the Export Factor within 14 days of his receipt of such account and report.

Article 31　Indemnification

(i) In rendering his services, the Import Factor shall have no responsibility whatsoever to the Export Factor's suppliers.

(ii) The Export Factor shall indemnify the Import Factor and hold him harmless against all suits, claims, losses or other demands which may be made or asserted against the Import Factor:

(a) by any such supplier by reason of an action that the Import Factor may take or fail to take; and/or

(b) by any debtor in relation to the goods and/or services, the invoices or the underlying contracts of such supplier; provided that in either case the Import Factor's performance in his action or failure to act is reasonable and in good faith.

(iii) The Import Factor shall indemnify the Export Factor against any losses, costs, interest or expenses suffered or incurred by the Export Factor by reason of any failure of the Import Factor to comply with his obligations or warranties under these Rules. The burden of proof of any such loss, costs, interest or expense lies with the Export Factor.

(iv) Each of the Export Factor and the Import Factor shall reimburse the other for all losses, costs, damages, interest, and expenses (including legal fees) suffered or incurred by that other by reason of any of the matters for which the indemnities are given in paragraphs (ii) and (iii) of this Article.

(N. B. : Paragraph (iii) amended September 2008.)

Article 32　Breaches of provisions of these Rules

(i) A substantial breach must be asserted within 365 days after the due date of the receivable to which it relates.

(ii) If the Export Factor has substantially breached any provision of these Rules, the Import Factor shall not be required to make PUA to the extent that the breach has seriously affected the Import Factor to his detriment in his appraisal of the credit risk and/or his ability to collect any receivable. The burden of proof lies with the Import Factor. If the Import Factor has made PUA the Import Factor shall be entitled to reimbursement of the amount paid, provided the Import Factor has established his right to reimbursement, to the satisfaction of the Export Factor, within 3 years from the date of assertion of the breach.

(iii) A substantial breach of paragraphs (i) (a) and (b) of Article 28 that results only from a dispute shall not be subject to the provisions of this Article and shall be covered by the provisions of paragraphs (i) to (viii) of Article 27.

(iv) The Export Factor shall promptly reimburse the Import Factor under this Article; such payment shall include interest from date of PUA to date of reimbursement as calculated in accordance with Article 26 (ii).

(v) The provisions of this Article are additional to and not in substitution for any other provisions of these Articles.

(N. B. : Paragraph (iii) becomes (i) with the other paragraphs to follow chronologically June 2009. Paragraph (ii) amended June 2010. Paragraphs (ii) and (iv) amended June 2013.)

附录四：商业银行保理业务管理暂行办法

中国银监会令 2014 年第 5 号

第一章 总则

第一条 为规范商业银行保理业务经营行为,加强保理业务审慎经营管理,促进保理业务健康发展,根据《中华人民共和国合同法》《中华人民共和国物权法》《中华人民共和国银行业监督管理法》《中华人民共和国商业银行法》等法律法规,制定本办法。

第二条 中华人民共和国境内依法设立的商业银行经营保理业务,应当遵守本办法。

第三条 商业银行开办保理业务应当遵循依法合规、审慎经营、平等自愿、公平诚信的原则。

第四条 商业银行开办保理业务应当妥善处理业务发展与风险管理的关系。

第五条 中国银监会及其派出机构依照本办法及有关法律法规对商业银行保理业务实施监督管理。

第二章 定义和分类

第六条 本办法所称保理业务是以债权人转让其应收账款为前提,集应收账款催收、管理、坏账担保及融资于一体的综合性金融服务。债权人将其应收账款转让给商业银行,由商业银行向其提供下列服务中至少一项的,即为保理业务:

(一)应收账款催收:商业银行根据应收账款账期,主动或应债权人要求,采取电话、函件、上门等方式或运用法律手段等对债务人进行催收。

(二)应收账款管理:商业银行根据债权人的要求,定期或不定期向其提供关于应收账款的回收情况、逾期账款情况、对账单等财务和统计报表,协助其进行应收账款管理。

(三)坏账担保:商业银行与债权人签订保理协议后,为债务人核定信用额度,并在核准额度内,对债权人无商业纠纷的应收账款,提供约定的付款担保。

(四)保理融资:以应收账款合法、有效转让为前提的银行融资服务。

以应收账款为质押的贷款,不属于保理业务范围。

第七条 商业银行应当按照"权属确定,转让明责"的原则,严格审核并确认债权的真实性,确保应收账款初始权属清晰确定、历次转让凭证完整、权责无争议。

第八条 本办法所称应收账款,是指企业因提供商品、服务或者出租资产而形成的金钱债权及其产生的收益,但不包括因票据或其他有价证券而产生的付款请求权。

第九条 本办法所指应收账款的转让,是指与应收账款相关的全部权利及权益的让渡。

第十条 保理业务分类:

(一)国内保理和国际保理

按照基础交易的性质和债权人、债务人所在地,分为国际保理和国内保理。

国内保理是债权人和债务人均在境内的保理业务。

国际保理是债权人和债务人中至少有一方在境外(包括保税区、自贸区、境内关外等)的保理业务。

(二)有追索权保理和无追索权保理

按照商业银行在债务人破产、无理拖欠或无法偿付应收账款时,是否可以向债权人反转让应收账款、要求债权人回购应收账款或归还融资,分为有追索权保理和无追索权保理。

有追索权保理是指在应收账款到期无法从债务人处收回时,商业银行可以向债权人反转让应收账款、要求债权人回购应收账款或归还融资。有追索权保理又称回购型保理。

无追索权保理是指应收账款在无商业纠纷等情况下无法得到清偿的,由商业银行承担应收账款的坏账风险。无追索权保理又称买断型保理。

(三)单保理和双保理

按照参与保理服务的保理机构个数,分为单保理和双保理。

单保理是由一家保理机构单独为买卖双方提供保理服务。

双保理是由两家保理机构分别向买卖双方提供保理服务。

买卖双方保理机构为同一银行不同分支机构的,原则上可视作双保理。商业银行应当在相关业务管理办法中同时明确作为买方保理机构和卖方保理机构的职责。

有保险公司承保买方信用风险的银保合作,视同双保理。

第三章 保理融资业务管理

第十一条 商业银行应当按照本办法对具体保理融资产品进行定义,根据自身情况确定适当的业务范围,制定保理融资客户准入标准。

第十二条 双保理业务中,商业银行应当对合格买方保理机构制定准入标准,对于买方保理机构为非银行机构的,应当采取名单制管理,并制定严格的准入准出标准与程序。

第十三条 商业银行应当根据自身内部控制水平和风险管理能力,制定适合叙做保理融资业务的应收账款标准,规范应收账款范围。商业银行不得基于不合法基础交易合同、寄售合同、未来应收账款、权属不清的应收账款、因票据或其他有价证券而产生的付款请求权等开展保理融资业务。

未来应收账款是指合同项下卖方义务未履行完毕的预期应收账款。

权属不清的应收账款是指权属具有不确定性的应收账款,包括但不限于已在其他银行或商业保理公司等第三方办理出质或转让的应收账款。获得质权人书面同意解押并放弃抵质押权利和获得受让人书面同意转让应收账款权属的除外。

因票据或其他有价证券而产生的付款请求权是指票据或其他有价证券的持票人无需持有票据或有价证券产生的基础交易应收账款单据,仅依据票据或有价证券本身即可向票据或有价证券主债务人请求按票据或有价证券上记载的金额付款的权利。

第十四条 商业银行受理保理融资业务时,应当严格审核卖方和/或买方的资信、经营及财务状况,分析拟做保理融资的应收账款情况,包括是否出质、转让以及账龄结构等,合理判断买方的付款意愿、付款能力以及卖方的回购能力,审查买卖合同等资料的真实性与合法性。对因提供服务、承接工程或其他非销售商品原因所产生的应收账款,或买卖双方为关联企业的应收账款,应当从严审查交易背景真实性和定价的合理性。

第十五条 商业银行应当对客户和交易等相关情况进行有效的尽职调查,重点对交易对手、交易商品及贸易习惯等内容进行审核,并通过审核单据原件或银行认可的电子贸易信息等方式,确认相关交易行为真实合理存在,避免客户通过虚开发票或伪造贸易合同、物流、回款等手段恶意骗取融资。

第十六条 单保理融资中,商业银行除应当严格审核基础交易的真实性外,还需确定卖方或买方一方比照流动资金贷款进行授信管理,严格实施受理与调查、风险评估与评价、支付和监测等全流程控制。

第十七条　商业银行办理单保理业务时,应当在保理合同中原则上要求卖方开立用于应收账款回笼的保理专户等相关账户。商业银行应当指定专人对保理专户资金进出情况进行监控,确保资金首先用于归还银行融资。

第十八条　商业银行应当充分考虑融资利息、保理手续费、现金折扣、历史收款记录、行业特点等应收账款稀释因素,合理确定保理业务融资比例。

第十九条　商业银行开展保理融资业务,应当根据应收账款的付款期限等因素合理确定融资期限。商业银行可将应收账款到期日与融资到期日间的时间期限设置为宽限期。宽限期应当根据买卖双方历史交易记录、行业惯例等因素合理确定。

第二十条　商业银行提供保理融资时,有追索权保理按融资金额计入债权人征信信息;无追索权保理不计入债权人及债务人征信信息。商业银行进行担保付款或垫款时,应当按保理业务的风险实质,决定计入债权人或债务人的征信信息。

第四章　保理业务风险管理

第二十一条　商业银行应当科学审慎制定贸易融资业务发展战略,并纳入全行统一战略规划,建立科学有效的贸易融资业务决策程序和激励约束机制,有效防范与控制保理业务风险。

第二十二条　商业银行应当制定详细规范的保理业务管理办法和操作规程,明确业务范围、相关部门职能分工、授信和融资制度、业务操作流程以及风险管控、监测和处置等政策。

第二十三条　商业银行应当定期评估保理业务政策和程序的有效性,加强内部审计监督,确保业务稳健运行。

第二十四条　保理业务规模较大、复杂度较高的商业银行,必须设立专门的保理业务部门或团队,配备专业的从业人员,负责产品研发、业务操作、日常管理和风险控制等工作。

第二十五条　商业银行应当直接开展保理业务,不得将应收账款的催收、管理等业务外包给第三方机构。

第二十六条　商业银行应当将保理业务纳入统一授信管理,明确各类保理业务涉及的风险类别,对卖方融资风险、买方付款风险、保理机构风险分别进行专项管理。

第二十七条 商业银行应当建立全行统一的保理业务授权管理体系,由总行自上而下实施授权管理,不得办理未经授权或超授权的保理业务。

第二十八条 商业银行应当针对保理业务建立完整的前中后台管理流程,前中后台应当职责明晰并相对独立。

第二十九条 商业银行应当将保理业务的风险管理纳入全面风险管理体系,动态关注卖方或买方经营、管理、财务及资金流向等风险信息,定期与卖方或买方对账,有效管控保理业务风险。

第三十条 商业银行应当加强保理业务IT系统建设。保理业务规模较大、复杂程度较高的银行应当建立电子化业务操作和管理系统,对授信额度、交易数据和业务流程等方面进行实时监控,并做好数据存储及备份工作。

第三十一条 当发生买方信用风险,保理银行履行垫付款义务后,应当将垫款计入表内,列为不良贷款进行管理。

第三十二条 商业银行应当按照《商业银行资本管理办法(试行)》要求,按保理业务的风险实质,计量风险加权资产,并计提资本。

第五章 法律责任

第三十三条 商业银行违反本办法规定经营保理业务的,由银监会及其派出机构责令其限期改正。商业银行有下列情形之一的,银监会及其派出机构可采取《中华人民共和国银行业监督管理法》第三十七条规定的监管措施:

(一)未按要求制定保理业务管理办法和操作规程即开展保理业务的;

(二)违反本办法第十三条、十六条规定叙做保理业务的;

(三)业务审查、融资管理、风险处置等流程未尽职的。

第三十四条 商业银行经营保理业务时存在下列情形之一的,银监会及其派出机构除按本办法第三十三条采取监管措施外,还可根据《中华人民共和国银行业监督管理法》第四十六、第四十八条实施处罚:

(一)因保理业务经营管理不当发生信用风险重大损失、出现严重操作风险损失事件的;

(二)通过非公允关联交易或变相降低标准违规办理保理业务的;

(三)未真实准确对垫款等进行会计记录或以虚假会计处理掩盖保理业务风险实质的;

(四)严重违反本办法规定的其他情形。

第六章　附则

第三十五条　政策性银行、外国银行分行、农村合作银行、农村信用社、财务公司等其他银行业金融机构开展保理业务的,参照本办法执行。

第三十六条　中国银行业协会应当充分发挥自律、协调、规范职能,建立并持续完善银行保理业务的行业自律机制。

第三十七条　本办法由中国银监会负责解释。

附录五：天津市商业保理业试点管理办法

第一章 总则

第一条 为推进我市商业保理业持续健康发展，做好我市滨海新区商业保理业试点工作，健全商贸信用服务和融资体系，促进商贸流通进一步发展，根据有关法律法规和《商务部关于商业保理试点有关工作的通知》（商资函〔2012〕419号）、《商务部关于商业保理试点实施方案的复函》（商资函〔2012〕919号）要求，结合我市实际，制定本办法。

第二条 本办法所称商业保理，是指销售商（债权人）将其与买方（债务人）订立的货物销售（服务）合同所产生的应收账款转让给商业保理公司，由商业保理公司为其提供贸易融资、应收账款管理与催收等综合性商贸服务。

第三条 商业保理业试点工作坚持科学审慎，风险可控，依法监管，规范发展的原则。

第四条 本办法适用于在我市滨海新区新注册的内外资商业保理公司。

第二章 公司设立和业务范围

第五条 设立商业保理公司应当符合下列要求：

（一）主出资人应当为企业法人或其他社会经济组织，且在申请前1年总资产不低于5 000万元；

（二）公司注册资本不低于5 000万元，全部为实收货币资本，且来源真实合法。内资公司注册资本由投资者一次性足额缴纳，外资公司注册资本缴纳期限按现行相关规定执行；

（三）商业保理公司应当拥有2名以上具有金融领域管理经验且无不良信用记录的高级管理人员，拥有与其业务相适应的合格专业人员；

（四）支持有实力和有保理业务背景的出资人设立商业保理公司，推进保理市场主体多元化，其中境外投资者或其关联实体应当具有从事保理业务的业绩和经验；

（五）法律法规规定的其他条件。

第六条 商业保理公司原则上应当设立为独立的公司，不混业经营。商业保理公司的名称中的行业表述应当标明"商业保理"字样。

第七条 申请设立商业保理公司应当向审批部门报送下列材料：

（一）申请书；

（二）投资各方签署的可行性研究报告；

（三）公司章程（中外合资企业、中外合作企业还需提供合同）；

（四）投资各方的注册登记证明、法定代表人身份证明；

（五）主出资人上一年度的审计报告；

（六）高级管理人员情况表；

（七）工商行政管理部门出具的企业名称预先核准通知书；

（八）股东承诺书；

（九）审批部门要求的其他文件。

第八条 设立商业保理公司，应当经滨海新区人民政府批准后，办理工商登记手续。

第九条 商业保理公司可以经营下列业务：

（一）以受让应收账款的方式提供贸易融资。

（二）应收账款的收付结算、管理与催收。

（三）销售分户（分类）账管理。

（四）与本公司业务相关的非商业性坏账担保。

（五）客户资信调查与评估。

（六）相关咨询服务。

（七）法律法规准予从事的其他业务。

第三章 公司治理和合规经营

第十条 商业保理公司的营运资金为公司注册资本金、银行贷款等间接融资，发行债券等直接融资，以及借用短期外债和中长期外债。为防范风险、保障经营安全，商业保理公司的风险资产不得超过公司净资产的 10 倍。风险资产（含担保余额）按企业的总资产减去现金、银行存款、国债后的剩余资产总额确定。

第十一条 商业保理公司不得从事吸收存款、发放贷款等金融活动，禁止专门从事或受托开展催收业务，禁止从事讨债业务。

第十二条 商业保理公司必须依照法律法规和行业规范等开展业务，自主经营，自负盈亏，自我约束，自担风险。

第十三条 商业保理公司应当建立与保理业务相应的管理制度，健全相关业务流程和操作规范,防范经营风险。

第十四条　商业保理公司应当在中国人民银行征信中心的应收账款质押登记公示系统办理应收账款转让登记,将应收账款权属状态予以公示。

第十五条　商业保理公司应当向滨海新区人民政府报送月度业务情况统计表、季度财务报表和经中介机构审计的年度财务报告及经营情况说明书,并对报告和资料的真实性准确性完整性负责。

第十六条　每年4至6月,滨海新区人民政府对商业保理公司上一年度保理业务开展情况进行检查。

第四章　支持保理业务发展

第十七条　支持商业保理公司开发先进适用的商业保理业务产品,不断完善商业保理市场。

第十八条　支持商业保理公司依法加入国际性保理组织,积极审慎开展国际保理业务。

第十九条　支持银行与商业保理公司合作发展保理业务。银行可以向商业保理公司定期定量融资,购入商业保理公司的保理业务,提供应收账款管理、业务流程管理和电子信息系统服务,开发应收账款再转让等产品,建立适用的保理业务模式。支持银行向商业保理公司提供境外合作保理商渠道,拓展商业保理公司的国际业务。

第二十条　支持保险公司开发商业保理公司适用的责任保险、信用保险等保险产品,拓宽出口保理信用保险和进口保理信用保险业务,增强商业保理公司风险控制能力。

第二十一条　支持商业保理公司积极开展国际和国内保理业务,对向小型微型企业提供融资服务的,按有关规定享受财政奖励政策。

第二十二条　对符合本办法规定的商业保理公司实行下列补助政策:

(一)自开业年度起,前2年按其缴纳营业税的100%标准给予补助,后3年按其缴纳营业税的50%标准给予补助;自获利年度起,前2年按其缴纳企业所得税地方分享部分的100%标准给予补助,后3年按其缴纳企业所得税地方分享部分的50%标准给予补助。对新购建的自用办公房产,按其缴纳契税的100%标准给予补助,3年内按其缴纳房产税的100%标准给予补助。

(二)新购建的自用办公用房,按每平方米1 000元的标准给予一次性资金补助,补助金额最高不超过500万元;租赁的自用办公用房,3年内按房屋租金的

30%给予补贴。若实际租赁价格高于房屋租金市场指导价的,则按市场指导价计算租房补贴,补贴总额不超过 100 万元。

(三)从外省市引进且连续聘任 2 年以上的公司副职级以上高级管理人员,在本市行政辖区内第一次购买商品房、汽车或参加专业培训的,5 年内按其缴纳个人工薪收入所得税地方分享部分给予奖励,累计最高奖励限额为购买商品房、汽车或参加专业培训实际支付的金额;没有在本市行政辖区内购买商品房、汽车或参加专业培训的,3 年内按其缴纳个人工薪收入所得税地方分享部分的 50%给予奖励。

前款各项政策所需资金,由市财政和商业保理公司所在区县财政按照现行财政体制规定分别负担。

第五章 政府管理和服务

第二十三条 建立由市人民政府分管领导为召集人的商业保理业发展联席会议制度,市商务委、市金融办、市财政局、市工商局、市统计局、市国税局、市地税局、天津银监局、人民银行天津分行和滨海新区人民政府等为成员单位。联席会议主要职责是协调解决制约商业保理公司发展的问题,促进我市商业保理业持续健康发展。

第二十四条 滨海新区人民政府负责商业保理公司的审批与监管。市商务委、市金融办等部门按照各自职能对滨海新区商业保理试点工作进行指导。

第二十五条 加强保理业从业人员队伍建设,鼓励高等院校和学术研究机构设立保理专业课程,培养保理业务专业人才。商业保理公司的从业人员应当积极参加保理专业知识培训,提高专业水平。

第六章 行业自律和协会服务

第二十六条 天津市保理与贴现协会是商业保理业实行同业自律管理的行业性组织。鼓励商业保理公司加入该协会。

第二十七条 天津市保理与贴现协会应当做好行业自律、政策宣传、咨询服务和教育培训等工作,提升商业保理公司的规范经营意识。

第七章 附则

第二十八条 本办法自发布之日起施行,有效期 5 年。《天津市人民政府办公厅转发市商务委等九部门拟定的天津市商业保理业试点管理办法的通知》(津政办发〔2012〕143 号)自本办法发布之日起废止。

附录六：上海市商业保理试点暂行管理办法

第一章 总则

第一条 为鼓励和促进上海市商业保理行业的健康发展，规范商业保理企业的经营行为，根据《中华人民共和国公司法》《中华人民共和国中外合资经营企业法》《中华人民共和国中外合作经营企业法》《中华人民共和国外资企业法》等相关法律法规的规定和《商务部关于商业保理试点有关工作的通知》（商资函[2012]419号）、《商务部办公厅关于做好商业保理行业管理工作的通知》（商办秩函[2013]718号）的要求，制订本办法。

第二条 中国境内企业及外国公司、企业和其他经济组织（以下称"外国投资者"）以独资、合资、合作的形式在本市试点区（县）设立商业保理企业，开展商业保理业务和经营活动，适用本办法。

第三条 本办法所称的商业保理业务，是指供应商与商业保理商（非银行机构）通过签订保理协议，供应商将现在或将来的应收账款转让给商业保理商，从而获取融资，或获得保理商提供的分户账管理、账款催收、坏账担保等服务。

第四条 市商务委负责全市商业保理行业管理工作，经市商务委和市工商局确定的试点区（县）商务主管部门负责本行政区域内商业保理行业管理。工商、公安、金融、税务等相关职能部门根据法律法规及本办法的有关规定，依法履行行政管理职责。

第五条 市商务委会同市工商局、市公安局、市金融办、市地税局等部门和上海银监局、人民银行上海总部建立协同监管机制，推进行业发展和加强行业监管。试点区（县）政府应当结合本区（县）实际，出台有关促进商业保理行业发展的政策措施。

第六条 鼓励商业保理企业成立行业协会，引导企业加入国际性保理企业组织，加强行业自律。

第二章 商业保理企业设立

第七条 商业保理企业应当符合下列条件：

（一）至少有一个投资者（或其关联主体）具有经营商业保理业务等相关行业的经历。

本办法所称的关联实体,是指该投资者控制的某一实体、或控制该投资者的某一实体,或与该投资者共同受控于某一实体的另一实体。控制是指控制方拥有被控制方超过50%的表决权。

(二)投资者设立存续满一年(符合条件的外国投资者境外母公司以其全资拥有的境外子公司(SPV)名义投资设立商业保理公司,可不要求存续满一年)。投资者具备开展商业保理业务相应的资产规模和资金实力,其资产总和不得低于人民币5 000万元且两年内在税务、海关、工商等政府部门和金融机构没有违法违规和不良记录。

商业保理企业境内投资者注册资本已缴足到位,境外投资者符合其他法律法规相关要求。

外国投资者如实披露实际投资人的背景信息及资产情况。

(三)建立健全的财务制度、风险控制制度和重大风险事件应急制度。

财务制度包括财务管理体制、财务机构和岗位职责、资金和费用管理要求、会计政策和科目、会计凭证管理等。

风险控制制度包括组织架构和职责、业务操作流程和要求、资产分类管理、风险处置措施等。

(四)拥有不少于两名具有3年以上金融领域管理经验且无不良信用记录的高级管理人员。

高级管理人员,是指总经理(副总经理)、业务主管、财务主管、风险控制主管以及运营主管等。

(五)以公司形式设立,注册资本不低于人民币5 000万元,为实收货币资本。

外国投资者以可自由兑换的货币、合法获得的境外人民币及其在中国境内获得的人民币利润或因转股、清算等活动获得的人民币合法收益出资。

第八条　商业保理企业设立程序为:

(一)设立内资商业保理企业向试点区(县)工商行政管理部门申请名称预先核准。试点区(县)工商行政管理部门告知申请人设立条件,并于收到申请人登记申请后3个工作日内,向试点区(县)商务主管部门发出征询函。由试点区(县)商务主管部门启动联合征询机制,并于10个工作日内,书面反馈意见。

(二)设立外资商业保理企业向试点区(县)工商行政管理部门申请名称预先核准。经核名并符合设立条件的外资商业保理企业,由试点区(县)商务主管部门出具批准设立文件并颁发《外商投资企业批准证书》;需要由市商务委批准的,由区(县)商务主管部门报市商务委批准。

(三)试点区(县)商务主管部门在工商行政管理部门受理登记后,将商业保理企业相关信息报送市商务委。

第九条　设立商业保理企业除提交一般企业设立所需材料外,还应当提交下列材料:

(一)商业保理企业设立方案,包括:

1. 投资者基本情况介绍及相关证明;

2. 投资者或其关联实体从事商业保理业务、贸易融资、供应链管理等相关行业的经历说明;

3. 投资规模分析、资金来源说明;

4. 财务制度、风险控制制度和重大风险事件应急制度;

5. 拟设保理企业未来业务发展规划、拟开展保理业务的行业和领域、组织管理架构、效益分析以及风险控制能力分析、业务操作流程及特点。

(二)高级管理人员及风险控制部门管理人员情况介绍及有关证明。

(三)管理部门要求提交的其他相关文件。

第十条　商业保理企业应当在名称中,标明"商业保理"字样。

第十一条　商业保理企业有下列事项变化的,应当参照设立程序申请变更:

(一)持股比例超过5%的股东申请股权转让;

(二)增加新股东;

(三)合并;

(四)分立。

第三章　经营与风险管理

第十二条　商业保理企业可以从事与所受让的应收账款相关的下列业务:

(一)应收账款融资;

(二)销售分户账管理;

(三)应收账款催收;

(四)坏账担保;

(五)经许可的其他业务。

第十三条　商业保理企业不得从事下列活动:

(一)吸收存款;

（二）发放贷款或受托发放贷款；

（三）专门从事或受托开展与商业保理无关的催收业务、讨债业务；

（四）受托投资；

（五）国家规定不得从事的其他活动。

第十四条　中外资商业保理企业从事的业务活动应当符合国家对外汇管理的有关规定。

第十五条　商业保理企业可以通过银行和非银行金融机构以及发行债券等渠道融资，融资来源必须符合国家相关法律、法规的规定。

第十六条　商业保理企业的风险资产一般不得超过净资产总额的 10 倍。风险资产按照企业的总资产减去现金、银行存款、国债后的剩余资产总额确定。

第十七条　商业保理企业应当按照审慎会计原则，建立资产损失准备金提取制度。可以参照《非银行金融机构资产风险分类指导原则（试行）》对保理资产风险进行分类，并根据风险大小，确定资产损失准备计提比例，按照季度提取资产损失准备金。

第十八条　商业保理企业为股东及其关联实体提供担保或保理融资的总余额，不得超过该股东的出资金额。

第十九条　商业保理企业应当在人民银行征信中心的应收账款质押登记公示系统，办理应收账款转让登记，将应收账款权属状态予以公示。

第二十条　商业保理企业应当在境内已加入国际性保理企业组织的商业银行，开设商业保理运营资金的人民币专用存款账户（以下简称"专用账户"）。

商业保理运营资金主要是指商业保理企业运用自有资金或自筹资金开展商业保理经营活动的资金。商业保理企业日常经营管理资金不纳入监管范畴。

商业保理企业应当与商业银行的法人机构或授权的分支机构签订资金管理协议，明确双方的权利、义务和责任。

商业保理企业应当每月向试点区（县）商务主管部门报送经存管银行确认的资金存管情况；存管银行发现商业保理企业违反国家法律法规或存管协议的，应当向商务主管部门报告有关情况。

第二十一条　商业保理企业应当按照规定，登录商务部商业保理业务信息系统（以下简称"商务部信息系统"）进行信息填报，填报内容包括公司注册信息、高管人员资质、财务状况、业务开展情况、内部管理制度建设情况等。新注册企业应当于成立后 10 个工作日内完成基本信息填报。

商业保理企业应当于每月、每季度结束后15个工作日内,完成上一月度、季度业务信息填报。信息填报情况将作为商业保理企业合规考核的重要指标。

第二十二条　商业保理企业应当做好重大事项报告工作,并于下列事项发生后5个工作日内,向商务主管部门(登录商务部信息系统)报告,并配合有关部门开展调查。

(一) 持股比例超过5%的主要股东变动;

(二) 单笔金额超过净资产5%的重大关联交易;

(三) 单笔金额超过净资产10%的重大债务;

(四) 单笔金额超过净资产20%的或有负债;

(五) 超过净资产10%的重大损失或赔偿责任;

(六) 董事长、总经理等高管人员变动;

(七) 减资、合并、分立、解散及申请破产;

(八) 重大待决诉讼、仲裁。

其他需要向有关部门报备的事项按照有关规定执行。

第四章　监督管理

第二十三条　市商务委负责建立全市统一的商业保理行业协同监管信息系统,与工商、公安、金融、税务等部门和上海银监局、人民银行上海总部实现企业信息共享,加强对商业保理企业事中、事后协同监管。

市商务委指导和监督各区(县)推进商业保理试点工作,试点区(县)商务主管部门应当每半年一次向市商务委报送本区(县)商业保理发展情况。

第二十四条　试点区(县)商务主管部门应当会同工商、公安、金融、税务等部门加强对商业保理企业的制度建设、内控机制、合规经营、融资管理、账户设置、统计数据上报的及时性和准确性等情况的现场检查和非现场监测,责令企业对有关情况和问题作出说明并限期整改,并将有关情况通报有关部门。

第二十五条　试点区(县)商务主管部门应当结合日常信息报送、现场和非现场检查等情况,每年开展合规考核。对违反本办法规定或达不到本办法要求的商业保理企业,责令其限期整改;对逾期不整改的以及违规情节严重的,不予通过合规考核,及时通报有关部门并向社会予以公示。

试点区(县)商务主管部门应当将合规考核情况上报市商务委。

第二十六条　试点区(县)商务主管部门应当委托会计师事务所、律师事务所等专业社会评估机构,对商业保理企业风控体系、风险指标、信用风险、市场风险、操作风险、法律风险等进行评估。第三方评估应每两年开展一次,并将评估结果向社会公示。

第二十七条　商业保理企业在经营过程中有下列情形之一的,由市公安局等相关部门依法进行处理;构成犯罪的,移送司法机关依法追究刑事责任:

（一）非法吸收公众存款、集资诈骗;

（二）洗钱和地下钱庄;

（三）实施高利转贷犯罪或违法放贷;

（四）应收债权重复质押、转让或欺诈性交易;

（五）借助国际保理业务实施操纵股价;

（六）暴力讨债等刑事犯罪和相关民事合同纠纷;

（七）其他违法违规行为。

第五章　附则

第二十八条　在中国（上海）自由贸易试验区内设立商业保理企业,按照区内有关规定执行。

第二十九条　本办法自2014年8月1日起实施,有效期至2016年7月31日。

附录七：应收账款质押登记办法
（修订征求意见稿）

第一章 总则

第一条 为规范应收账款质押登记，保护质押当事人和利害关系人的合法权益，根据《中华人民共和国民法通则》《中华人民共和国合同法》《中华人民共和国物权法》等，制定本办法。

第二条 本办法所称的应收账款是指权利人因提供一定的货物、服务或设施而获得的要求义务人付款的权利以及依法享有的其他付款请求权，包括现有的和未来的金钱债权及其产生的收益，但不包括因票据、信用证或其他有价证券而产生的付款请求权，以及法律、行政法规禁止转让的付款请求权。

本办法所称的应收账款包括下列权利：

（一）销售、出租产生的债权，包括销售货物，供应水、电、气、暖，知识产权的许可使用，出租动产或不动产等；

（二）提供医疗、教育、旅游等服务或劳务产生的债权；

（三）城市和农村基础设施项目收益权，包括公路、桥梁、隧道、渡口等不动产收益权，水利、电网、环保等项目收益权；

（四）提供贷款或其他信用产生的债权；

（五）其他以合同为基础的具有金钱给付内容的债权。

第三条 本办法所称应收账款质押是指《中华人民共和国物权法》第二百二十三条规定的应收账款出质，具体是指为担保债务的履行，债务人或者第三人将其合法拥有的应收账款出质给债权人，债务人不履行到期债务或者发生当事人约定的实现质权的情形，质权人有权就该应收账款及其收益优先受偿。

第四条 中国人民银行征信中心（以下简称征信中心）是应收账款质押的登记机构。

征信中心建立专门的基于互联网的登记平台（以下简称登记平台），办理应收账款质押登记，并为社会公众提供查询服务。

第五条 中国人民银行对征信中心办理应收账款质押登记有关活动进行管理。

第六条　在同一应收账款上设立多个权利的,质权人按照登记的先后顺序行使质权。

第二章　登记与查询

第七条　应收账款质押登记通过登记平台办理。

第八条　当事人应在质押合同中约定由质权人办理应收账款质押登记。

质权人也可以委托他人办理登记。委托他人办理登记的,适用本办法关于质权人办理登记的规定。

第九条　质权人办理应收账款质押登记时,应注册为登记平台的用户。

第十条　登记内容包括质权人和出质人的基本信息、应收账款的描述、登记期限、主债权金额以及主债权合同有关的其他信息。

出质人或质权人为单位的,应填写单位的法定注册名称、住所、法定代表人或负责人姓名、组织机构代码或金融机构编码、工商注册号等。

出质人或质权人为个人的,应填写有效身份证件号码、有效身份证件载明的地址等信息。

第十一条　质权人应将填写完毕的登记内容提交登记平台。登记平台记录提交时间并分配登记编号,生成应收账款质押登记初始登记证明和修改码提供给质权人。

第十二条　质权人自行确定登记期限,登记期限以年计算,最长不超过30年。

第十三条　在登记期限届满前90日内,质权人可以申请展期。

质权人可以多次展期,每次展期期限不得超过30年。

第十四条　登记内容存在遗漏、错误等情形或登记内容发生变化的,质权人应当办理变更登记。

质权人在原质押登记中增加新的应收账款出质的,新增加的部分视为新的质押登记。

第十五条　质权人办理登记时所填写的出质人法定注册名称或有效身份证件号码变更的,质权人应在知道或应当知道变更之日起30日内办理变更登记。

第十六条　质权人办理展期、变更登记的,应当与出质人就展期、变更事项达成一致。

第十七条　有下列情形之一的,质权人应自该情形产生之日起10日内办理注销登记:

（一）主债权消灭；

（二）质权实现；

（三）质权人放弃登记载明的应收账款之上的全部质权；

（四）其他导致所登记权利消灭的情形。

第十八条　质权人凭修改码办理展期、变更登记、注销登记。

第十九条　出质人或其他利害关系人认为登记内容错误的，可以要求质权人变更登记或注销登记。质权人不同意变更或注销的，出质人或其他利害关系人可以办理异议登记。

办理异议登记的出质人或其他利害关系人可以自行注销异议登记。

第二十条　出质人或其他利害关系人应在异议登记办理完毕之日起7日内通知质权人。

第二十一条　征信中心应按照出质人或其他利害关系人、质权人的要求，根据生效的法院判决、裁定或仲裁机构裁决撤销应收账款质押登记或异议登记。

第二十二条　质权人办理变更登记和注销登记、出质人或其他利害关系人办理异议登记后，登记平台记录登记时间、分配登记编号，并生成变更登记、注销登记或异议登记证明。

第二十三条　质权人、出质人和其他利害关系人应当按照登记平台提示项目如实登记，提供虚假材料办理登记，给他人造成损害的，应当承担相应的法律责任。

第二十四条　任何单位和个人均可以在注册为登记平台的用户后，查询应收账款质押登记信息。

第二十五条　出质人为单位的，查询人以出质人的法定注册名称进行查询。出质人为个人的，查询人以出质人的身份证件号码进行查询。

第二十六条　征信中心根据查询人的申请，提供查询证明。

第二十七条　质权人、出质人或其他利害关系人、查询人可以通过证明编号在登记平台对登记证明和查询证明进行验证。

第三章　征信中心的职责

第二十八条　征信中心应当采取技术措施和其他必要措施，维护登记平台安全、正常运行，防止登记信息泄露、丢失。

第二十九条　征信中心应当制定登记操作规则和内部管理制度，并报中国人民银行备案。

第三十条　登记注销或登记期限届满后,征信中心应当对登记记录进行离线保存,保存期限为 15 年。

第四章　附则

第三十一条　征信中心按照国务院价格主管部门批准的收费标准收取应收账款登记服务费用。

第三十二条　权利人在登记平台办理保理业务当中的应收账款转让登记,参照本办法有关规定。

第三十三条　本办法自 2007 年 10 月 1 日起施行。

附录八:《联合国国际贸易应收账款转让公约》

United Nations Convention on the Assignment of Receivables in International Trade

PREAMBLE

The Contracting States,

Reaffirming their conviction that international trade on the basis of equality and mutual benefit is an important element in the promotion of friendly relations among States,

Considering that problems created by uncertainties as to the content and the choice of legal regime applicable to the assignment of receivables constitute an obstacle to international trade,

Desiring to establish principles and to adopt rules relating to the assignment of receivables that would create certainty and transparency and promote the modernization of the law relating to assignments of receivables, while protecting existing assignment practices and facilitating the development of new practices,

Desiring also to ensure adequate protection of the interests of debtors in assignments of receivables,

Being of the opinion that the adoption of uniform rules governing the assignment of receivables would promote the availability of capital and credit at more affordable rates and thus facilitate the development of international trade,

Have agreed as follows:

CHAPTER I. SCOPE OF APPLICATION

Article 1. Scope of application

1. This Convention applies to:

(a) Assignments of international receivables and to international assignments of receivables as defined in this chapter, if, at the time of conclusion of the contract of assignment, the assignor is located in a Contracting State; and

(b) Subsequent assignments, provided that any prior assignment is governed by this Convention.

2. This Convention applies to subsequent assignments that satisfy the criteria set forth in paragraph 1 (a) of this article, even if it did not apply to any prior assignment of the same receivable.

3. This Convention does not affect the rights and obligations of the debtor unless, at the time of conclusion of the original contract, the debtor is located in a Contracting State or the law governing the original contract is the law of a Contracting State.

4. The provisions of chapter V apply to assignments of international receivables and to international assignments of receivables as defined in this chapter independently of paragraphs 1 to 3 of this article. However, those provisions do not apply if a State makes a declaration under article 39.

5. The provisions of the annex to this Convention apply as provided in article 42.

Article 2. Assignment of receivables

For the purposes of this Convention:

(a) "Assignment" means the transfer by agreement from one person ("assignor") to another person ("assignee") of all or part of or an undivided interest in the assignor's contractual right to payment of a monetary sum ("receivable") from a third person ("the debtor"). The creation of rights in receivables as security for indebtedness or other obligation is deemed to be a transfer;

(b) In the case of an assignment by the initial or any other assignee ("subsequent assignment"), the person who makes that assignment is the assignor and the person to whom that assignment is made is the assignee.

Article 3. Internationality

A receivable is international if, at the time of conclusion of the original contract, the assignor and the debtor are located in different States. An assignment is international if, at the time of conclusion of the contract of assignment, the assignor and the assignee are located in different States.

Article 4. Exclusions and other limitations

1. This Convention does not apply to assignments made:

(a) To an individual for his or her personal, family or household purposes;

(b) As part of the sale or change in the ownership or legal status of the business out of which the assigned receivables arose.

2. This Convention does not apply to assignments of receivables arising under or from:

(a) Transactions on a regulated exchange;

(b) Financial contracts governed by netting agreements, except a receivable owed on the termination of all outstanding transactions;

(c) Foreign exchange transactions;

(d) Inter-bank payment systems, inter-bank payment agreements or clearance and settlement systems relating to securities or other financial assets or instruments;

(e) The transfer of security rights in, sale, loan or holding of or agreement to repurchase securities or other financial assets or instruments held with an intermediary;

(f) Bank deposits;

(g) A letter of credit or independent guarantee.

3. Nothing in this Convention affects the rights and obligations of any person under the law governing negotiable instruments.

4. Nothing in this Convention affects the rights and obligations of the assignor and the debtor under special laws governing the protection of parties to transactions made for personal, family or household purposes.

5. Nothing in this Convention:

(a) Affects the application of the law of a State in which real property is situated to either:

(i) An interest in that real property to the extent that under that law the assignment of a receivable confers such an interest; or

(ii) The priority of a right in a receivable to the extent that under that law an interest in the real property confers such a right; or

(b) Makes lawful the acquisition of an interest in real property not permitted under the law of the State in which the real property is situated.

CHAPTER II. GENERAL PROVISIONS

Article 5. Definitions and rules of interpretation

For the purposes of this Convention:

(a) "Original contract" means the contract between the assignor and the debtor from which the assigned receivable arises;

(b) "Existing receivable" means a receivable that arises upon or before conclusion of the contract of assignment and "future receivable" means a receivable that arises after conclusion of the contract of assignment;

(c) "Writing" means any form of information that is accessible so as to be usable for subsequent reference. Where this Convention requires a writing to be signed, that requirement is met if, by generally accepted means or a procedure agreed to by the person whose signature is required, the writing identifies that person and indicates that person's approval of the information contained in the writing;

(d) "Notification of the assignment" means a communication in writing that reasonably identifies the assigned receivables and the assignee;

(e) "Insolvency administrator" means a person or body, including one appointed on an interim basis, authorized in an insolvency proceeding to administer the reorganization or liquidation of the assignor's assets or affairs;

(f) "Insolvency proceeding" means a collective judicial or administrative proceeding, including an interim proceeding, in which the assets and affairs of the assignor are subject to control or supervision by a court or other competent authority for the purpose of reorganization or liquidation;

(g) "Priority" means the right of a person in preference to the right of another person and, to the extent relevant for such purpose, includes the determination whether the right is a personal or a property right, whether or not it is a security right for indebtedness or other obligation and whether any requirements necessary to render the right effective against a competing claimant have been satisfied;

(h) A person is located in the State in which it has its place of business. If the assignor or the assignee has a place of business in more than one State, the place of business is that place where the central administration of the assignor or the assignee is exercised. If the debtor has a place of business in more than one State, the place of business is that which has the closest relationship to the original contract. If a person does not have a place of business, reference is to be made to the habitual residence of that person;

(i) "Law" means the law in force in a State other than its rules of private international law;

(j) "Proceeds" means whatever is received in respect of an assigned receivable, whether in total or partial payment or other satisfaction of the receivable. The term includes whatever is received in respect of proceeds. The term does not include returned goods;

(k) "Financial contract" means any spot, forward, future, option or swap transaction involving interest rates, commodities, currencies, equities, bonds, indices or any other financial instrument, any repurchase or securities lending transaction, and any other transaction similar to any transaction referred to above entered into in financial markets and any combination of the transactions mentioned above;

(l) "Netting agreement" means an agreement between two or more parties that provides for one or more of the following:

(i) The net settlement of payments due in the same currency on the same date whether by novation or otherwise;

(ii) Upon the insolvency or other default by a party, the termination of all outstanding transactions at their replacement or fair market values, conversion of such sums into a single currency and netting into a single payment by one party to the other; or

(iii) The set-off of amounts calculated as set forth in subparagraph (l) (ii) of this article under two or more netting agreements;

(m) "Competing claimant" means:

(i) Another assignee of the same receivable from the same assignor, including a person who, by operation of law, claims a right in the assigned receivable as a result of its right in other property of the assignor, even if that receivable is not an international receivable and the assignment to that assignee is not an international assignment;

(ii) A creditor of the assignor; or

(iii) The insolvency administrator.

Article 6. Party autonomy

Subject to article 19, the assignor, the assignee and the debtor may derogate from or vary by agreement provisions of this Convention relating to their respective rights and obligations. Such an agreement does not affect the rights of any person who is not a party to the agreement.

Article 7. Principles of interpretation

1. In the interpretation of this Convention, regard is to be had to its object and purpose as set forth in the preamble, to its international character and to the need to promote uniformity in its application and the observance of good faith in international trade.

2. Questions concerning matters governed by this Convention that are not expressly settled in it are to be settled in conformity with the general principles on which it is based or, in the absence of such principles, in conformity with the law applicable by virtue of the rules of private international law.

CHAPTER III. EFFECTS OF ASSIGNMENT

Article 8. Effectiveness of assignments

1. An assignment is not ineffective as between the assignor and the assignee or as against the debtor or as against a competing claimant, and the right of an assignee may not be denied priority, on the ground that it is an assignment of more than one receivable, future receivables or parts of or

undivided interests in receivables, provided that the receivables are described:

(*a*) Individually as receivables to which the assignment relates; or

(*b*) In any other manner, provided that they can, at the time of the assignment or, in the case of future receivables, at the time of conclusion of the original contract, be identified as receivables to which the assignment relates.

2. Unless otherwise agreed, an assignment of one or more future receivables is effective without a new act of transfer being required to assign each receivable.

3. Except as provided in paragraph 1 of this article, article 9 and article 10, paragraphs 2 and 3, this Convention does not affect any limitations on assignments arising from law.

Article 9. *Contractual limitations on assignments*

1. An assignment of a receivable is effective notwithstanding any agreement between the initial or any subsequent assignor and the debtor or any subsequent assignee limiting in any way the assignor's right to assign its receivables.

2. Nothing in this article affects any obligation or liability of the assignor for breach of such an agreement, but the other party to such agreement may not avoid the original contract or the assignment contract on the sole ground of that breach. A person who is not party to such an agreement is not liable on the sole ground that it had knowledge of the agreement.

3. This article applies only to assignments of receivables:

(*a*) Arising from an original contract that is a contract for the supply or lease of goods or services other than financial services, a construction contract or a contract for the sale or lease of real property;

(*b*) Arising from an original contract for the sale, lease or licence of industrial or other intellectual property or of proprietary information;

(*c*) Representing the payment obligation for a credit card transaction; or

(*d*) Owed to the assignor upon net settlement of payments due pursuant to a netting agreement involving more than two parties.

Article 10. *Transfer of security rights*

1. A personal or property right securing payment of the assigned receivable

is transferred to the assignee without a new act of transfer. If such a right, under the law governing it, is transferable only with a new act of transfer, the assignor is obliged to transfer such right and any proceeds to the assignee.

2. A right securing payment of the assigned receivable is transferred under paragraph 1 of this article notwithstanding any agreement between the assignor and the debtor or other person granting that right, limiting in any way the assignor's right to assign the receivable or the right securing payment of the assigned receivable.

3. Nothing in this article affects any obligation or liability of the assignor for breach of any agreement under paragraph 2 of this article, but the other party to that agreement may not avoid the original contract or the assignment contract on the sole ground of that breach. A person who is not a party to such an agreement is not liable on the sole ground that it had knowledge of the agreement.

4. Paragraphs 2 and 3 of this article apply only to assignments of receivables:

(*a*) Arising from an original contract that is a contract for the supply or lease of goods or services other than financial services, a construction contract or a contract for the sale or lease of real property;

(*b*) Arising from an original contract for the sale, lease or licence of industrial or other intellectual property or of proprietary information;

(*c*) Representing the payment obligation for a credit card transaction; or

(*d*) Owed to the assignor upon net settlement of payments due pursuant to a netting agreement involving more than two parties.

5. The transfer of a possessory property right under paragraph 1 of this article does not affect any obligations of the assignor to the debtor or the person granting the property right with respect to the property transferred existing under the law governing that property right.

6. Paragraph 1 of this article does not affect any requirement under rules of law other than this Convention relating to the form or registration of the transfer of any rights securing payment of the assigned receivable.

CHAPTER IV. RIGHTS, OBLIGATIONS AND DEFENCES

Section I. Assignor and assignee

Article 11. Rights and obligations of the assignor and the assignee

1. The mutual rights and obligations of the assignor and the assignee arising from their agreement are determined by the terms and conditions set forth in that agreement, including any rules or general conditions referred to therein.

2. The assignor and the assignee are bound by any usage to which they have agreed and, unless otherwise agreed, by any practices they have established between themselves.

3. In an international assignment, the assignor and the assignee are considered, unless otherwise agreed, implicitly to have made applicable to the assignment a usage that in international trade is widely known to, and regularly observed by, parties to the particular type of assignment or to the assignment of the particular category of receivables.

Article 12. Representations of the assignor

1. Unless otherwise agreed between the assignor and the assignee, the assignor represents at the time of conclusion of the contract of assignment that:

(a) The assignor has the right to assign the receivable;

(b) The assignor has not previously assigned the receivable to another assignee; and

(c) The debtor does not and will not have any defences or rights of set-off.

2. Unless otherwise agreed between the assignor and the assignee, the assignor does not represent that the debtor has, or will have, the ability to pay.

Article 13. Right to notify the debtor

1. Unless otherwise agreed between the assignor and the assignee, the assignor or the assignee or both may send the debtor notification of the assignment and a payment instruction, but after notification has been sent only the assignee may send such an instruction.

2. Notification of the assignment or a payment instruction sent in breach of

any agreement referred to in paragraph 1 of this article is not ineffective for the purposes of article 17 by reason of such breach. However, nothing in this article affects any obligation or liability of the party in breach of such an agreement for any damages arising as a result of the breach.

Article 14. Right to payment

1. As between the assignor and the assignee, unless otherwise agreed and whether or not notification of the assignment has been sent:

(a) If payment in respect of the assigned receivable is made to the assignee, the assignee is entitled to retain the proceeds and goods returned in respect of the assigned receivable;

(b) If payment in respect of the assigned receivable is made to the assignor, the assignee is entitled to payment of the proceeds and also to goods returned to the assignor in respect of the assigned receivable; and

(c) If payment in respect of the assigned receivable is made to another person over whom the assignee has priority, the assignee is entitled to payment of the proceeds and also to goods returned to such person in respect of the assigned receivable.

2. The assignee may not retain more than the value of its right in the receivable.

Section II. Debtor

Article 15. Principle of debtor protection

1. Except as otherwise provided in this Convention, an assignment does not, without the consent of the debtor, affect the rights and obligations of the debtor, including the payment terms contained in the original contract.

2. A payment instruction may change the person, address or account to which the debtor is required to make payment, but may not change:

(a) The currency of payment specified in the original contract; or

(b) The State specified in the original contract in which payment is to be made to a State other than that in which the debtor is located.

Article 16. Notification of the debtor

1. Notification of the assignment or a payment instruction is effective when

received by the debtor if it is in a language that is reasonably expected to inform the debtor about its contents. It is sufficient if notification of the assignment or a payment instruction is in the language of the original contract.

2. Notification of the assignment or a payment instruction may relate to receivables arising after notification.

3. Notification of a subsequent assignment constitutes notification of all prior assignments.

Article 17. Debtor's discharge by payment

1. Until the debtor receives notification of the assignment, the debtor is entitled to be discharged by paying in accordance with the original contract.

2. After the debtor receives notification of the assignment, subject to paragraphs 3 to 8 of this article, the debtor is discharged only by paying the assignee or, if otherwise instructed in the notification of the assignment or subsequently by the assignee in a writing received by the debtor, in accordance with such payment instruction.

3. If the debtor receives more than one payment instruction relating to a single assignment of the same receivable by the same assignor, the debtor is discharged by paying in accordance with the last payment instruction received from the assignee before payment.

4. If the debtor receives notification of more than one assignment of the same receivable made by the same assignor, the debtor is discharged by paying in accordance with the first notification received.

5. If the debtor receives notification of one or more subsequent assignments, the debtor is discharged by paying in accordance with the notification of the last of such subsequent assignments.

6. If the debtor receives notification of the assignment of a part of or an undivided interest in one or more receivables, the debtor is discharged by paying in accordance with the notification or in accordance with this article as if the debtor had not received the notification. If the debtor pays in accordance with the notification, the debtor is discharged only to the extent of the part or undivided interest paid.

7. If the debtor receives notification of the assignment from the assignee, the debtor is entitled to request the assignee to provide within a reasonable period of time adequate proof that the assignment from the initial assignor to the initial assignee and any intermediate assignment have been made and, unless the assignee does so, the debtor is discharged by paying in accordance with this article as if the notification from the assignee had not been received. Adequate proof of an assignment includes but is not limited to any writing emanating from the assignor and indicating that the assignment has taken place.

8. This article does not affect any other ground on which payment by the debtor to the person entitled to payment, to a competent judicial or other authority, or to a public deposit fund discharges the debtor.

Article 18. Defences and rights of set-off of the debtor

1. In a claim by the assignee against the debtor for payment of the assigned receivable, the debtor may raise against the assignee all defences and rights of set-off arising from the original contract, or any other contract that was part of the same transaction, of which the debtor could avail itself as if the assignment had not been made and such claim were made by the assignor.

2. The debtor may raise against the assignee any other right of set-off, provided that it was available to the debtor at the time notification of the assignment was received by the debtor.

3. Notwithstanding paragraphs 1 and 2 of this article, defences and rights of set-off that the debtor may raise pursuant to article 9 or 10 against the assignor for breach of an agreement limiting in any way the assignor's right to make the assignment are not available to the debtor against the assignee.

Article 19. Agreement not to raise defences or rights of set-off

1. The debtor may agree with the assignor in a writing signed by the debtor not to raise against the assignee the defences and rights of set-off that it could raise pursuant to article 18. Such an agreement precludes the debtor from raising against the assignee those defences and rights of set-off.

2. The debtor may not waive defences:

(a) Arising from fraudulent acts on the part of the assignee; or

(b) Based on the debtor's incapacity.

3. Such an agreement may be modified only by an agreement in a writing signed by the debtor. The effect of such a modification as against the assignee is determined by article 20, paragraph 2.

Article 20. *Modification of the original contract*

1. An agreement concluded before notification of the assignment between the assignor and the debtor that affects the assignee's rights is effective as against the assignee, and the assignee acquires corresponding rights.

2. An agreement concluded after notification of the assignment between the assignor and the debtor that affects the assignee's rights is ineffective as against the assignee unless:

(a) The assignee consents to it; or

(b) The receivable is not fully earned by performance and either the modification is provided for in the original contract or, in the context of the original contract, a reasonable assignee would consent to the modification.

3. Paragraphs 1 and 2 of this article do not affect any right of the assignor or the assignee arising from breach of an agreement between them.

Article 21. *Recovery of payments*

Failure of the assignor to perform the original contract does not entitle the debtor to recover from the assignee a sum paid by the debtor to the assignor or the assignee.

Section III. Third parties

Article 22. *Law applicable to competing rights*

With the exception of matters that are settled elsewhere in this Convention and subject to articles 23 and 24, the law of the State in which the assignor is located governs the priority of the right of an assignee in the assigned receivable over the right of a competing claimant.

Article 23. *Public policy and mandatory rules*

1. The application of a provision of the law of the State in which the assignor is located may be refused only if the application of that provision is manifestly contrary to the public policy of the forum State.

2. The rules of the law of either the forum State or any other State that are mandatory irrespective of the law otherwise applicable may not prevent the application of a provision of the law of the State in which the assignor is located.

3. Notwithstanding paragraph 2 of this article, in an insolvency proceeding commenced in a State other than the State in which the assignor is located, any preferential right that arises, by operation of law, under the law of the forum State and is given priority over the rights of an assignee in insolvency proceedings under the law of that State may be given priority notwithstanding article 22. A State may deposit at any time a declaration identifying any such preferential right.

Article 24. Special rules on proceeds

1. If proceeds are received by the assignee, the assignee is entitled to retain those proceeds to the extent that the assignee's right in the assigned receivable had priority over the right of a competing claimant in the assigned receivable.

2. If proceeds are received by the assignor, the right of the assignee in those proceeds has priority over the right of a competing claimant in those proceeds to the same extent as the assignee's right had priority over the right in the assigned receivable of that claimant if:

(a) The assignor has received the proceeds under instructions from the assignee to hold the proceeds for the benefit of the assignee; and

(b) The proceeds are held by the assignor for the benefit of the assignee separately and are reasonably identifiable from the assets of the assignor, such as in the case of a separate deposit or securities account containing only proceeds consisting of cash or securities.

3. Nothing in paragraph 2 of this article affects the priority of a person having against the proceeds a right of set-off or a right created by agreement and not derived from a right in the receivable.

Article 25. Subordination

An assignee entitled to priority may at any time subordinate its priority unilaterally or by agreement in favour of any existing or future assignees.

CHAPTER V. AUTONOMOUS CONFLICT-OF-LAWS RULES

Article 26. Application of chapter V

The provisions of this chapter apply to matters that are:

(*a*) Within the scope of this Convention as provided in article 1, paragraph 4; and

(*b*) Otherwise within the scope of this Convention but not settled elsewhere in it.

Article 27. Form of a contract of assignment

1. A contract of assignment concluded between persons who are located in the same State is formally valid as between them if it satisfies the requirements of either the law which governs it or the law of the State in which it is concluded.

2. A contract of assignment concluded between persons who are located in different States is formally valid as between them if it satisfies the requirements of either the law which governs it or the law of one of those States.

Article 28. Law applicable to the mutual rights and obligations of the assignor and the assignee

1. The mutual rights and obligations of the assignor and the assignee arising from their agreement are governed by the law chosen by them.

2. In the absence of a choice of law by the assignor and the assignee, their mutual rights and obligations arising from their agreement are governed by the law of the State with which the contract of assignment is most closely connected.

Article 29. Law applicable to the rights and obligations of the assignee and the debtor

The law governing the original contract determines the effectiveness of contractual limitations on assignment as between the assignee and the debtor, the relationship between the assignee and the debtor, the conditions under which the assignment can be invoked against the debtor and whether the debtor's obligations have been discharged.

Article 30. Law applicable to priority

1. The law of the State in which the assignor is located governs the priority of the right of an assignee in the assigned receivable over the right of a competing claimant.

2. The rules of the law of either the forum State or any other State that are mandatory irrespective of the law otherwise applicable may not prevent the application of a provision of the law of the State in which the assignor is located.

3. Notwithstanding paragraph 2 of this article, in an insolvency proceeding commenced in a State other than the State in which the assignor is located, any preferential right that arises, by operation of law, under the law of the forum State and is given priority over the rights of an assignee in insolvency proceedings under the law of that State may be given priority notwithstanding paragraph 1 of this article.

Article 31. Mandatory rules

1. Nothing in articles 27 to 29 restricts the application of the rules of the law of the forum State in a situation where they are mandatory irrespective of the law otherwise applicable.

2. Nothing in articles 27 to 29 restricts the application of the mandatory rules of the law of another State with which the matters settled in those articles have a close connection if and insofar as, under the law of that other State, those rules must be applied irrespective of the law otherwise applicable.

Article 32. Public policy

With regard to matters settled in this chapter, the application of a provision of the law specified in this chapter may be refused only if the application of that provision is manifestly contrary to the public policy of the forum State.

CHAPTER VI. FINAL PROVISIONS

Article 33. Depositary

The Secretary-General of the United Nations is the depositary of this

Convention.

Article 34. *Signature, ratification, acceptance, approval, accession*

1. This Convention is open for signature by all States at the Headquarters of the United Nations in New York until 31 December 2003.

2. This Convention is subject to ratification, acceptance or approval by the signatory States.

3. This Convention is open to accession by all States that are not signatory States as from the date it is open for signature.

4. Instruments of ratification, acceptance, approval and accession are to be deposited with the Secretary-General of the United Nations.

Article 35. *Application to territorial units*

1. If a State has two or more territorial units in which different systems of law are applicable in relation to the matters dealt with in this Convention, it may at any time declare that this Convention is to extend to all its territorial units or only one or more of them, and may at any time substitute another declaration for its earlier declaration.

2. Such declarations are to state expressly the territorial units to which this Convention extends.

3. If, by virtue of a declaration under this article, this Convention does not extend to all territorial units of a State and the assignor or the debtor is located in a territorial unit to which this Convention does not extend, this location is considered not to be in a Contracting State.

4. If, by virtue of a declaration under this article, this Convention does not extend to all territorial units of a State and the law governing the original contract is the law in force in a territorial unit to which this Convention does not extend, the law governing the original contract is considered not to be the law of a Contracting State.

5. If a State makes no declaration under paragraph 1 of this article, the Convention is to extend to all territorial units of that State.

Article 36. *Location in a territorial unit*

If a person is located in a State which has two or more territorial units, that person is located in the territorial unit in which it has its place of business. If the assignor or the assignee has a place of business in more than one territorial unit, the place of business is that place where the central administration of the assignor or the assignee is exercised. If the debtor has a place of business in more than one territorial unit, the place of business is that which has the closest relationship to the original contract. If a person does not have a place of business, reference is to be made to the habitual residence of that person. A State with two or more territorial units may specify by declaration at any time other rules for determining the location of a person within that State.

Article 37. Applicable law in territorial units

Any reference in this Convention to the law of a State means, in the case of a State which has two or more territorial units, the law in force in the territorial unit. Such a State may specify by declaration at any time other rules for determining the applicable law, including rules that render applicable the law of another territorial unit of that State.

Article 38. Conflicts with other international agreements

1. This Convention does not prevail over any international agreement that has already been or may be entered into and that specifically governs a transaction otherwise governed by this Convention.

2. Notwithstanding paragraph 1 of this article, this Convention prevails over the Unidroit Convention on International Factoring ("the Ottawa Convention"). To the extent that this Convention does not apply to the rights and obligations of a debtor, it does not preclude the application of the Ottawa Convention with respect to the rights and obligations of that debtor.

Article 39. Declaration on application of chapter V

A State may declare at any time that it will not be bound by chapter V.

Article 40. Limitations relating to Governments and other public entities

A State may declare at any time that it will not be bound or the extent to which it will not be bound by articles 9 and 10 if the debtor or any person granting a personal or property right securing payment of the assigned receivable is located in that State at the time of conclusion of the original contract and is a Government, central or local, any subdivision thereof, or an entity constituted for a public purpose. If a State has made such a declaration, articles 9 and 10 do not affect the rights and obligations of that debtor or person. A State may list in a declaration the types of entity that are the subject of a declaration.

Article 41. Other exclusions

1. A State may declare at any time that it will not apply this Convention to specific types of assignment or to the assignment of specific categories of receivables clearly described in a declaration.

2. After a declaration under paragraph 1 of this article takes effect:

(a) This Convention does not apply to such types of assignment or to the assignment of such categories of receivables if the assignor is located at the time of conclusion of the contract of assignment in such a State; and

(b) The provisions of this Convention that affect the rights and obligations of the debtor do not apply if, at the time of conclusion of the original contract, the debtor is located in such a State or the law governing the original contract is the law of such a State.

3. This article does not apply to assignments of receivables listed in article 9, paragraph 3.

Article 42. Application of the annex

1. A State may at any time declare that it will be bound by:

(a) The priority rules set forth in section I of the annex and will participate in the international registration system established pursuant to section II of the annex;

(b) The priority rules set forth in section I of the annex and will effectuate such rules by use of a registration system that fulfils the purposes of such rules, in which case, for the purposes of section I of the annex, registration pursuant to such a system has the same effect as registration pursuant to section II of the annex;

(c) The priority rules set forth in section III of the annex;

(*d*) The priority rules set forth in section IV of the annex; or

(*e*) The priority rules set forth in articles 7 and 9 of the annex.

2. For the purposes of article 22:

(*a*) The law of a State that has made a declaration pursuant to paragraph 1 (*a*) or (*b*) of this article is the set of rules set forth in section I of the annex, as affected by any declaration made pursuant to paragraph 5 of this article;

(*b*) The law of a State that has made a declaration pursuant to paragraph 1 (*c*) of this article is the set of rules set forth in section III of the annex, as affected by any declaration made pursuant to paragraph 5 of this article;

(*c*) The law of a State that has made a declaration pursuant to paragraph 1 (*d*) of this article is the set of rules set forth in section IV of the annex, as affected by any declaration made pursuant to paragraph 5 of this article; and

(*d*) The law of a State that has made a declaration pursuant to paragraph 1 (*e*) of this article is the set of rules set forth in articles 7 and 9 of the annex, as affected by any declaration made pursuant to paragraph 5 of this article.

3. A State that has made a declaration pursuant to paragraph 1 of this article may establish rules pursuant to which contracts of assignment concluded before the declaration takes effect become subject to those rules within a reasonable time.

4. A State that has not made a declaration pursuant to paragraph 1 of this article may, in accordance with priority rules in force in that State, utilize the registration system established pursuant to section II of the annex.

5. At the time a State makes a declaration pursuant to paragraph 1 of this article or thereafter, it may declare that:

(*a*) It will not apply the priority rules chosen under paragraph 1 of this article to certain types of assignment or to the assignment of certain categories of receivables; or

(*b*) It will apply those priority rules with modifications specified in that declaration.

6. At the request of Contracting or Signatory States to this Convention comprising not less than one third of the Contracting and Signatory States, the

depositary shall convene a conference of the Contracting and Signatory States to designate the supervising authority and the first registrar and to prepare or revise the regulations referred to in section II of the annex.

Article 43. Effect of declaration

1. Declarations made under articles 35, paragraph 1, 36, 37 or 39 to 42 at the time of signature are subject to confirmation upon ratification, acceptance or approval.

2. Declarations and confirmations of declarations are to be in writing and to be formally notified to the depositary.

3. A declaration takes effect simultaneously with the entry into force of this Convention in respect of the State concerned. However, a declaration of which the depositary receives formal notification after such entry into force takes effect on the first day of the month following the expiration of six months after the date of its receipt by the depositary.

4. A State that makes a declaration under article 35, paragraph 1, 36, 37 or 39 to 42 may withdraw it at any time by a formal notification in writing addressed to the depositary. Such withdrawal takes effect on the first day of the month following the expiration of six months after the date of the receipt of the notification by the depositary.

5. In the case of a declaration under article 35, paragraph 1, 36, 37 or 39 to 42 that takes effect after the entry into force of this Convention in respect of the State concerned or in the case of a withdrawal of any such declaration, the effect of which in either case is to cause a rule in this Convention, including any annex, to become applicable:

(a) Except as provided in paragraph 5 (b) of this article, that rule is applicable only to assignments for which the contract of assignment is concluded on or after the date when the declaration or withdrawal takes effect in respect of the Contracting State referred to in article 1, paragraph 1 (a);

(b) A rule that deals with the rights and obligations of the debtor applies only in respect of original contracts concluded on or after the date when the declaration or withdrawal takes effect in respect of the Contracting State referred to in article 1, paragraph 3.

6. In the case of a declaration under article 35, paragraph 1, 36, 37 or 39 to 42 that takes effect after the entry into force of this Convention in respect of the State concerned or in the case of a withdrawal of any such declaration, the effect of which in either case is to cause a rule in this Convention, including any annex, to become inapplicable:

(a) Except as provided in paragraph 6 (b) of this article, that rule is inapplicable to assignments for which the contract of assignment is concluded on or after the date when the declaration or withdrawal takes effect in respect of the Contracting State referred to in article 1, paragraph 1 (a);

(b) A rule that deals with the rights and obligations of the debtor is inapplicable in respect of original contracts concluded on or after the date when the declaration or withdrawal takes effect in respect of the Contracting State referred to in article 1, paragraph 3.

7. If a rule rendered applicable or inapplicable as a result of a declaration or withdrawal referred to in paragraph 5 or 6 of this article is relevant to the determination of priority with respect to a receivable for which the contract of assignment is concluded before such declaration or withdrawal takes effect or with respect to its proceeds, the right of the assignee has priority over the right of a competing claimant to the extent that, under the law that would determine priority before such declaration or withdrawal takes effect, the right of the assignee would have priority.

Article 44. Reservations

No reservations are permitted except those expressly authorized in this Convention.

Article 45. Entry into force

1. This Convention enters into force on the first day of the month following the expiration of six months from the date of deposit of the fifth instrument of ratification, acceptance, approval or accession with the depositary.

2. For each State that becomes a Contracting State to this Convention after

the date of deposit of the fifth instrument of ratification, acceptance, approval or accession, this Convention enters into force on the first day of the month following the expiration of six months after the date of deposit of the appropriate instrument on behalf of that State.

3. This Convention applies only to assignments if the contract of assignment is concluded on or after the date when this Convention enters into force in respect of the Contracting State referred to in article 1, paragraph 1 (a), provided that the provisions of this Convention that deal with the rights and obligations of the debtor apply only to assignments of receivables arising from original contracts concluded on or after the date when this Convention enters into force in respect of the Contracting State referred to in article 1, paragraph 3.

4. If a receivable is assigned pursuant to a contract of assignment concluded before the date when this Convention enters into force in respect of the Contracting State referred to in article 1, paragraph 1 (a), the right of the assignee has priority over the right of a competing claimant with respect to the receivable to the extent that, under the law that would determine priority in the absence of this Convention, the right of the assignee would have priority.

Article 46. Denunciation

1. A Contracting State may denounce this Convention at any time by written notification addressed to the depositary.

2. The denunciation takes effect on the first day of the month following the expiration of one year after the notification is received by the depositary. Where a longer period is specified in the notification, the denunciation takes effect upon the expiration of such longer period after the notification is received by the depositary.

3. This Convention remains applicable to assignments if the contract of assignment is concluded before the date when the denunciation takes effect in respect of the Contracting State referred to in article 1, paragraph 1 (a), provided that the provisions of this Convention that deal with the rights and

obligations of the debtor remain applicable only to assignments of receivables arising from original contracts concluded before the date when the denunciation takes effect in respect of the Contracting State referred to in article 1, paragraph 3.

4. If a receivable is assigned pursuant to a contract of assignment concluded before the date when the denunciation takes effect in respect of the Contracting State referred to in article 1, paragraph 1 (a), the right of the assignee has priority over the right of a competing claimant with respect to the receivable to the extent that, under the law that would determine priority under this Convention, the right of the assignee would have priority.

Article 47. Revision and amendment

1. At the request of not less than one third of the Contracting States to this Convention, the depositary shall convene a conference of the Contracting States to revise or amend it.

2. Any instrument of ratification, acceptance, approval or accession deposited after the entry into force of an amendment to this Convention is deemed to apply to the Convention as amended.

ANNEX TO THE CONVENTION

Section I. Priority rules based on registration

Article 1. Priority among several assignees

As between assignees of the same receivable from the same assignor, the priority of the right of an assignee in the assigned receivable is determined by the order in which data about the assignment are registered under section II of this annex, regardless of the time of transfer of the receivable. If no such data are registered, riority is determined by the order of conclusion of the respective contracts of assignment.

Article 2. Priority between the assignee and the insolvency administrator or creditors of the assignor

The right of an assignee in an assigned receivable has priority over the right of an insolvency administrator and creditors who obtain a right in the assigned receivable by attachment, judicial act or similar act of a competent authority that gives rise to such right, if the receivable was assigned, and data about the assignment were registered under section II of this annex, before the commencement of such insolvency proceeding, attachment, judicial act or similar act.

Section II. Registration

Article 3. Establishment of a registration system

A registration system will be established for the registration of data about assignments, even if the relevant assignment or receivable is not international, pursuant to the regulations to be promulgated by the registrar and the supervising authority. Regulations promulgated by the registrar and the supervising authority under this annex shall be consistent with this annex. The regulations will prescribe in detail the manner in which the registration system will operate, as well as the procedure for resolving disputes relating to that operation.

Article 4. Registration

1. Any person may register data with regard to an assignment at the registry in accordance with this annex and the regulations. As provided in the regulations, the data registered shall be the identification of the assignor and the assignee and a brief description of the assigned receivables.

2. A single registration may cover one or more assignments by the assignor to the assignee of one or more existing or future receivables, irrespective of whether the receivables exist at the time of registration.

3. A registration may be made in advance of the assignment to which it relates. The regulations will establish the procedure for the cancellation of a registration in the event that the assignment is not made.

4. Registration or its amendment is effective from the time when the data set forth in paragraph 1 of this article are available to searchers. The registering party may specify, from options set forth in the regulations, a period of effectiveness for the registration. In the absence of such a specification, a registration is effective for a period of five years.

5. Regulations will specify the manner in which registration may be renewed, amended or cancelled and regulate such other matters as are necessary for the operation of the registration system.

6. Any defect, irregularity, omission or error with regard to the identification of the assignor that would result in data registered not being found upon a search based on a proper identification of the assignor renders the registration ineffective.

Article 5. Registry searches

1. Any person may search the records of the registry according to identification of the assignor, as set forth in the regulations, and obtain a search result in writing.

2. A search result in writing that purports to be issued by the registry is admissible as evidence and is, in the absence of evidence to the contrary, proof of the registration of the data to which the search relates, including the date and hour of registration.

Section III. Priority rules based on the time of the contract of assignment

Article 6. Priority among several assignees

As between assignees of the same receivable from the same assignor, the priority of the right of an assignee in the assigned receivable is determined by the order of conclusion of the respective contracts of assignment.

Article 7. Priority between the assignee and the insolvency administrator or creditors of the assignor

The right of an assignee in an assigned receivable has priority over the right of an insolvency administrator and creditors who obtain a right in the assigned receivable by attachment, judicial act or similar act of a competent authority that gives rise to such right, if the receivable was assigned before the commencement of such insolvency proceeding, attachment, judicial act or similar act.

Article 8. Proof of time of contract of assignment

The time of conclusion of a contract of assignment in respect of articles 6 and 7 of this annex may be proved by any means, including witnesses.

Section IV. Priority rules based on the time of notification of assignment

Article 9. Priority among several assignees

As between assignees of the same receivable from the same assignor, the priority of the right of an assignee in the assigned receivable is determined by the order in which notification of the respective assignments is received by the debtor. However, an assignee may not obtain priority over a prior assignment of which the assignee had knowledge at the time of conclusion of the contract of assignment to that assignee by notifying the debtor.

Article 10. Priority between the assignee and the insolvency administrator or creditors of the assignor

The right of an assignee in an assigned receivable has priority over the right of an insolvency administrator and creditors who obtain a right in the assigned receivable by attachment, judicial act or similar act of a competent authority that gives rise to such right, if the receivable was assigned and notification was received by the debtor before the commencement of such insolvency proceeding, attachment, judicial act or similar act.

DONE at New York, this 12th day of December two thousand one, in a single original, of which the Arabic, Chinese, English, French, Russian and Spanish texts are equally authentic.

IN WITNESS WHEREOF the undersigned plenipotentiaries, being duly authorized by their respective Governments, have signed the present Convention.

Explanatory note by the UNCITRAL secretariat on the United Nations Convention on the Assignment of Receivables in International Trade*

I. Introduction

1. The United Nations Convention on the Assignment of Receivables in International Trade was adopted and opened for signature by the General Assembly by its resolution 56/81 of 12 December 2001. The Convention was prepared by the United Nations Commission on International Trade Law.

2. The main objective of the Convention is to promote the availability of

capital and credit at more affordable rates across national borders, thus facilitating the cross-border movement of goods and services. The Convention achieves this objective by reducing legal uncertainty with respect to a number of issues arising in the context of important receivables financing transactions, including asset-based lending, factoring, invoice discounting, forfaiting and securitization, as well as transactions in which no financing is provided.

3. The Convention establishes principles and adopts rules relating to the assignment of receivables. In particular, it removes statutory prohibitions to the assignment of future receivables and of receivables that are not specifically identified (bulk assignments). It also removes contractual limitations to the assignment of trade receivables, agreed between the parties to the contract from which the assigned receivables arise, and clarifies the effect of an assignment on rights securing payment of the assigned receivables. In addition, the Convention recognizes party autonomy and provides a set of nonmandatory rules applicable in the absence of an agreement between the parties to the assignment. Moreover, it addresses legal barriers to the collection of receivables from foreign debtors by providing a uniform set of rules on debtor-related issues, such as notification of the debtor, discharge of the debtor by payment and defences and rights of set-off of the debtor.

4. Most importantly, the Convention removes the existing uncertainty with respect to the law applicable to conflicts as to who is entitled to receive payment as between an assignee and a competing claimant, such as another assignee, creditors of the assignor or the administrator in the insolvency of the assignor. This is achieved by subjecting priority conflicts to a single law, one that is easy to determine and is most likely to be the place in which the main insolvency proceeding with respect to the assignor will be opened (i. e. the place of the assignor's place of business and, in the case of places of business in more than one State, the law of the State in which the assignor has its central administration). The Convention also addresses the non-recognition of rights in proceeds in many countries by providing a uniform limited priority rule with respect to proceeds, which aims to facilitate practices, such as securitization

and undisclosed invoice discounting. In addition, it provides guidance to States wishing to modernize their substantive law priority rules by providing model substantive law priority rules.

5. Furthermore, the Convention enhances uniformity of the law applicable to assignment by including a set of conflict-of-laws rules. These rules are designed to fill gaps left in the Convention on issues governed but not explicitly settled in it. They may apply if the State in which a dispute arises has adopted the Convention.

6. A summary of the main features and provisions of the Convention is given below.

II. Scope of application

A. Assignment/assignor-assignee-debtor/receivable

7. "Assignment" is defined in the Convention as a transfer of property in receivables by agreement (art. 2). The definition covers both the creation of security rights in receivables and the transfer of full property in receivables, whether or not for security purposes. The Convention, however, does not specify what constitutes either an outright or a security transfer, leaving this issue to law applicable outside the Convention. An "assignment" may be a contractual subrogation or a pledge-type transaction. On the other hand, it may not be a transfer by operation of law (e. g. statutory subrogation) or other non-contractual assignment.

8. The "assignor" is the creditor in the original contract giving rise to the assigned receivable. The assignor is either a borrower (or a third party) assigning receivables as security or a seller of receivables. The "assignee" is the new creditor, a lender or a buyer of receivables. The "debtor" is the obligor in the contract from which the assigned receivables arise ("original contract").

9. The Convention defines a "receivable" as a "contractual right to payment of a monetary sum". The definition includes parts of and undivided interests in receivables. Receivables from any type of contract are included. While the exact meaning of the term "contractual right" is left to national law, claims from contracts for the supply of goods, construction and services are

clearly covered, whether the contracts are commercial or consumer contracts. Also included are loan receivables, intellectual property licence royalties, toll road receipts and monetary damage claims for breach of contract, as well as interest and non-monetary claims convertible to money. The term does not include a right to payment arising other than by contract, such as a tort claim or a tax refund claim.

B. Practices covered

10. In view of the broad definition of the terms "assignment" and "receivable", the Convention applies to a wide array of transactions. In particular, it covers the assignment of trade receivables (arising from the supply of goods, construction or services between businesses), loan receivables (arising from the extension of credit), consumer receivables (arising from consumer transactions) and sovereign receivables (arising from transactions with a governmental authority or a public entity). As a result, asset-based financing (e. g. revolving credit facilities and purchase-money financing) is covered. Factoring and forfaiting are also covered in all their variants (e. g. invoice discounting, maturity factoring and international factoring). The Convention also covers financing techniques, such as securitization of contractual receivables, as well as project financing on the basis of the future income flow of a project.

C. Exclusions and other limitations

11. The scope of assignments covered is restricted by way of outright or limited exclusions of some types of receivable or assignment. The Convention excludes some assignments because no market exists for them (art. 4, para. 1). For example, assignments to a consumer are excluded; however, assignments of consumer receivables are covered. The Convention also excludes the assignment of those types of receivable which are already sufficiently regulated, or for which some of the provisions of the Convention may not be suitable, such as assignments of receivables arising from securities (whether directly or indirectly held), letters of credit, independent guarantees, bank deposits, derivative and foreign exchange transactions, payment systems and so

forth (art. 4, para. 2).

12. Beyond the outright exclusion of certain types of assignment or receivable, the Convention provides two further types of limitation. One type is the "hold harmless" clause, which applies to assignments of receivables in the form of negotiable instruments, consumer receivables and real estate receivables (art. 4. paras. 3 – 5). The Convention applies to the assignment of such receivables. However, it does not change the legal position of certain parties to such assignments. For example, the priority of a holder in due course under the law governing negotiable instruments is preserved.

13. The Convention places another type of limitation upon the scope of the provision granting effectiveness to assignments notwithstanding antiassignment and similar clauses (arts. 9 and 10). Articles 9 and 10 apply only to trade receivables, broadly defined to include receivables from the supply or lease of goods or the provision of services other than financial services (arts. 9, para. 3, and 10, para. 4). They do not apply to assignments of other receivables, such as loan or insurance receivables. The result of this limitation to the scope of articles 9 and 10 is that the effectiveness of an antiassignment clause in an assignment outside the scope of articles 9 and 10 is subject to law outside the Convention (which, under article 29, is the law governing the original contract).

D. *Definition of "internationality"*

14. As it focuses on international trade, the Convention applies in principle only to assignments of international receivables and to international assignments of receivables (art. 3). An assignment is international if the assignor and the assignee are located in different States. A receivable is international if the assignor and the debtor are located in different States. The international character of an assignment or a receivable is determined by the location of the assignor and the assignee, or the debtor, at the time of the conclusion of the assignment contract (a subsequent change does not affect the application of the Convention).

15. The Convention generally does not apply to domestic assignments of

domestic receivables. Two exceptions exist, however. The first relates to subsequent assignments where, for example, A assigns to B, B to C, and so on. In order to ensure consistent results, the Convention applies to such subsequent assignments irrespective of whether the subsequent assignments are international or relate to international receivables, provided that any prior assignment in the chain of subsequent assignments is governed by the Convention (art. 1, para. 1 (*b*)). The second exception speaks to conflicts of priority between a domestic and a foreign assignee of domestic receivables (i. e. assignee A in country X and assignee B in country Y; the receivables are owed by a debtor in country Y). To ensure certainty as to the priority rights of assignees, the Convention covers the priority conflict between assignee A and assignee B even though the assignment to B is a domestic assignment of domestic receivables (arts. 5 (*m*) and 22).

E. *Connecting factors for the application of the Convention*

16. With the exception of the debtor-related provisions (e. g. arts. 15 – 21), the Convention applies to international assignments and to assignments of international receivables if the assignor is located in a State that is a party to the Convention (art. 1, para. 1 (*a*)). The Convention may apply to subsequent assignments that may be wholly domestic even if the assignor is not located in a contracting State as long as a prior assignment is governed by the Convention (art. 1, para. 1 (*b*)).

17. For the debtor-related provisions to apply, the debtor too should be located in a State party to the Convention or the law governing the assigned receivables should be the law of a State party to the Convention (art. 1, para. 3). This approach protects the debtor from being subject to a text of which it could not be aware. It does not, however, exclude the application of the Convention's rules that have no effect on the debtor, such as the rules dealing with the relationship between the assignor and the assignee or those dealing with priority among competing claimants. Accordingly, even if the debtor-related provisions do not apply to a particular assignment, the balance of the Convention may still apply to the relationship between the assignor and the

assignee or the assignee and a competing claimant.

18. The autonomous conflict-of-laws rules of the Convention may apply even if the assignor or the assignee is not located in a contracting State as long as a dispute is brought before a court in a contracting State (art. 1, para. 4).

F. Definition of "location"

19. The meaning of the term "location" has an impact on the application of the Convention (i. e. on the international character of an assignment or a receivable and on the territorial scope of the Convention). It also has an impact on the law governing priority (art. 22). The Convention defines "location" by reference to the place of business of a person, or the person's habitual residence, if there is no place of business. Departing from the traditional "location rule", referring in the case of multiple places of business to the place with the closest relationship to the relevant transaction, the Convention provides that, when an assignor or an assignee has places of business in more than one State, reference shall be made to the place of central administration (in other terms, the principal place of business or the main centre of interests). The reason for this approach is to provide certainty with respect to the application of the Convention as well as to the law governing priority. In contrast, when a debtor has places of business in more than one State, reference is to be made to the place most closely connected to the original contract. This different approach was taken with regard to the location of the debtor so as to ensure that the debtor is not surprised by the application of legal rules to which the original contract between the debtor and the assignor has no apparent relationship.

20. In the case of transactions made through branch offices, the central administration location rule will result in the application of the Convention rather than the law of the State in which the relevant branch is located, if the assignor has its central administration in a State party to the Convention. In addition, a transaction may become international and fall under the Convention if the assignee has its central administration in a State other than the State in which the assignor is located, even though the assignee acted through a branch

located in the same State as the assignor. Moreover, the central administration location rule will result in the application of the law of the assignor's central administration (rather than the place with the closest relationship to the assignment) to priority disputes. Certainty in the application of the Convention and in the determination of the law governing priority justify such a result. This rule will not affect a financing institution as a debtor of the original receivable because, in such a case, the close connection test determines the institution's location.

III. General provisions

A. Definitions and rules of interpretation

21. Important terms such as "future receivable", "writing", "notification", "location", "priority", "competing claimant" and "financial contract" are defined in article 5.

B. Party autonomy

22. The Convention recognizes the right of the assignor, the assignee and the debtor to derogate from or vary by agreement provisions of the Convention (art. 6). There are two limitations: firstly, such an agreement cannot affect the rights of third parties; and, secondly, the debtor may not waive certain defences (art. 19, para. 2).

C. Interpretation

23. The Convention contains a general rule that its interpretation should be with a view to its object and purpose as set forth in the preamble, its international character and the need to promote uniformity in its application and the observance of good faith in international trade. Gaps left with respect to matters covered but not expressly settled in the Convention are to be filled in accordance with its general principles and, in the absence of a relevant principle, in accordance with the law applicable by virtue of the rules of private international law, including those of the Convention if they are applicable (art. 7).

IV. Effects of assignment

A. Formal and material validity

24. Owing to the lack of consensus in the Commission, the Convention

does not contain a uniform substantive law rule as to the formal validity of the assignment. However, it does contain conflict-of-laws rules. The form of an assignment as a condition of priority is referred to the law of the assignor's location (arts. 5 (g) and 22). Moreover, a conflict-of-laws rule for formal validity of the contract of assignment as between the parties thereto is contained in the autonomous conflict-of-laws rules of the Convention (art. 27).

25. An assignment made by agreement between the assignor and the assignee is effective if it is otherwise effective as a matter of contract (arts. 2 and 11). No notification is required for the assignment to be effective (art. 14, para. 1). The Convention focuses on statutory and contractual limitations, as well as on the impact of assignment on security and other supporting rights. Other issues related to material validity or effectiveness are addressed in the context of the relationship in which they may arise (assignor-assignee or debtor-assignee or assignee-third party).

B. Statutory limitations

26. In order to facilitate receivables financing, the Convention sets aside statutory and other legal limitations with respect to the assignability of certain types of receivable (e.g. future receivables) or the effectiveness of certain types of assignment (e.g. bulk assignments) that are typical in receivables financing transactions. It is sufficient if receivables are identifiable as receivables to which the assignment relates at the time of assignment or, in the case of future receivables, at the time of conclusion of the original contract. One act is sufficient to assign several receivables, including future receivables (art. 8). Apart from the statutory limitations mentioned, other statutory limitations, such as those relating to personal or sovereign receivables, are not affected by the Convention.

C. Contractual limitations

27. The Convention validates an assignment of trade receivables (broadly defined in art. 9, para. 3) made in violation of an anti-assignment clause without eliminating the liability that the assignor may have for breach of contract under law applicable outside the Convention and without extending

that liability to the assignee (art. 9, para. 1). However, if such liability exists, the Convention narrows its scope by providing that mere knowledge of the anti-assignment agreement, on the part of the assignee that is not a party to the agreement, does not constitute sufficient ground for liability of the assignee for the breach of the agreement. In addition, the Convention protects the assignee further by ensuring that the violation of an anti-assignment clause by the assignor is not in itself sufficient ground for the avoidance of the original contract by the debtor (art. 9, para. 2). Furthermore, the Convention does not allow a claim for breach of an anti-assignment clause to be made by the debtor against the assignee by way of set-off so as to defeat the assignee's demand for payment (art. 18, para. 3).

28. With respect to consumers, the approach of the Convention is based on the assumption that this provision does not affect them, since antiassignment clauses are very rare in consumer contracts. In any case, if there is a conflict between the Convention and applicable consumer-protection law, consumer-protection law will prevail (art. 4, para. 4). With respect to the assignment of sovereign receivables, States may enter a reservation with regard to article 9 (art. 40). This exception is intended to protect a limited number of States that do not have a policy of protecting themselves by statute, but instead rely on contractual limitations.

D. Transfer of rights securing payment of the assigned receivables

29. An accessory right, whether personal or property, securing payment of the assigned receivable is transferred with the receivable without a new act of transfer. The assignor is obliged to transfer to the assignee an independent security or other supporting right (art. 10, para. 1). With respect to contractual limitations on assignment, such rights are treated in the same way as a receivable (art. 10, paras. 2 and 3). This provision likewise applies to "trade receivables" defined broadly (art. 10, para. 4) and does not affect any obligations of the assignor towards the debtor under the law governing the security or other supporting right (art. 10, para. 5). Similarly, this provision does not affect any form or registration requirement necessary for the transfer of

the security right (art. 10, para. 6).

V. Rights, obligations and defences

A. *Assignor and assignee*

1. *Party autonomy and rules of practice*

30. The Convention recognizes the right of the assignor and the assignee to structure their contract in any way they wish to meet their particular needs, as long as they do not affect the rights of third parties (arts. 6 and 11). The Convention also gives legislative strength to trade usages agreed upon by the assignor and the assignee and trade practices established between such parties. Moreover, the Convention includes certain non-mandatory rules that are applicable to the relationship between the assignor and the assignee. Those rules are meant to provide a list of issues to be addressed in the contract and, at the same time, to fill gaps left in the contract with respect to matters, such as representations of the assignor, notification and payment instructions, as well as rights in proceeds. They are suppletive rules only. The parties may always agree to modify the rules as they operate between them.

2. *Representations*

31. With respect to representations, the Convention follows generally accepted principles and attempts to establish a balance between fairness and practicality (art. 12). For example, unless otherwise agreed, the risk of hidden defences on the part of the debtor is placed on the assignor. The Convention follows this approach, in view of the fact that the assignor is the contractual partner of the debtor and thus is in a better position to know whether there will be problems with the contract's performance that may give the debtor rights of defence.

3. *Notification and payment instructions*

32. Unless otherwise agreed, the assignor, the assignee or both may send the debtor a notification and a payment instruction. The assignee is given an independent right to notify the debtor and request payment. This independent right is essential where the assignee's relationship with the assignor becomes problematic and the assignor is unlikely to cooperate with the assignee in

notifying the debtor. After notification, only the assignee may request payment (art. 13). Notification of the debtor in violation of an agreement between the assignor and the assignee would still permit the debtor to obtain a discharge if it pays in accordance with such a notification, but the claim for breach of contract between the assignor and the assignee is preserved.

33. Payment instructions do not fall within the definition of notification of the assignment (art. 5 (d)). This means that a notification need not provide a change in payment instructions to the debtor, but may be given mainly to freeze the debtor's defences and rights of set-off (art. 18, para. 2).

4. Rights in proceeds

34. The Convention introduces a contractual right to proceeds of receivables and proceeds of proceeds ("whatever is received in respect of an assigned receivable", art. 5 (j)). As between the assignor and the assignee, the assignee may claim proceeds if payment is made to the assignee, to the assignor or to another person over whom the assignee has priority (art. 14). Whether the assignee may retain or claim a proprietary right in such proceeds is generally an issue left to law applicable outside the Convention. However, if the proceeds are themselves receivables, this issue is left to the law of the assignor's location (arts. 5 (j) and 22). In addition, in certain circumstances, the Convention's limited substantive proceeds rule may apply (art. 24).

B. Debtor

1. Debtor protection

35. An assignment does not affect the debtor's legal position without the debtor's consent, unless a provision of the Convention clearly states otherwise. Furthermore, the assignment cannot change the currency or the State in which payment is to be made without the debtor's consent (arts. 6 and 15).

36. Beyond generally codifying the principle of debtor protection, the Convention contains a number of specific expressions of this principle. These provisions deal with the debtor's discharge by payment, defences, rights of set-off, waivers of such defences or rights of set-off, modification of the original contract and recovery of payments by the debtor.

2. Debtor's discharge by payment

37. The debtor may be discharged by paying in accordance with the original contract, unless the debtor receives notification of the assignment. After receiving such notification, the debtor is discharged by paying in accordance with the written payment instructions and, in the absence of such instructions, by paying the assignee (art. 17, paras. 1 and 2). The notification of the assignment thereby determines the method by which the debtor shall be discharged. The notification must be written in a language that is reasonably expected to be understood by the debtor and must reasonably identify the assigned receivables and the assignee (art. 16).

38. Whether the debtor knew or ought to have known of a previous assignment of which it did not receive a notification is irrelevant. The Convention adopts this approach so as to ensure an acceptable level of certainty as to debtor discharge, which is an important element in pricing a transaction by the assignee. This approach encourages neither bad faith nor fraud. It is always difficult to prove what the debtor knew or ought to have known and, in any case, the Convention does not override national law provisions on fraud.

39. The Convention also provides a series of rules concerning multiple notifications or payment instructions. When the debtor receives several payment instructions that relate to a single assignment of the same receivable by the same assignor, the debtor is discharged by paying in accordance with the last payment instruction received (art. 17, para. 3). Where several notifications relate to more than one assignment of the same receivables by the same assignor, the debtor is discharged by paying in accordance with the first notification received (art. 17, para. 4). In the case of several notifications relating to subsequent assignments, the debtor is discharged by paying in accordance with the notification of the last of such subsequent assignments (art. 17, para. 5).

40. When the debtor receives several notifications relating to parts of, or undivided interests in, one or more receivables, it has a choice. The debtor may obtain a discharge by paying either in accordance with the notifications received

or in accordance with the Convention as if no notification had been received (art. 17, para. 6). By giving the debtor, in effect, the right to determine whether or not the notification of a partial assignment is effective with respect to debtor discharge, the Convention avoids overburdening the debtor with the obligation of dividing its payment. This approach does not invalidate partial assignments. Rather, it merely suggests that assignors or assignees need to structure payments taking into account that the debtors need not agree to partial payments (e. g. according to the provisions of art. 24, para. 2). The assignor and the assignee may also divide payments with the debtor's consent obtained at the time of the conclusion of the original contract or the assignment or at a subsequent point of time.

41. One of the key debtor-protection provisions allows the debtor to request adequate proof of the assignment when the assignee gives notification without the cooperation or apparent authorization of the assignor (art. 17, para. 7). This right is intended to safeguard the debtor from the risk of having to pay an unknown third party. "Adequate proof" includes any writing with the assignor's signature indicating that the assignment occurred, such as the assignment contract or an authorization for the assignee to notify. If the assignee does not provide such proof within a reasonable period of time, the debtor may obtain a discharge by paying the assignor.

42. The Convention does not affect any rights the debtor may have under law outside the Convention to discharge its obligation by payment to the person entitled to payment, to a competent judicial or other authority, or to a public deposit fund (art. 17, para. 8). For example, if the debtor is discharged under law outside the Convention by complying with a notification that does not meet the Convention's requirements, the Convention recognizes this result. Similarly, payment to a public deposit fund under law outside the Convention is recognized in the Convention as a valid discharge where payment to such a fund is recognized under law outside the Convention.

3. *Debtor defences and rights of set-off*

43. With respect to the debtor's defences and rights of set-off, the

Convention codifies generally accepted rules. The debtor may raise against the assignee any defences or rights of set-off that the debtor could have raised in a claim against the assignor. Rights of set-off arising from the original contract or a related transaction may be raised against the assignee even if they become available to the debtor after notification (art. 18, para. 1). However, rights of set-off that do not arise from the original contract or a related transaction, and become available to the debtor after notification, may not be raised against the assignee (art. 18, para. 2). The Convention leaves the meaning of "become available" (i. e. whether the right has to be quantified, has matured or has become payable) to be determined by the applicable law outside the Convention (for rights of set-off arising from the original contract, that law is, under article 29, the law governing the original contract).

4. *Waiver of defences*

44. The debtor may waive its defences and rights of set-off by agreement with the assignor. To warn the debtor of the important consequences of the waiver, the Convention requires a writing signed by the debtor for a waiver or its modification (art. 19, para. 1). In order to protect the debtor from undue pressure by the assignor, the Convention also prohibits waiver of defences or rights of set-off arising from fraudulent acts of the assignee or based on the debtor's incapacity (art. 19, para. 2).

5. *Modification of the original contract*

45. Often, the original contract needs to be modified to meet the changing needs of the parties. The agreement itself determines the *inter partes* effects of such modifications. The Convention addresses the third-party effects, such as whether the debtor can pay to the assignee the receivable as modified to be discharged, and whether the assignee can claim payment of the receivable as modified. The basic rule provides that, up until notification of the debtor, any contract modification is effective as against the assignee and the assignee acquires the receivable as modified (art. 20, para. 1). After notification, without the assignee's consent, such a modification is ineffective as against the assignee of a receivable earned by performance but is effective against the

assignee of an unearned receivable if the modification was provided for in the original contract or a reasonable assignee would have consented to the modification (art. 20, para. 2). The Convention does not affect any liability of the assignor towards the assignee under applicable law for breach of an agreement not to modify the original contract (art. 20, para. 3).

6. Recovery of payments by the debtor

46. The debtor may recover only from the assignor payments made to the assignor or the assignee (art. 21). This, in effect, means that the debtor bears the risk of insolvency of its contractual partner, which would be the case even in the absence of an assignment.

C. Third parties

1. Law applicable to priority in receivables

47. One of the most important parts of the Convention deals with the impact of assignment on third parties, such as competing assignees, other creditors of the assignor and the administrator in the insolvency of the assignor. This issue is addressed in the Convention as an issue of priority among competing claimants, that is, of who is entitled to receive payment or other performance first. As the assignor's assets may not be sufficient to satisfy all creditors, this issue is of considerable importance.

48. As there was no consensus in the Commission on a substantive law priority rule, the Convention addresses this issue through conflict-of-laws rules (arts. 22 – 24). The value of these rules lies in the fact that, deviating from traditional approaches, they centralize all priority conflicts to the law of the assignor's location. Because "location" means the place of central administration, if the assignor has a place of business in more than one State, the Convention thereby refers priority conflicts to the law of a single, and easily determinable, jurisdiction. In addition, the main insolvency proceeding with regard to the assignor will most often be opened in this jurisdiction, a result that makes conflicts between secured transactions and insolvency laws easier to address.

49. In order to cover all possible priority conflicts, the term "competing

claimant" is defined so as to include other assignees, even if both the assignment and the receivable are domestic and thus otherwise outside the Convention's scope, other creditors of the assignor, including creditors with rights in other property extended by law to the assigned receivable, such as creditors with a proprietary right in the receivable created by court decision or a retention of title in goods extended by law to the receivables from the sale of the goods, and the administrator in the insolvency of the assignor (art. 5 (m)). The definition of the term "priority" covers not only the preference in payment or other satisfaction but also related matters, such as the determination of whether that right is a personal or a property right, whether or not it is a security right and whether any required steps to render the right effective against a competing claimant have been satisfied (art. 5 (g)). Priority does not generally cover the effectiveness of an assignment as between the assignor and the assignee or the debtor (arts. 5 (g), 8 and 22, "with the exception of matters that are settled elsewhere in this Convention").

2. Mandatory law and public policy exceptions

50. A mandatory law priority rule of the forum State may result in setting aside the applicable priority rule of the assignor's law if the latter's application is "manifestly contrary to the public policy of the forum State" (art. 23, para. 1). Mandatory law rules of the forum State or another State may not prevent in and of themselves the application of a priority provision of the assignor's law (art. 23, para. 2). However, in the case of insolvency proceedings in a State other than the State of the assignor's location, the forum State may apply its own mandatory priority rule giving priority to certain types of preferential creditor, such as tax or wage claimants (art. 23, para. 3). Moreover, the Convention is not intended to interfere with substantive and procedural insolvency rules of the forum State that do not affect priority as such (e. g. avoidance actions, stays on collection of receivables assigned and the like).

3. Law applicable to priority in proceeds

51. The Convention does not contain a general rule on the law applicable to priority in proceeds. The reason lies in the differences between legal systems

with respect to the nature and the treatment of rights in proceeds. However, the Convention contains two limited proceeds rules. Under the first one, if the assignee has priority over other claimants with respect to receivables and proceeds are paid directly to the assignee, the assignee may retain the proceeds (art. 24, para. 1). The second rule is intended to facilitate practices such as securitization and undisclosed invoice discounting. In such practices, payments are channelled to a special account held by the assignor, separately from its other assets, on behalf of the assignee. The Convention provides that, if the assignee has priority over other claimants with respect to the receivables and the proceeds are kept by the assignor on behalf of the assignee and are reasonably identifiable from the other assets of the assignor, the assignee has the same priority with respect to proceeds (art. 24, para. 2). The Convention does not address, however, a priority conflict between an assignee claiming an interest in proceeds held in a deposit or securities account and the depositary bank or the securities broker or other intermediary with a security or set-off right in the account (art. 24, para. 3).

4. *Substantive law priority rules*

52. In order to obtain the benefit of the Convention's priority rules, parties have the opportunity to structure their transactions in a way that refers priority questions to the appropriate law (e. g. by creating special entities in appropriate locations). The question remains as to what should happen if this is impossible, or is only possible at a considerable cost, and the applicable law has insufficient priority rules. In order to address this question, the Convention offers model substantive priority provisions (annex). States have a choice between three substantive priority systems if they wish to change their existing rules. One is based on filing of a notice about the assignment, another is based on notification of the debtor and the third is based on the time of assignment. States that wish to adjust their legislation may, by declaration, select one of these priority regimes, or simply enact new priority rules or revise their existing priority rule by way of domestic legislation. The assumption is that, in an environment of free competition between legal regimes, the regime with the most economic

benefits will prevail.

5. Subordination agreements

53. Parties involved in a priority conflict may negotiate and relinquish priority in favour of a subordinate claimant where commercial considerations so warrant. In order to afford maximum flexibility and to reflect prevailing business practices, the Convention makes it clear that a valid subordination need not take the form of a direct subordination agreement between the assignee with priority and the beneficiary of the subordination agreement (art. 25). It can also be effected unilaterally, for instance, by means of an undertaking of the first ranking assignee to the assignor, empowering the assignor to make a second assignment ranking first in priority.

VI. Autonomous conflict-of-laws rules

A. Scope and purpose

54. The Convention contains a set of conflict-of-laws rules that may apply independently of any territorial link with a State party to the Convention. In cases where the assignor, or the debtor, is located in a State party to the Convention, or the law governing the original contract is the law of a State party to the Convention, the independent conflict-of-laws rules may apply to fill gaps in the Convention, unless an answer may be derived from the principles underlying the Convention. If the assignor, or the debtor, is not located in a State party to the Convention, or the law governing the receivable is not the law of a State party, the independent conflict-of-laws rules may apply to transactions to which the other provisions of the Convention would not apply (art. 26). Such transactions need to be international, as defined in the Convention, and should not be excluded from the scope of the Convention.

55. The autonomous conflict-of-laws rules of the Convention in chapter V are subject to a reservation. States that enter a reservation with respect to chapter V are not bound by it (art. 39). Such a reservation was allowed to ensure that States that wished to adopt the Convention would not be prevented from doing so merely because the autonomous conflict-of-laws rules were inconsistent with their own conflict-of-laws rules.

B. Law applicable to the form of the contract of assignment

56. In the case of a contract of assignment concluded between persons located in the same State, formal validity of the contract of assignment is subject to the law of the State, which governs the contract, or of the State in which the contract is concluded. When a contract of assignment is concluded between persons located in different States, it is valid if it satisfies the formal requirements of either the law that governs the contract or the law of one of those States (art. 27).

C. Law applicable to the mutual rights and obligations of the assignor and the assignee

57. The mutual rights and obligations of the assignor and the assignee are subject to the law of their choice. The parties' freedom of choice is subject to the public policy of the forum and the mandatory rules of the forum or a closely connected third country. In the absence of a choice by the parties, the law of the State with which the contract of assignment is most closely connected governs. The "close connection" test was adopted in this case despite the uncertainty it might cause as it is unlikely to have much impact in view of the fact that in the vast majority of cases parties choose the applicable law (art. 28).

D. Law applicable to the rights and obligations of the assignee and the debtor

58. The relationship between the assignee and the debtor, the conditions under which the assignment can be invoked as against the debtor and contractual limitations on assignment are subject to the law governing the original contract. The fact that most of these issues are covered by the substantive law rules of the Convention limits the impact of this provision. However, certain issues were deliberately not covered in the substantive law rules of the Convention, such as the question as to when a right of set-off is available to the debtor under article 18. Article 29 governs that particular issue, at least with respect to transaction set-off (i.e. set-off arising from the original contract or another contract that was part of the same transaction). Another question falling within the scope of article 29 is the effect of anti-assignment

clauses on assignments of receivables to which article 9 or 10 does not apply either because they relate to assignments of non-trade receivables or because the debtor is not located in a State party to the Convention. Statutory limitations, however, are not covered by article 29. While some statutory limitations aim to protect the debtor, many are intended to protect the assignor. In the absence of a way to draw a clear distinction between the various types of statutory limitation, it would be inappropriate to subject them to the law governing the original contract. In any case, with a few exceptions, the Convention does not affect statutory limitations.

E. Law applicable to priority

59. The Convention refers issues of priority to the law of the assignor's location. The value of this rule is that it may apply to transactions to which article 22, which it repeats, does not apply because of the absence of a territorial connection between an assignment and a State party to the Convention.

VII. Final provisions

60. The Convention will enter into force upon ratification by five States (art. 45). States may exclude further practices by declaration, but may not exclude practices relating to "trade receivables" broadly defined in articles 9, paragraph 3 and 10, paragraph 4 (art. 41). The Convention will not apply to such practices if the assignor is located in a State that has made such a declaration. The Convention prevails over the Unidroit Convention on International Factoring (the Ottawa Convention). However, this does not affect the application of the Ottawa Convention to the rights and obligations of a debtor if the Convention does not apply to that debtor (art. 38).

附录九：中国银行业保理业务规范

第一章 总则

第一条 为了确立保理业务管理基本原则，明确其业务属性，以规范和促进保理业务健康、有序发展，根据《中华人民共和国合同法》《中华人民共和国物权法》《中华人民共和国银行业监督管理法》《中华人民共和国商业银行法》，以及其他有关法律、法规、规章、国际国内惯例，特制定本规范。

第二条 本规范适用于中华人民共和国境内经国务院银行业监督管理机构批准设立并开办保理业务的银行业金融机构。

第三条 银行在办理业务时必须遵循以下原则：

（一）遵守我国有关法律、法规及规章；

（二）遵守国际惯例，如《国际保理通用规则》等；

（三）妥善处理业务发展与风险管理的关系；

（四）妥善处理同业合作与竞争的关系。

第二章 定义、特点及分类

第四条 定义

（一）应收账款

本规范所称应收账款指权利人（以下简称"债权人"）因提供货物、服务或设施而获得的要求义务人（以下简称"债务人"）付款的权利，包括现有的和未来的金钱债权及其产生的收益，但不包括因票据或其他有价证券而产生的付款请求权。

本规范所称应收账款包括下列权利：

1. 销售产生的债权，包括销售货物，供应水、电、气、暖，知识产权的许可使用等；

2. 出租产生的债权，包括出租动产或不动产；

3. 提供服务产生的债权；

4. 公路、桥梁、隧道、渡口等不动产收费权；

5. 其他。

（二）保理业务

保理业务是一项以债权人转让其应收账款为前提，集融资、应收账款催收、管理及坏账担保于一体的综合性金融服务。债权人将其应收账款转让给银行，不论是否融资，由银行向其提供下列服务中的至少一项：

1. 应收账款催收：银行根据应收账款账期，主动或应债权人要求，采取电话、函件、上门催款直至法律手段等对债务人进行催收。

2. 应收账款管理：银行根据债权人的要求，定期或不定期向其提供关于应收账款的回收情况、逾期账款情况、对账单等各种财务和统计报表，协助其进行应收账款管理。

3. 坏账担保：债权人与银行签订保理协议后，由银行为债务人核定信用额度，并在核准额度内，对债权人无商业纠纷的应收账款，提供约定的付款担保。

第五条 保理业务具备以下特点：

1. 银行通过受让债权，取得对债务人的直接请求权；

2. 保理融资的第一还款来源为债务人对应收账款的支付；

3. 银行通过对债务人的还款行为、还款记录持续性地跟踪、评估和检查等，及时发现风险，采取措施，达到风险缓释的作用；

4. 银行对债务人的坏账担保属于有条件的付款责任。

第六条 保理业务分类

1. 国际、国内保理

按照基础交易的性质和债权人、债务人所在地，可分为国际保理和国内保理。债权人和债务人均在境内的，称为国内保理；债权人和债务人中至少有一方在境外的，称为国际保理。

2. 有、无追索权保理

按照银行在债务人破产、无理拖欠或无法偿付应收账款时，是否可以向债权人反转让应收账款，或要求债权人回购应收账款或归还融资，可分为有追索权保理和无追索权保理。

有追索权保理是指在应收账款到期无法从债务人处收回时，银行可以向债权人反转让应收账款，或要求债权人回购应收账款或归还融资。有追索权保理又称回购型保理。

无追索权保理是指应收账款在无商业纠纷等情况下无法得到清偿的，由银行承担应收账款的坏账风险。无追索权保理又称买断型保理。

3. 公开、隐蔽型保理

按照是否将应收账款转让的事实通知债务人，可分为公开型保理和隐蔽型保理。

公开型保理应将应收账款转让的事实通知债务人,通知方式包括但不限于:向债务人提交银行规定格式的通知书,在发票上加注银行规定格式的转让条款。

隐蔽型保理中应收账款转让的事实暂不通知债务人,但银行保留一定条件下通知的权利。

第三章 银行内部管理要求

第七条 银行应根据业务发展战略、业务规模等,设立专门的保理业务部门或团队,负责制度制订、产品研发、推广、业务操作和管理等工作,并配备相应的资源保障。

第八条 银行开办保理业务应配备专业的从业人员,岗位设置应包括以下职能:业务管理、产品研发、风险控制、市场营销和业务操作等。

第九条 银行应积极组织从业人员接受培训,包括国际保理商联合会、中国银行业协会保理专业委员会举办的各类专业培训活动,并对其专业能力进行评估和考核。

第十条 银行应根据自身情况建立规范的业务管理办法和操作规程。

(一)业务管理办法至少应包含以下内容:

1. 业务范围:应参照本规范对具体产品进行定义,并按银行自身的情况制定适当的业务范围。

2. 组织结构:应明确业务相关部门及其职责,同时授予保理业务部门相对独立的管理权限。

3. 客户准入:应按照保理业务特点,制定适当的客户准入标准。

4. 账款标准:应制定适合叙做保理业务的应收账款标准,包括但不限于账期、付款条件、交易背景和性质等。

5. 授信审批:应结合保理业务特点,制定有别于流动资金贷款的授信政策、评估标准和放款条件。银行可发起对债务人的主动授信,且不必与债务人签署授信协议。

6. 同业风险管理:应对合作银行、保理公司及保险公司等进行授信管理。

7. 授信后管理:应制定与保理业务特点相适应的授信后管理政策,包括密切监控债权人及债务人履约情况、交易背景真实性、应收账款回款情况等。

8. 收费及计息标准:应根据业务成本、风险承担、合理利润等因素制订收费、计息标准。国际保理融资利率可采用内部资金成本加点方式厘定,国内保理融资利率可按不低于票据贴现利率执行。

（二）保理业务操作规程至少应包含以下内容：

1. 业务受理。

2. 额度申请及核准。

3. 协议签署：银行应与债权人签订业务协议，可不与债务人签订协议。

4. 交易真实性审查。

5. 应收账款转让及通知债务人：除单笔核准外，原则上应要求债权人对指定债务人的应收账款整体转让。

6. 额度使用及管理：包括对债权人和债务人额度的启用、占用、变更、冻结和取消等。

7. 融资发放。

8. 应收账款管理及催收。

9. 费用收取及支付。

10. 特定情况处理：包括贷项清单、商业纠纷、间接付款和担保付款的处理等。

11. 会计处理。

第十一条　银行根据内部管理要求决定保理业务是否在中国人民银行"应收账款质押登记公示系统"进行转让登记。

第十二条　银行应建立电子化的业务操作和管理系统，以实现以下目标：

1. 管理流程统一：设定统一业务标准，确保银行在参数构架、安控维护、额度控制和业务流程等方面进行即时监控，随时了解业务运营情况，便于对业务的定期回顾和检查。

2. 预警及监管：实现对应收账款的分账户管理，并对业务异常情况进行预警提示等。

3. 业务数据保存：做好数据备份工作，确保储存数据安全。储存期限应不少于五年，储存数据可根据需要随时提取，用于事后的统计、管理等。

第四章　数据统计及信息披露

第十三条　银行应做好业务数据统计工作，并按照监管机构的要求及时报送。

第十四条　企业征信系统信息披露。银行提供保理融资时，有追索权保理按融资金额计入债权人征信信息；无追索权保理不计入债权人及债务人征信信息。银行为债务人核定信用额度时,不计入债务人征信信息。银行进行担保付款或垫款时,应按风险发生的实质,决定计入债权人或债务人的征信信息。

第五章 附则

第十五条 银行应按照本规范制定相应的规章制度以及实施细则,其他开展保理业务的机构可参照执行。

第十六条 本规范中凡涉及国家外汇管理法规、政策的有关要求的,如遇有关部门出台新的法规或规定,应遵守和执行新的法规。

第十七条 本规范由中国银行业协会保理专业委员会组织制定并负责解释。

第十八条 本规范自发布之日起施行。

附录十：中国银行业协会保理专业委员会保理业务数据统计和报送办法

为了解成员单位保理业务发展状况，加强业务交流沟通，中国银行业协会保理专业委员会（以下简称"保理委员会"）特制订本办法。

第一章 数据报送的原则

第一条 成员单位应确保统计及报送数据的及时性、准确性和真实性。

第二条 如暂时无法提供分类项目数据，成员单位可仅报该项总数，但应尽快完善内部统计方式，实现分类报送。

第二章 数据报送的方式

第三条 成员单位应每季度向保理委员会报送相关数据，报送时间应在每季结束后十个工作日内，报送时币种间折算使用国家外汇管理局公布的当季最后一个月的折算率。

第四条 成员单位目前采用电子邮件或传真方式将数据报送至保理委员会办公室，由办公室对数据进行统计汇总，在报送结束后五个工作日内发送各成员单位参考。

待保理委员会网站平台完成后，成员单位应通过网站报送。

第三章 数据报送的内容

第五条 成员单位向保理委员会报送的业务数据内容参见附表（附表一和附表二）。

第四章 其他

第六条 本办法经保理委员会成员大会审议通过后生效。

第七条 本办法由保理委员会常务委员会负责解释和修订。

附录十一：中国银行业协会保理专业委员会
保理业务信息交流工作规则

为保证中国银行业协会保理专业委员会（以下简称"保理委员会"）成员单位间建立顺畅、高效的信息沟通机制，促进成员单位间及时有效的信息共享，推进成员单位保理业务发展，特制定本规则。

第一条　信息交流内容

保理委员会信息交流内容包括但不限于以下内容：成员单位间保理业务基本情况交流、争议纠纷情况通报、统计数据交换与共享；对中国保理业务发展的建议与意见，热点问题的讨论与交流等。

第二条　信息交流范围

保理委员会信息交流范围包括：成员单位间的信息交流与沟通；保理委员会与外部非成员单位、媒体、监管和司法机构等外部单位间的信息沟通与交流。

第三条　信息交流方式

成员单位可主动发起相关信息交流提案申请，交由保理委员会进行审议；或由保理委员会通过定期调查问卷形式征集交流信息。

各类信息交流提案通过保理委员会指定邮箱收集汇总；或通过银行业协会网站平台（建设过程中）收集汇总。

第四条　信息汇总

信息资源由保理委员会负责收集汇总，进行分析筛选加以利用。

第五条　信息利用

保理委员会定期汇总相关信息资源，通过以下几种方式加以利用：

1. 对于成员单位共享资源，通过保理委员会成员大会进行相互交流；或以简报形式通知成员单位；

2. 对于成员单位的意见、建议，通过保理委员会常务委员会确定是否吸收采纳；

3. 对于涉及监管和司法等机构的建议，通过保理委员会提请中国银行业协会与相关机构进行沟通反馈。

第六条　信息的保密

信息资源可能涉及相关成员单位的商业秘密，在信息交流和共享时，成员单位必须履行对此类信息的保密义务。

第七条 其他

本交流机制由保理委员会成员大会审议通过后生效,保理委员会常务委员会负责修改和解释。

附录十二：中国银行业保理业务自律公约

第一章 总则

第一条 为促进我国银行业保理业务的健康快速发展，培育规范经营、公平竞争的市场环境，根据国家有关法律、法规及有关监管要求，结合保理业务实际，制定本公约。

第二条 中国银行业协会保理专业委员会（以下简称"保理委员会"）是银行业保理业务自律管理的专业组织，保理委员会成员单位（以下简称"成员单位"）通过成员大会参与自律管理。

第三条 保理业务自律的宗旨是：依法合规经营，抵制不正当竞争行为，防范业务风险，保障客户利益，共同促进保理业务持续健康运营和发展。

第四条 保理业务自律的基本要求是：严格遵守有关法律、法规和监管部门规章，诚信经营，不损害客户利益、社会公共利益和行业利益。

第二章 自律约定

第五条 成员单位应建立完善的保理业务管理办法、内部风险控制制度、岗位职责、操作规程、从业人员行为规范、会计核算办法，建立完善的信息管理制度，配备高效、安全、可靠的保理业务电子支持系统。

第六条 成员单位及其从业人员应自觉遵循商业道德，不得以任何形式诋毁其他成员单位的商业信誉，不得利用任何不当手段干预或影响保理业务市场秩序，不得泄露客户商业秘密，坚决杜绝恶性竞争、垄断等市场行为。

第七条 倡导成员单位不断整合自身资源优势，创新保理业务产品，拓展保理业务服务领域和服务内涵，为客户提供更加全面的贸易融资服务。

第八条 成员单位应协作开展保理业务调研和宣传，及时向监管部门反映有关情况和意见，支持建立行业指引和业务规范，积极参与有关国际组织发起的保理行业工作规则的制定与推广。

第九条 成员单位应共同发展保理业务市场，协作举行各种形式的业务培训及业务推介活动，积极参与有关国际组织举办的保理业务推介、资格认证考试和业务研讨等活动。

第十条 成员单位应加强业务交流以及互惠互利合作，共同促进多层次信用体系建设,实现对不良保理商户风险信息的共享。成员单位应依据诚信原则开展资信查核工作,避免对保理商户造成不必要的干扰或浪费资信系统资源。

第十一条　成员单位应建立信息沟通与共享机制,及时向保理委员会报送业务数据和信息,保证保理业务统计工作的有效性和权威性。

第十二条　成员单位应积极配合和支持保理委员会和监管部门的工作,积极参加保理委员会组织的各项活动,促进行业政策、法规及信用环境建设。

第十三条　成员单位及其从业人员应严格遵守《中国银行业从业人员流动公约》,共同维护业内人员正常流动秩序。

第三章　监督与管理

第十四条　保理委员会可要求成员单位对公约执行情况进行自查。鼓励成员单位互相监督,向保理委员会举报违反本公约的行为。

第十五条　保理委员会有权对成员单位及其从业人员执行公约的情况进行监督,组织公约执行情况的检查工作,并通报检查情况;定期组织保理业务经营状况的综合测评,并发布行业发展报告。

第十六条　保理委员会应本着公正、公开、客观的原则,及时查证和处理违反本公约事件,维护成员单位的正当权益,维护保理业务市场稳定健康发展。

第十七条　保理委员会可以根据违约程度对违反本公约的成员单位采取警示并责令限期整改、进行内部通报批评等措施,对涉嫌违规经营或触犯其他相关法律法规的,将有关违法违规情况及时向银行业监督管理部门或其他主管部门反映和检举。

第十八条　保理委员会应代表成员单位积极与监管部门开展沟通交流,定期、不定期向监管部门反映保理行业相关信息、风险状况和监管规范建议等,可协助监管部门开展必要的调查研究工作。

第四章　附则

第十九条　本公约经保理委员会成员大会审议通过后生效,报中国银行业协会备案。

第二十条　本公约与国家法律、法规和监管部门规章不一致的,依有关法律、法规和监管部门规章执行。

第二十一条　本公约由保理委员会负责解释和修订。

附录十三：商务部办公厅《关于做好商业保理行业管理工作的通知》

商办秩函〔2013〕718号

天津市商务委员会、上海市商务委员会、深圳市经信委、广州市外经贸局：

2012年6月，商务部同意在天津滨海新区、上海浦东新区开展商业保理试点；12月，同意港澳投资者在广州市、深圳市试点设立商业保理企业。试点以来，四地分别制定了行业管理办法，建立了工作协调机制，开展了机构准入评审，试点工作取得积极进展。为进一步加强商业保理行业管理，促进行业健康发展，现就有关事项通知如下：

一、开展行业统计

为准确掌握商业保理行业发展状况，商务部将建立商业保理行业统计制度。试点地区商务主管部门应要求本地区的商业保理公司登录商务部商业保理业务信息系统（以下简称信息系统，网址：sybl.mofcom.gov.cn）进行信息填报。填报内容包括公司注册信息、高管人员资质、财务状况、业务开展情况、内部管理制度建设情况等。本通知发布前已完成工商注册的商业保理公司应于2013年9月底前完成基本信息填报；本通知发布后新注册的商业保理公司应于成立后10个工作日内完成基本信息填报。之后，商业保理公司应于每月、每季度结束后15个工作日内完成上一月度、季度业务信息填报。相关信息填报情况将作为商业保理公司合规考核的重要指标。试点地区省级商务主管部门负责对辖内商业保理行业统计工作进行督导考核。

二、报告重大事项

试点地区商务主管部门应建立重大事项报告制度，要求本地区的商业保理公司于下述事项发生后5个工作日内，登录信息系统向商务主管部门报告：

（一）持股比例超过5%的主要股东变动；

（二）单笔金额超过净资产5%的重大关联交易；

（三）单笔金额超过净资产10%的重大债务；

（四）单笔金额超过净资产20%的或有负债；

（五）超过净资产10%的重大损失或赔偿责任；

(六) 董事长、总经理等高管人员变动；

(七) 减资、合并、分立、解散及申请破产；

(八) 重大待决诉讼、仲裁。

商业保理公司总经理为重大事项报告的第一责任人，对重大事项信息的真实性、完整性、准确性、及时性负责。商业保理公司还应指定联络人，具体负责重大事项报告工作。试点地区省级商务主管部门应建立重大事项通报制度，及时向有关部门、金融机构通报商业保理公司重大事项变化情况。

三、实施监督检查

(一) 试点地区商务主管部门应制订非现场监测和现场检查年度实施方案，并报省级商务主管部门。通过信息系统，定期监测本地区商业保理公司运营情况。如发现信息数据出现异常变化，及时向商业保理公司进行核实，要求其提供专项资料并做出说明。

(二) 试点地区商务主管部门每年会同有关部门对辖内商业保理公司至少进行一次全面现场检查，系统排查企业信用风险、市场风险、操作风险和法律风险。2013年下半年，重点组织一次对辖内商业保理公司的资本金管理专项检查，严查虚假注资及抽逃、挪用资本金的行为。

(三) 在非现场监测和现场检查的基础上，试点地区商务主管部门应建立商业保理公司年审制度。对违反监管制度或达不到监管要求的公司，要责令其限期整改；对逾期不整改的以及违规情节严重的公司，要及时通报有关部门，年审不予通过；对违法的要通报有关部门，依法予以处罚。

其他设有商业保理公司的地区以及在本通知发布后获得商业保理试点资格地区的商务主管部门应参照本通知要求做好商业保理行业管理工作。

附录十四：天津市高级人民法院关于审理保理合同纠纷案件若干问题的审判委员会纪要(一)

为正确审理保理合同纠纷案件,依法保护当事人合法权益,规范保理业务经营行为,促进保理业健康发展,服务和保障金融改革创新,防范应收账款融资风险,2014年10月21日高院召开2014年第27次审判委员会会议,专题研究关于保理合同纠纷案件审理中的若干问题,经过认真讨论,与会委员对目前审理保理合同纠纷案件的一些问题达成一致意见。现纪要如下。

一、会议纪要的形成背景

保理是以应收账款转让为前提的综合性金融服务。近年来,随着购货商赊销付款逐渐成为主要结算方式,供货商对应收账款的管理和融资需求推动了国内贸易中保理业务的产生和发展。2006年5月,国务院发布《关于推进天津滨海新区开发开放有关问题的意见》(国发[2006]20号)鼓励天津滨海新区在金融企业金融业务、金融市场和金融开放等方面先行先试。2009年10月,经国务院同意,国家发改委批复原则上同意商业保理企业在天津注册。2012年6月1商务部下发《关于商业保理试点有关工作的通知》,同年10月又下发《关于商业保理试点实施方案的复函》,同意在天津滨海新区、上海浦东新区开展商业保理试点,设立商业保理公司,为企业提供贸易融资、销售分户账管理、客户资信调查与评估应收账款管理与催收、信用风险担保等服务。2012年12月,天津市发布《天津市商业保理业试点管理办法》,对商业保理公司的注册资金从业人员及风险资本等各个方面做出了要求天津市作为商务部确定的第一批商业保理试点城市,保理业务得到快速发展与此同时,各类保理纠纷不断出现,诉讼至法院的保理合同纠纷案件数量呈不断上升趋势。由于保理合同属于无名合同,有关保理问题的法律行政法规和司法解释明显欠缺,审判实践中存在许多亟待研究和解决的难题。例如:案由、管辖和当事人的诉讼地位问题,保理法律关系认定问题;保理合同效力问题,应收账款质押和转让的冲突问题等。

为了统一裁判标准和司法尺度,解决审判难题,依据《中华人民共和国民法通则》《中华人民共和国合同法》《中华人民共和国物权法》《中华人民共和国担保法》《中华人民共和国民事诉讼法》及其相关司法解释,参照《中国人民银行应收账款质押登记办法》、银监会发布的《商此银行保理业务管理暂行办法》、商务部发布的《关于商业保理试点有关工作的通知》、中国银行业协会保理委员会制定的《中国银行业保理业务规范》、天津市政府办公厅发布的《天津市商业保理业试点管理办法》,以及天津市金融工作局、中国人民银行天津分行、天津市商务委员会联合发布的《关于做好应收账款质押及转让业务登记查询工作的通知》,结合天津法院的审判实际,高院审判委员会专题研究和审议了审理保理合同纠纷案件的若干问题并形成基本共识。

二、保理法律关系的认定

保理合同是指债权人与保理商之间签订的,约定将现在或将来的、基于债权人与债务人订立的销售商品、提供服务、出租资产等基础合同所产生的应收账款债权转让给保理商,由保理商向债权人提供融资、销售分户账管理、应收账款催收、资信调查与评估、信用风险控制及坏账担保等至少一项服务的合同。

构成保理法律关系,应当同时具备以下几个基本条件:

(1) 保理商必须是依照国家规定经过有关主管部门批准可以开展保理业务的金融机构和商业保理公司;

(2) 保理法律关系应当以债权转让为前提;

(3) 保理商与债权人应当签订书面的保理合同;

(4) 保理商应当提供下列服务中的至少一项融资、销售分户账管理、应收账款催收、资信调查与评估、信用风险控制及坏账担保。

保理商与债权人签订的合同名为保理合同,经审查不符合保理合同的构成要件,实为其他法律关系的,应按照实际法律关系处理。

保理法律关系不同于一般借款关系。保理融资的第一还款来源是债务人支付应收账款,而非债权人直接归还保理融资款。保理法律关系也不同于债权转让关系,保理商接受债务人依基础合同支付的应收账款,在扣除保理融资本息及相关费用后,应将余额返还债权人。

三、保理合同的效力

保理合同是真实意思表示,内容合法,不违反我国法律行政法规强制性规定的,应认定为有效。

保理合同属于反向保理且符合前款规定的,应认定为有效。

四、案由的确定

保理合同为无名合同,案由可暂定为保理合同纠纷。在司法统计时,将其归入"其他合同纠纷"项下。

五、管辖的确定

保理合同以基础合同的债权转让为前提。保理业务由应收账款转让和保理两部分组成,主要呈现两种诉讼类型:一是保理商以收回保理融资款为主要目的,起诉债权人和债务人或者仅起诉债务人。此时,保理商的法律地位是应收账款债权受让人,基于基础合同的债权转让而主张债务人偿还应收账款,以及因债务人不能偿还时债权人依约所应承担的回购义务,案件审理的重点是基础合同应收账款的偿还。二是保理商仅因保理合同的签订、履行等起诉债权人,例如要求支付保理费用等,案件审理的重点是保理合同的履行。

保理商向债权人和债务人或者仅向债务人主张权利时,应当依据民事诉讼法的有关规定,结合基础合同中有关管辖的约定确定管辖。

保理商和债权人仅因保理合同的签订、履行等发生纠纷,按照保理合同的约定确定管辖。保理合同中无管辖约定或者约定不明确的,应当向被告住所地或者保理合同履行地法院管辖,保理融资款的发放地为保理合同的履行地。

保理商向债权人、债务人及担保人一并主张权利的,应当根据债权人与债务人之间的基础合同确定管辖。

保理商、债权人与债务人另有管辖约定的,按照其约定确定管辖。

六、当事人的诉讼地位

保理商仅以债权人为被告提起诉讼的,如果案件审理需要查明债权人与债务人之间是否存在基础合同关系、基础合同履行情况,以及债权转让是否通知债务人等事实的,应当根据当事人的举证情况进行审查,必要时可以追加债务人作为第三人参加诉讼。如果保理商与债权人仅就保理合同的权利义务产生纠纷,与基础合同的签订和履行情况无关的,可不追加债务人参加诉讼。

保理商仅以债务人为被告提起诉讼的,如果债务人就基础合同的签订、履行以及享有抗辩权、抵销权等提出抗辩的,应当追加债权人作为第三人参加诉讼。如果债务人仅就是否收到债权转让通知提出异议的,可以不追加债权人参加诉讼,仅需通知债权人以证人身份就相关事实予以说明。

七、法律适用问题

审理保理合同纠纷案件,应以保理合同的约定作为确定各方当事人权利义务的主要依据。

除合同约定的内容之外,应依据合同法第一百二十四条无名合同的相关规定,适用合同法总则的规定,并可以参照合同法分则,或者其他法律最相类似的规定。

八、权利冲突的解决

应收账款出质后,不得转让。未经质权人同意转让应收账款,该转让行为属于无权处分行为。

出质人经质权人同意转让应收账款的,应当以所得的保理融资款或者保理回款向质权人提前清偿或者提存。

保理融资款是指债权人将应收账款转让给保理商后,保理商为债权人提供的资金融通款,包括贷款和应收账款转让预付款。保理回款是指债务人依基础合同约定支付的全部应收账款,在保理商扣除融资本息及相关费用后剩余的款项。

九、登记公示和查询的效力

天津市金融工作局、中国人民银行天津分行、天津市商务委员会联合发布的《关于做好应收账款质押及转让业务登记查询工作的通知》(以下简称《通知》)中所列主体受让应收账款时,应当登陆中国人民银行征信中心动产融资统一登记平台,对应收账款的权属状况进行查询,未经查询的,不构成善意。

《通知》中所列主体办理应收账款质押、转让业务时,应当对应收账款的权属状况在中国人民银行征信中心动产融资统一登记平台予以登记公示,未经登记的,不能对抗善意保理商。

十、适用范围

本纪要自印发之日起施行,已经做出生效裁判的保理合同纠纷案件不再适用本纪要。本纪要与新的法律、行政法规和司法解释不一致时,按照法律、行政法规和司法解释执行。

十一、相关概念的解释

1. 保理又称保付代理,是以应收账款转让为前提的综合性金融服务。保理合同主要涉及几方当事人:A 保理商:开展保理业务的金融机构及商业保理公司;B 债权人:基础合同中的债权人,其在保理合同中将基础合同中的应收账款转让给保理商,因此只是保理合同中的应收账款出让人;C 债务人:基础合同项下的付款义务人。

反向保理：指保理商与规模较大、资信较好的买方达成协议，对于为其供货、位于其供应链上的中小企业提供保理业务。实务操作中，保理商首先与资信较好的买方协商，确定由保理商为向买方供货的中小企业提供保理融资，然后保理商与供货的中小企业，或者与供货的中小企业和买方共同签订保理合同。供货的中小企业履行基础合同中的供货义务后，向保理商提示买方承兑的票据，保理商立即提供融资，并进行应收账款管理及账款收取等综合性金融服务。票据到期时，买方直接向保理商支付款项。反向保理不是一种具体产品或者合同名称，而是一种保理营销策略和思路。近年来，反向保理在大幅度减少保理商风险的同时，有效缓解了中小企业的融资困难，提高了中小企业的市场开拓能力。

2. 保理融资：保理商应债权人的申请，在债权人将应收账款转让给保理商后，为债权人提供的资金融通，包括贷款和应收账款转让预付款。

3. 销售分户账管理：保理商根据债权人的要求，定期或不定期向其提供关于应收账款的回收情况、逾期情况、信用额度变化情况、对账单等各种财务和统计报表，协助债权人进行应收账款管理。

4. 应收账款催收：保理商根据应收账款账期，主动或应债权人要求，采取电话、函件、上门催收直至运用法律手段对债务人进行催收。

5. 资信调查与评估：保理商以受让应收账款为前提，提供的机构或个人的信用信息记录、信用状况调查与分析、信用评价等服务。

6. 信用风险控制与坏账担保：保理商为债务人核定信用额度，并在核准额度内，对债权人无商业纠纷的应收账款提供约定的付款担保。

7. 基础合同：应收账款债权人与债务人签订的有关销售货物、提供服务或出租资产等的交易合同。

8. 应收账款债权：保理商受让的、债权人（卖方）基于履行基础合同项下销售货物、提供服务或出租资产等义务而对债务人（买方）享有的债权。应收账款的权利范围一般包括销售商品产生的债权，提供服务产生的债权，出租资产产生的债权，公路、桥梁、隧道、渡口等不动产收费权让渡产生的债权，以及保理商认可的其他债权。

9. 信用风险：债务人因破产、重整、解散、停止营业、拒绝往来、无支付能力或恶意拖欠等，未能在保理期限到期日足额支付应收账款。

10. 有追索权保理：指保理商不承担为债务人核定信用额度和提供坏账担保的义务，仅提供包括融资在内的其他金融服务。无论应收账款因何种原因不能收回,保理商都有权向债权人追索已付融资款项并拒付尚未收回的差额款项,或者要求债权人回购应收账款。

11. 无追索权保理:指保理商根据债权人提供的债务人核准信用额度,在信用额度内承购债权人对债务人的应收账款并提供坏账担保责任。债务人因发生信用风险未按基础合同约定按时足额支付应收账款时,保理商不能向债权人追索。发生下列情况之一的,无追索权保理的保理商有权追索已付融资款并不承担坏账担保义务:债权人有明显欺诈行为;不可抗力;债务人对基础合同项下的商品、服务等提出异议。

12. 公开型保理:又称明保理,是指在签订保理合同或在保理合同项下每单发票项下的应收账款转让时立即将债权转让事实通知债务人,该事实即对债务人产生约束力。

13. 隐蔽型保理:又称暗保理,是指保理合同签订后的一定时期内,保理商或债权人都未将应收账款转让事实通知债务人,仅在约定期限届满成约定事由出现后,保理商可将应收账款转让事实通知债务人。隐蔽型保理中,即使保理商已预付融资款,正常情况下债务人仍直接向债权人付款,再由债权人将相关付款转付保理商,融资款项仅在债权人与保理商之间清算。

天津市高级人民法院办公室
2014 年 11 月 20 日印发

附录十五：天津市高级人民法院关于审理保理合同纠纷案件若干问题的审判委员会纪要（二）

为了妥善审理保理合同纠纷案件，进一步解决保理合同纠纷审判实践中遇到的疑难问题，依法保护当事人合法权益，规范保理经营行为，促进保理业健康发展，为天津市金融创新提供司法保障和支持，2015年7月27日我院召开2015年第22次审判委员会会议，专题研究了保理合同纠纷案件审理中的若干问题。经过认真讨论，与会委员对于依法解决审判实践中的疑难问题达成一致意见。现纪要如下。

一、会议纪要的形成背景

2014年10月27日，我院2014年第27次审判委员会专题研究了保理合同纠纷案件审理中的问题，形成了《天津市高级人民法院关于审理保理合同纠纷案件若干问题的审判委员会纪要（一）》，较好地解决了保理法律关系的认定、保理合同的效力、案由的确定、管辖的确定、当事人的诉讼地位、权利冲突的解决、登记公示和查询的效力等问题。随着保理合同纠纷数量的不断增长，审判实践中仍然存在许多疑难问题亟待解决。例如：债权转让通知的形式与效力、债务人对应收账款进行确认的效力、基础合同中债权禁止转让的约定对保理商的影响、基础合同变更对保理合同的影响、债务人的抗辩权和抵销权、保理专户中保理回款的性质认定、保理商的权利救济、破产抵销权的行使等。

为了解决审判难题，统一裁判标准和司法尺度，依据《中华人民共和国民法通则》《中华人民共和国民事诉讼法》《中华人民共和国合同法》《中华人民共和国物权法》《中华人民共和国担保法》《中华人民共和国企业破产法》《中华人民共和国电子签名法》《中华人民共和国公证法》，以及相关司法解释的规定，参照《中国人民银行应收账款质押登记办法》、银监会发布的《商业银行保理业务管理暂行办法》、商务部发布的《关于商业保理试点有关工作的通知》，天津市政府办公厅发布的《天津市商业保理业试点管理办法》，参考中国银行业协会保理委员会制定的《中国银行业保理业务规范》，天津市金融工作局、中国人民银行天津分行、天津市商务委员会联合发布的《关于做好应收账款质押及转让业务登记查询工

附录十五：天津市高级人民法院关于审理保理合同纠纷案件若干问题的审判委员会纪要(二)

作的通知》，结合天津法院的审判实际，审判委员会委员对于如何依法解决保理合同纠纷审判实践中存在的问题形成一致意见。

二、债权转让通知的形式与效力

除另有约定外，债权人向保理商转让应收账款的，应当通知债务人。未经通知，该应收账款转让对债务人不发生效力。债务人是否收到通知，不影响保理合同的效力。

债权人与保理商在保理合同中约定由保理商通知债务人的，保理商向债务人发送债权转让通知的同时，应当证明应收账款债权转让的事实并表明其保理商身份。

保理商或者债权人与债务人对于债权转让通知的形式有约定的，按照约定的形式通知债务人。约定使用电子签名、数据电文形式，或者约定通过各类电子交易平台在线上采用电子签名、数据电文等形式发送债权转让通知的，以及债务人对债权转让的事实使用电子签名、数据电文形式，或者通过各类电子交易平台在线上采用电子签名、数据电文等形式做出承诺或者确认的，在符合《中华人民共和国电子签名法》相关规定的情况下，可以认定债权转让对债务人发生效力。

保理商或者债权人与债务人未对债权转让通知的形式做出约定的，下列情形可以视为履行了债权转让通知义务：(1)债权人在债权转让通知文件上签章并实际送达债务人；(2)债权人在所转让应收账款的对应发票上明确记载了债权转让主体和内容并实际送达债务人；(3)保理商与债权人、债务人共同签订债权转让协议；(4)经公证证明债权转让通知已经送达债务人，但有相反证据足以推翻公证的除外。

三、债务人对应收账款进行确认的效力

债权人向保理商转让现有的已确定的应收账款债权时，债务人仅对应收账款债权数额、还款期限进行确认的，债务人可以就基础合同项下的应收账款行使抗辩权。债务人对应收账款债权数额、还款期限以及基础合同、交付凭证、发票等内容一并进行确认的，或者保理合同中对应收账款性质、状态等内容的具体表述已作为债权转让通知或者应收账款确认书附件的，根据诚实信用原则，可以作为债务人对基础合同项下的应收账款不持异议的有效证据，但债务人能够提供其他证据足以推翻的除外。债务人仅以应收账款不存在或者基础合同未履行为由提出抗辩的，不予支持。

债权人向保理商转让未来的应收账款债权时，债务人对应收账款债权进行

确认的,不影响其行使基础合同项下的抗辩权。

四、基础合同中债权禁止转让的约定对保理商的影响

债权人与债务人约定债权不得转让的,债权人不得将应收账款全部或者部分转让给保理商,但保理商善意取得应收账款债权的除外。债权人违反基础合同约定转让不得转让的应收账款,如果因此给保理商造成损失,保理商向其主张承担赔偿责任的,应予支持,但保理商在签订保理合同时知道或者应当知道基础合同禁止转让约定的除外。

五、基础合同变更对保理商的影响

保理合同对于基础合同的变更有约定的从约定,无约定的,可以按照以下情形处理:(1)保理商可以对保理合同内容做出相应的变更。(2)债权人变更基础合同的行为导致应收账款的有效性、履行期限、付款方式等发生重大变化,致使保理商不能实现合同目的,保理商可以向债权人主张解除保理合同并要求赔偿损失,或者要求债权人依照保理合同约定承担违约责任。

债权转让通知送达债务人,债务人未向保理商作出不变更基础合同承诺的,不承担因基础合同变更给保理商造成损失的赔偿责任。债务人已向保理商作出不变更基础合同承诺的,对于因基础合同变更给保理商造成的损失,如果没有明确责任承担方式,保理商可以主张债务人在债权人承担责任的范围内承担补充赔偿责任。

债权人与债务人恶意串通变更基础合同,损害保理商利益的,保理商依法主张债权人与债务人对造成的损失承担连带责任的,应予支持。

六、债务人的抗辩权和抵销权

债务人收到债权转让通知后,其因基础合同而享有的抗辩权、抵销权可以向保理商主张,债务人明确表示放弃抗辩权、抵销权的除外。

债务人收到债权转让通知后新产生的抗辩事由,如果该抗辩事由的发生基础是在债权转让通知前已经存在的,可以向保理商主张。

七、保理专户中保理回款的性质认定

保理专户又称保理回款专用户,是保理商为债权人提供融资后,双方以债权人名义开立的,或者保理银行开立的、具有银行内部户性质的,用于接收债务人支付的应收账款的专用账户。

对于保理商与债权人约定将保理专户中的保理回款进行质押的,如果该保理专户同时具备以下几个特征,保理专户中的回款可以认定为是债权人"将其金钱以特户、封金、保证金等形式特定化后"，移交保理商占有作为保理融资的担保，在应收账款到期后，保理商可以就保理专户中的回款优先受偿：(1) 保理商将应收账款的债权人和债务人、应收账款数额和履行期限、保理专户的账户名称、保理回款数额及预计进账时间等，在"中国人民银行征信中心动产融资统一登记平台"的"应收账款转让登记"项下"保理专户"进行登记公示。(2) 每笔保理业务应当开立一个保理专户，如果多笔保理业务开立一个保理专户的，应当证明每笔保理业务与保理专户的相互对应关系。(3) 保理商、债权人与保理专户的开户银行签订保理专户监管协议，确保保理专户未存入应收账款回款之外的其他资金，未与债权人的其他账户混用，未作为日常结算使用。

八、保理商的权利救济

债务人应当按照应收账款债权转让通知向保理商或者债权人支付应收账款。债务人知道或者应当知道其向保理商支付应收账款的，如果仍向债权人支付，保理商向债务人主张支付应收账款的，应予支持。

保理合同签订后，债权转让通知送达债务人之前，债务人已经向债权人支付的应收账款，保理合同对此有约定的从约定。保理合同无约定的，保理商向债权人主张给付其所收取的应收账款的，应予支持。

债务人未依约支付全部应收账款时，保理商提出下列主张的，应予支持：(1) 应收账款债权转让通知已经送达债务人的，保理商要求债务人支付全部应收账款。(2) 债权转让通知没有送达债务人的，保理商要求债权人积极向债务人主张支付全部应收账款，并按保理合同约定将相应款项给付保理商。(3) 债权人负有回购义务的，保理商要求债权人返还保理融资本息并支付相关费用。(4) 债权人的回购义务履行完毕前，保理商依据保理合同及债权转让通知要求债务人付款或者收取债务人支付的应收账款。

债权人履行回购义务后，保理商应将应收账款及其项下的权利返还债权人，债权人取得基础合同项下对债务人的相应债权，保理商不得再向债务人主张还款。前述所称回购义务是指债权人向保理商转让应收账款后，当发生保理合同约定的情形时，债权人应依约从保理商处购回所转让的应收账款债权。

债务人依约支付全部应收账款的，保理商在扣除保理融资本息及相关费用后，应将保理回款的余款返还债权人。

九、破产抵销权的行使

保理商按保理合同约定享有向债权人主张回购应收账款权利的，如果债权人进入破产程序,保理商可以就其尚未向债权人支付或者足额支付的保理融资款,与其享有的要求债权人回购应收账款的债权,向破产管理人主张抵销。

十、适用范围

本纪要确定的意见自印发之日起遵照执行。已经做出生效裁判的保理合同纠纷案件不再适用本纪要。本纪要与新的法律、行政法规和司法解释不一致时,按照法律、行政法规和司法解释执行。

附表一　中国银行业协会保理专业委员会国际保理业务数据表[①]

※※银行　　　　　　　※※年※※季度　　　　　　（单位：万美元）

出口保理业务	当季出单额[②]	全年累计出单额
无追索权出口保理业务（不包含银保合作业务）		
有追索权出口保理业务（不包含银保合作业务）		
银保合作保理业务[③]		
进口保理业务	当季出单额	全年累计出单额
承担买方风险的进口保理业务		
托收业务（Collection Only）		
国际保理业务总计		

经办：※※　复核：※※

---

① 两个附表所统计的保理业务是指以应收账款转让为基础的保理业务，应收账款质押业务暂不列入统计范围。
② 出单额指应收账款（发票）转让金额。
③ 指与国内外保险公司合作，由其承担买方信用风险的保理业务。

附表二 中国银行业协会保理专业委员会
国内保理业务数据报送表

※※银行　　　　　　　　※※年※※季度　　　　　　（单位：万元）

卖方保理业务①	当季出单额	全年累计出单额
无追索权卖方保理业务 （不包含银保合作业务）		
有追索权卖方保理业务 （不包含银保合作业务）		
银保合作保理业务		
买方保理业务	**当季出单额**	**全年累计出单额**
买方保理业务		
国内保理业务总计		

经办：※※　　复核：※※

---

① 如同一保理商在一笔业务中，既为卖方提供保理服务，也为买方提供保理服务，那么在卖方和买方保理业务中都应计入该笔业务金额。

参考文献

1. 美国统一商法典
2. 《中华人民共和国合同法》
3. 《中华人民共和国物权法》

图书在版编目(CIP)数据

商业保理概论/孔炯炯,张乐乐,曹磊主编. —上海:复旦大学出版社,2016.4(2021.5 重印)
商业保理培训系列教材
ISBN 978-7-309-12148-3

Ⅰ. 商… Ⅱ. ①孔…②张…③曹… Ⅲ. 商业银行-商业服务-中国-教材 Ⅳ. F832.33

中国版本图书馆 CIP 数据核字(2016)第 038498 号

商业保理概论
孔炯炯　张乐乐　曹　磊　主编
责任编辑/王联合　谢同君

复旦大学出版社有限公司出版发行
上海市国权路 579 号　邮编:200433
网址:　fupnet@fudanpress.com　http://www.fudanpress.com
门市零售:86-21-65102580　　团体订购:86-21-65104505
出版部电话:86-21-65642845
上海春秋印刷厂

开本 787×960　1/16　印张 18.75　字数 304 千
2021 年 5 月第 1 版第 4 次印刷

ISBN 978-7-309-12148-3/F·2252
定价:48.00 元

如有印装质量问题,请向复旦大学出版社有限公司出版部调换。
版权所有　侵权必究